Nikolai Ryschkow

MEIN CHEF GORBATSCHOW

Die wahre Geschichte eines Untergangs

Aus dem Russischen
von Albert Duda

Das Neue Berlin

Inhalt

Vorwort

Im Dezember 1991 zerfiel die UdSSR endgültig. In den Jahren danach wuchs eine neue Generation russischer Staatsbürger heran, für die diese Ereignisse so weit in der Vergangenheit zurückliegen wie vielleicht die Oktoberrevolution 1917 oder sogar die polnische Intervention zu Beginn des 17. Jahrhunderts. Diese neue Generation, die im Vergleich zu den Generationen vorangegangener Jahre auf die Hälfte geschrumpft ist, trat ins Leben in einem schwer gezeichneten, mit unerhörter Korruption, Leid und Lügen belasteten Land. Der heutige Kampf der Parteien um die Macht hat sie zum Spielball von Politikern gemacht und bringt sie auf die Straßen. Sie tragen das Zeichen »naschi« (»Unsere«) auf ihrer Kleidung oder auf Transparenten – als gäbe es auch noch »nje-naschi« (»Nicht Unsere«). In Marschkolonnen herumziehend und sich wie Narren aufführend erlernen Studenten und Schüler ihre »aktive« staatsbürgerliche Haltung. Eine einzige Farce!

Wenn man sie so sieht, kommt einem unwillkürlich die Demonstration der Hunderttausend auf dem Manegeplatz am 16. September 1990 auf dem Höhepunkt der »Perestroika« in den Sinn. Das waren erwachsene und gebildete Jelzin-Anhänger aus den Wissenschaftszentren in der Umgebung von Moskau. Mehr Bildung und Klugheit geht nicht! Aber wie verrückt geworden zerrissen und zertrampelten sie in einer allgemeinen Psychose die zuvor verteilte Sondernummer der *Prawda* mit dem Artikel eines italienischen

Journalisten über die Ausfälle des betrunkenen Boris Jelzin in Amerika. Ihr Abgott in der Toga des Vaters der Demokratie, ihre Lichtgestalt, der makellose Name des neuen Führers nahm ihnen die Sicht für alles, sie waren nicht imstande, irgendeine andere Wahrheit anzunehmen. Der *Prawda*-Redakteur wurde wenige Tage später entlassen. Die Aufschreie der Redner und das dumpfe Gedröhn der elektrisierten akademischen Willensbekundung habe ich bis heute als extrem vulgär im Ohr, obwohl ich sowohl davor als auch danach im Kongresspalast des Kremls und auf den Straßen mehr als genug davon zu sehen und zu hören bekam. Wir – Wassili Below, Wladimir Krupin und ich – waren auf dem Manegeplatz in Begleitung mehrerer kräftiger Burschen, die unseren Schutz übernommen hatten, falls wir erkannt und als Feinde behandelt werden sollten. Wir hatten diesen Begleitschutz erst als überflüssig abgelehnt, aber … »für alle Fälle«, sagte man uns und duldete keinen Widerspruch.

Später, im September 1991, als sich der Kongress der Volksdeputierten selbst aufgelöst hatte, verließ ich, erleichtert darüber, dass meine Teilnahme daran ein Ende hatte, den Kreml durch das Spasski-Tor. Da stürzte sich eine Meute aufgebrachter Frauen auf mich. Sie hätten mich glatt zu Boden gerissen, aber gerade noch rechtzeitig kam Hilfe.

Ich erinnere an diese Vorfälle, um die Atmosphäre und den Irrsinn jener »verfluchten Tage« zu verdeutlichen. Wahrhaftig: Wen der Herr strafen will, dem nimmt er den Verstand.

Nikolai Iwanowitsch Ryschkow spricht in seinem Buch nur nebenbei und auch nur vorsichtig über die negative Rolle, die der Kongress der Volksdeputierten bei den Ereignissen dieser Jahre gespielt hat. Als Abgeordneter dieses »Organs der Volksherrschaft«, der bei keinem der Kongresse und bei keiner Sitzung gefehlt hat, kann ich es deutlich sagen: Der Boden war bereitet für den teuflischen Geist, der dieses »Denken« säte. Vor allem in den großen Städten und nationalen Randgebieten – die zweiwöchige Übertragung des Ersten Kongresses im Mai/Juni 1989 verbreitete überall den Geist zügellosen Hasses. Unsere »Revolutionäre« waren darauf bestens vorbereitet und hatten ihre Rollen genau einstudiert. Es ist nicht ausgeschlossen, dass auch die blutig niedergeschlagenen Aufstände in Tbilissi, anderthalb Monate vor dem Kongress, provoziert und zeitlich abgestimmt waren, kamen sie dem hasserfüllten Angriff auf die Unionsmacht doch sehr entgegen. Im ganzen Land wurde sichtbar, dass die Macht schwach und zu Zugeständnissen bereit war. Tbilissi, der Kongress und gleich danach im Juni das Gemetzel in Fergana, dann im Januar 1990 das noch schrecklichere Massaker in Baku und schließlich die Provokation durch »Entflohene aus dem Völkergefängnis« am Fernsehturm in Vilnius mit Waffeneinsatz und Toten. War dieser blutige Gürtel um Russland etwa zufällig entstanden?

Auf den Sitzungen des Kongresses herrschte unbeschreibliche Primitivität. Der Sieg in einer ungerechten Sache erfordert nicht nur Unmoral und Schamlosigkeit, sondern auch Torheit. Was war das dort für eine Demokratie, was für eine zivilisierte Diskussion! Abgeordnete vereinigten sich in den interregionalen Gruppen wie in Kampfgruppen, waren berauscht von ersten Erfolgen und stießen nicht auf ernsthaften Widerstand. Unterstützt von bekannten und heimlichen Feinden Russlands im Ausland stürmten sie ans Mikrofon, beleidigten die Anwesenden und wandten sich mit ihren Statements eher an die Fernsehkameras als an den Saal. Andere ließen sie gar nicht erst zu Wort kommen. Auf diejenigen, in denen sie eine Gefahr für sich sahen, die ihrem zerstörerischen Enthusiasmus widerstanden – darunter Nikolai Iwanowitsch Ryschkow, Jegor Kusmitsch Ligatschow und Armeegeneral Igor Rodionow –, stürzten sie sich wie rasende Köter mit erfundenen Beschuldigungen, machten schamlos falsche Aussagen, lieferten Szene für Szene im Stil des Psychoterrors.

All das erfasste auch die Provinz, wo sie mit der gleichen Taktik vorgingen. Am Ende nahmen sie sich die Macht und wurden zu Russlands neuen Herren. Wie sie Russland herunterwirtschafteten, ist bekannt – bis jetzt sind wir aus dieser Ohnmacht nicht erwacht.

Als sich die neuen Herren 1993 nach der Beschlussfassung des Weißen Hauses* im Kreml versammelten, um ihren vermeintlichen Wahlsieg zu feiern, schrie einer ihrer Schamlosesten, der Schriftsteller Juri Karjakin, in die Kamera: »Wie bist du verblödet, Russland!« Und das heruntergekommene, halbtote Land begann, ein ganz klein wenig zu sich zu kommen, gegen die ihm aufgebürdete Rolle einer Närrin aufzubegehren.

Nikolai Iwanowitsch Ryschkow war kein Verteidiger der alten Ordnung und des Systems, das seine verschlissenen Schwungräder nur noch mit Mühe in Bewegung hielt. Er plädierte für den allmählichen, möglichst reibungslosen Übergang zur modernen Wirtschaft. Wäre das Regierungsprogramm von Ryschkow zur Umstellung auf die Marktwirtschaft innerhalb der nächsten sechs bis acht Jahre – nicht in 500 Tagen, wie es die Hochstapler forderten – angenommen worden, wäre das seiner Stützpfeiler beraubte, schwergewichtige Staatsgebäude sicher nicht zusammengebrochen und hätte nicht Millionen Leben unter sich begraben.

Wie kein anderer hat Nikolai Iwanowitsch ein Recht auf dieses traurige Erinnerungsbuch. Nicht nur das, er

---

* Regierungsgebäude der Russischen Föderation am Krasnopresnenski-Ufer in Moskau.

ist sogar verpflichtet, es zu schreiben. Für das Vorgefallene hat er sich keinerlei Vorwürfe zu machen.

Michail Gorbatschow lavierte, war bemüht, es diesen und jenen mit unvereinbaren Auffassungen recht zu machen. Eduard Schewardnadse sympathisierte insgeheim, Alexander Jakowlew sogar offen mit den Verderbern und half ihnen. Ligatschow musste sich gegen falsche und unverschämte Beschuldigungen verteidigen und war zeitweilig seiner aktiven Rolle beraubt. Nur Ryschkow betrat wieder und wieder die öffentliche Bühne und rief zur Vernunft auf, solange es noch nicht zu spät war.

Bei den interethnischen Konflikten (die bereits zu blutigen Auseinandersetzungen ausarteten) war Ryschkow mitten in der Hölle dabei. In Fergana entriss er hunderte, ja tausende Meskheti-Türken dem Tod und brachte sie per Flugzeug nach Russland. In Baku organisierte er dringende Luft- und Landtransporte mit geretteten Armeniern und Russen. Die tragischen Ereignisse Ende der 80er, Anfang der 90er Jahre werden in diesem Buch auf ihre Ursachen zurückgeführt. Vom Zerfall des Unionsstaates hat niemand profitiert, es gibt keinen Frieden und keinen Wohlstand, weder im Kaukasus noch im Baltikum, weder in der Ukraine noch im asiatischen »Unterleib«. Bei den einen finden wir Dünkel, Prahlerei und die damit verbundene Kraftlosigkeit. Andere sind vor dem Westen auf die Knie gefallen, zu kleinkarierten Vasallen geworden, denen erst noch bevorsteht zu spüren, was all das bedeutet. Und Dritte können ihr wahres Gesicht noch immer nicht finden.

Valentin Rasputin, Moskau 2012

Teil I
Stagnation und wachsende Spannungen

Bekanntlich gibt es auf der Welt keinen besseren Lehrmeister als das Leben selbst. Es zeigt, wohin sogenannte demokratische Veränderungen tatsächlich geführt haben, vor allem bezüglich der sozioökonomischen Situation von Millionen Menschen. Es ist nicht verwunderlich, dass sich viele immer häufiger fragen: War die Perestroika überhaupt erforderlich, war sie historisch notwendig und unvermeidbar? Es verwundert auch nicht, dass viele sich respektvoll an die sowjetische Vergangenheit erinnern – nicht besonders reich war sie, aber mit dem garantierten Recht auf Arbeit, Erholung, Bildung, medizinische Behandlung, Ausstattung mit sozialen Rechten usw.

Die Menschen haben am Ende gemerkt, dass sie von den »Demokraten« bitter betrogen wurden und sich deren blumige Versprechen eines baldigen paradiesischen Lebens wie Morgennebel auflösten. Andere dagegen, ein bedeutend kleinerer Teil der Bevölkerung, haben alles bekommen, selbst das, wovon sie nicht einmal zu träumen gewagt hatten. Faktisch geschah das durch unverfrorene Ausplünderung der Mehrheit.

Meine Position zur Perestroika war und bleibt unverändert: Jedes gesellschaftliche System ist hinreichend stabil, wenn es sich allseitig entwickelt und dabei ständig auf neue Anforderungen der Zeit reagiert. Stagnation ist das erste Anzeichen seines Verfalls, des herannahenden Untergangs. Eben deshalb war die Reformierung der sowjetischen Gesellschaft notwendig und unvermeidlich. Sicher hätte sie einige Jahrzehnte eher beginnen müssen, unter für diesen komplizierten Prozess ungleich günstigeren ökonomischen, sozialen und sonstigen Bedingungen. Aber sie begann bekanntlich erst im Jahr 1985, und ihr Weg war weniger von Rosen als von Dornen besät.

Von der Tragödie der »Perestroika« und ihrer Architekten – ich stand im Brennpunkt der Ereignisse jener Jahre –, von der ungeheuren Tragödie unseres Volkes möchte ich erzählen. Zunächst will ich jedoch kurz darüber berichten, was damals in den grundlegenden Lebenssphären wirklich geschehen ist und wie es von den destruktiven Kräften für ihre eigenen Ziele ausgenutzt wurde, so dass die Spannungen in der Gesellschaft schnell zunahmen.

1. Wirtschaft

Es lässt sich nicht leugnen, dass die Regierung mit der Reformierung des Landes begann, ohne vorher die notwendigen Schritte und deren langfristige Wirkungen ordentlich vorauszuberechnen. Ich denke, den Reformern der 80er Jahre ist zu Recht vorgeworfen worden, dass sie über kein klares Aktionsprogramm verfügten. Natürlich bleibt dabei die konkrete politische Lage, in der damals Beschlüsse gefasst werden mussten, unberücksichtigt, aber das ändert nichts Wesentliches an der Richtigkeit des Vorwurfs. Realistisch und richtig war aber zu diesem Zeitpunkt meines Erachtens die grundsätzliche Entscheidung, mit der Reformierung der Wirtschaft zu beginnen. Im Grunde genommen war die Perestroika Gorbatschows in ihrer ursprünglichen Version als Reformierung der Wirtschaft des Landes gedacht.

Das in den 30er Jahren geschaffene starre Planungssystem war erfolgreich bei der Industrialisierung, ermöglichte den Sieg über Hitlerdeutschland, danach in denkbar kürzester Zeit den Wiederaufbau der Volkswirtschaft und in den Jahren des Kalten Krieges die Herstellung militärischer Parität mit dem Westen. Aber das Leben blieb nicht stehen, und allmählich begannen wir zu spüren, dass unsere Volkswirtschaft nicht mehr in vollem Maße imstande war, die gewachsene Konsumnachfrage der Bevölkerung zu befriedigen sowie eine Reihe anderer äußerst wichtiger Aufgaben bei der Entwicklung des Landes zu bewältigen. Effektivere Methoden für das Funktionieren der Volkswirtschaft mussten gefunden werden.

Mitte der 60er Jahre begann der damalige Vorsitzende des Ministerrates der UdSSR, Alexei Nikolajewitsch Kossygin, seine ökonomische Reform. Diese rührte nicht an den Grundpfeilern des sozialistischen Systems, gab aber den Unternehmen bestimmte Freiräume. In dieser Zeit war ich Hauptingenieur und danach Generaldirektor des Kombinates Uralmasch. Wir waren sehr zufrieden, dass das starr reglementierte Leitungssystem abgemildert wurde, insbesondere durch die Gewährung ausreichender Selbständigkeit in den Betrieben bei der Schaffung verschiedener Fonds, deren Nutzung im eigenen Ermessen der Arbeitskollektive lag.

Insgesamt führte diese Reform dazu, dass der achte Fünfjahrplan (1966–1970) die höchsten ökonomischen Kennziffern brachte. Nach der Niederschlagung des »Prager Frühlings« im Jahr 1968 wurde die Kossyginsche Reform leider abgebrochen. Vorsichtige Versuche unter Leonid Breschnew, die Reform zu reanimieren, blieben ohne nennenswerten Erfolg.

Aber dann, im Jahr 1983, stellte der frisch gewählte KPdSU-Generalsekretär Juri Andropow das gesamte Volk vor die Aufgabe, sich darüber klar zu werden, in welcher Gesellschaft wir eigentlich leben. Diese Frage war ernst gemeint – auf neue Art sollten das Wesen der nationalen gesellschaftlichen Ordnung und ihr Platz in der Geschichte der Menschheit bestimmt werden. In diesem Zusammenhang beauftragte Andropow das Politbüromitglied Gorbatschow, den Kandidaten des Politbüros Wladimir Dolgich sowie den ZK-Sekretär für Ökonomie Ryschkow mit einer gründlichen Analyse der in der Wirtschaft entstandenen Lage und mit Vorschlägen zu deren Reformierung. Diese Vorschläge wurden unter Heranziehung einer großen Zahl von Wissenschaftlern, Wirtschaftspraktikern und Experten innerhalb von zwei Jahren erarbeitet und lagen dann dem Referat Michail Gorbatschows auf dem Plenum des ZK der KPdSU im April 1985 zugrunde. Während der ganzen zweiten Hälfte der 8oer Jahre wurde in der Regierung weiter angespannt an der Entwicklung konkreter Wege und Methoden zur Reformierung der Wirtschaft gearbeitet.

Um der Wirtschaft zu neuem Schwung zu verhelfen, war eine Reihe prinzipieller Probleme zu lösen. In erster Linie musste die immer offensichtlichere Entfremdung der Menschen von den Produktionsmitteln und von den Ergebnissen ihrer Arbeit überwunden werden, die eine ungenügende Motivation der Werktätigen zu verantwortungsvoller, effektiver und hochqualifizierter Arbeit bewirkt hatte.

In diesem Zusammenhang stellte sich die Frage nach dem Eigentum in unserer Gesellschaft und nach seinen Entwicklungsperspektiven neu. Bekanntlich herrschte bei uns das staatliche, allgemeine Volkseigentum vor. Es kommt hinzu, dass auch das Kolchos- oder Genossenschaftseigentum allmählich zu

Staatseigentum wurde. Unter Berücksichtigung der Meinungen von Wissenschaftlern und der Erfahrungen im Ausland kamen wir zu der Ansicht, dass es zweckmäßig sei, etwa 50 bis 60 Prozent des Eigentums in den Händen des Staates zu belassen. Dabei ging es um die Kernbereiche der Volkswirtschaft und die Rüstungsindustrie. Die übrigen 40 bis 50 Prozent könnten als Aktionärs- oder Privateigentum bestehen, davon ausgenommen aber der Besitz an Grund und Boden – außer Nebenwirtschaften der Bauern, Datschen- und Gartenland. Besonderes Gewicht legten wir in unseren Überlegungen auf die sogenannten »Volksunternehmen«, die den Arbeitskollektiven gehören sollten.

Dieser Position standen die Ansichten der liberalen Ökonomen, aber auch vieler Politiker mit Alexander Nikolajewitsch Jakowlew an der Spitze entgegen, die allein auf das Privateigentum setzten. Sie behaupteten, dass nur dieses alle sozioökonomischen Probleme des Landes lösen könne. Schrieb nicht seinerzeit schon der weise Saltykow-Schtschedrin über ähnliche Agitationen, als sehe er in die Zukunft:

»Ich denke, großes Unglück kommt über eine Stadt, auf deren Straßen und in deren Kneipen ohne Not gejammert wird, dass das Eigentum [natürlich das Privateigentum! – N. R.] geheiligt sei! In so einer Stadt ist unerhörter Diebstahl zu erwarten!«[*]

Und so ist es dann auch gekommen.

Die liberalen Ökonomen riefen dazu auf, sich unverzüglich kopfüber in den Strudel des Marktes zu stürzen. Als Referenz führten sie die Geschichte der europäischen Länder und der USA an, die, aus dem Zweiten Weltkrieg mit einer faktisch zentralisierten Planwirtschaft kommend, im Handumdrehen kühn in

---

[*] Aus dem Essay-Zyklus »Ubjezhischtsche Monrepo« (Das Refugium Monrepo), St. Petersburg 1878/79.

die Marktwirtschaft eintauchten. Ja, aber davor lagen viele Jahre marktwirtschaftlicher Erfahrung, die durch den Krieg nur um fünf bis sechs Jahre unterbrochen war. Sie wussten also, worin sie eintauchen. Außerdem scheuten sie sich in der Nachkriegsperiode nicht (und tun das bis heute nicht), Elemente der staatlichen Planung einzusetzen, was von unseren heutigen Marktorakeln wie die Pest gemieden wird.

Unsere Vorschläge für einen Übergang zur sozialen Marktwirtschaft mit entsprechenden staatlichen Regulierungen bei minimalen Belastungen für die Bevölkerung trafen sowohl bei den liberalen Ökonomen als auch bei politischen und sonstigen gesellschaftlichen Funktionären auf harten Widerstand. Ihr nächstes Ziel war die Vernichtung des bestehenden ökonomischen Systems. Gemeinsam mit einem bestimmten Teil der damaligen Funktionärsschicht waren sie bei der Erreichung ihrer Ziele durchaus erfolgreich.

Ein für dieses zynische Publikum charakteristisches Detail: In dieser Zeit sprach nicht einer von ihnen über die extrem schweren Prüfungen für die Bevölkerung, die »liberale Reformen« mit sich bringen. Aber in der Mitte der 90er Jahre, als sie schon fest an die Unumkehrbarkeit ihrer Reformen glaubten, begannen sie offen und höhnisch zu verkünden, dass sie genau gewusst haben, welche Folgen der Gang der Ereignisse nach ihrem Szenarium für die Mehrheit des Volkes und für den Staat haben würde.

Die Zeit zeigte die Absurdität und Unheilträchtigkeit des Vorgehens der Anhänger der radikalen ökonomischen Reformen. Nach dem »Tritt in den Hintern von Mütterchen Russland«, wie sich ein Funktionär der Liberalen auszudrücken beliebte, kam das Volk wieder zu sich, und heute findet sich kaum Beifall für das sogenannte »Programm der 500 Tage«. Seine Autoren: Grigori Jawlinski, Gennadi Burbulis, Boris Fjodorow,

Michail Sadornow – man erwähnt sie noch, möchte aber, dass das Volk sie vergisst. Grigori Alexejewitsch Jawlinski gründete nach der Zerstörung des Landes noch die Partei »Jabloko« (»Apfel«). Zehn Jahre predigte er seine Ideen, aber ohne sein geistiges Kind, die »500 Tage«, noch zu erwähnen. Am Ende haben die Menschen verstanden, dass dieser Apfel madig war! Heute wollen uns aus ebendieser Schule der radikalen Ökonomie Jegor Timurowitsch Gaidar und seine Mitstreiter immer noch das Leben lehren.

Die Verantwortlichen von damals sind von der Bildfläche verschwunden, nachdem sie ihr Schurkenwerk getan haben. Aber die elende Lage von Volk und Staat ist geblieben.

Mit diesen kurzen Anmerkungen wollte ich die Aufmerksamkeit des Lesers auf die Verflechtung jener ökonomischen Faktoren lenken, die in der Gesellschaft eine Atmosphäre der Unzufriedenheit mit den bestehenden Lebensbedingungen und der verbreiteten illusorischen Hoffnung auf eine schnelle Veränderung zum Besseren durch die Perestroika erzeugten. Solche Faktoren waren, meiner Ansicht nach, die über ein Vierteljahrhundert andauernde Nichtumsetzung der Grundideen der Kossyginschen Reform, die ständig nachlassende Effektivität in der Volkswirtschaft, aber auch die Nichtbefriedigung der wachsenden Konsumbedürfnisse des Volkes durch die Vernachlässigung des Verbrauchermarktes. Das alles wirkte sich auf die materielle Situation der Menschen und auf deren Einstellung zur Gesellschaft aus. Besonders gefährlich wurde die Diskrepanz, auch zeitlich gesehen, zwischen den Deklarationen, Beschlüssen, Programmen und Versprechen der politischen Führung, die materielle Lage der Menschen zu verbessern, und den realen Verhältnissen. Aber natürlich wurde die Lage nicht allein durch die ökonomischen Faktoren »aufgeheizt«.

2. Innenpolitik

Auf die Ereignisse in diesem Bereich muss ich etwas ausführlicher eingehen, weil von ihnen die hauptsächlichen »Kämpfe« ausgingen zwischen denen, die eine reformierte Sowjetunion erhalten wollten, und denen, die darauf brannten, sie zu zerstören.

Gegen Ende 1987 hatte sich bei Gorbatschow und seinen engsten Kampfgefährten die Überzeugung festgesetzt, dass progressive Veränderungen in der Wirtschaft nicht zu erwarten sind, solange sie nicht von politischen Reformen begleitet werden. In erster Linie war ein »Weckruf für die KPdSU« unumgänglich, wie er selbst formulierte.

Auch in der Partei war seit langem die Erkenntnis herangereift, dass Veränderungen notwendig waren. In der Vergangenheit hatte die Partei eine historisch große Rolle gespielt. In den spannungsgeladenen 30er Jahren, als schon alles nach Zweitem Weltkrieg roch, während des Großen Vaterländischen Krieges und in der Nachkriegsperiode mit dem Kalten Krieg hielt die KPdSU das ganze Leben des Landes in ihren Händen. Die gigantischen Anforderungen dieser Zeit hätten in einem anderen politischen System kaum bewältigt werden können.

Aber es kamen andere Zeiten, und auch in der Parteiarbeit mussten gewichtige Veränderungen eintreten. Angesichts der Tatsache, dass sich die Verantwortung der Regierung hauptsächlich auf die sozioökonomische Entwicklung des Landes bezog, war ich der Meinung, dass sich die Partei aus der direkten Leitung der Wirtschaft zurückziehen und ihre legislativen und exekutiven Funktionen an die Regierung abgeben sollte. Bei der KPdSU hätten sinnvollerweise nur die ideologische Ausrichtung und die Ausarbeitung von

Entwicklungsstrategien belassen werden sollen und Letztere von dem in Jahrzehnten in Theorie und Praxis der Parteiarbeit entstandenen Dogmatismus befreit werden müssen.

Ja, auch der frühe Gorbatschow war dieser Meinung. So sagte er zum Beispiel auf dem ZK-Plenum der KPdSU im Februar 1988:

»Der Umbau unseres politischen Systems ist inzwischen unvermeidlich geworden. Natürlich geht es nicht um ein Auswechseln des bestehenden Systems, sondern darum, in ihm qualitativ neue Strukturen und Elemente einzuführen, ihm einen neuen Inhalt und eine neue Dynamik zu geben. [...] Eine Grundfrage der Reform des politischen Systems ist die Abgrenzung der Zuständigkeiten der Partei- und der Regierungsorgane. Auch hier müssen die Leninschen Ideen zugrunde gelegt werden. Die Partei muss richtungsweisend sein – das ist die unerlässliche Vorbedingung für das Funktionieren und die Weiterentwicklung der sozialistischen Gesellschaft.«

Bedenkt man sein weiteres Verhalten und die eindeutig negativen Bemerkungen über die Partei, die er unmittelbar nach seinem Rücktritt machte, beginnt man unwillkürlich an seiner Aufrichtigkeit und Standhaftigkeit, ja vielleicht auch an seiner Anständigkeit zu zweifeln.

Noch am 23. August 1991 auf der »Tribüne der Schmach« im Obersten Sowjet Russlands erklärte der erniedrigte Präsident der UdSSR, der soeben aus seiner 72 Stunden währenden »Festsetzung« in Foros eingeflogen worden war, seine Ergebenheit gegenüber den Ideen des Sozialismus und seinen Glauben an eine reformierte Partei. Doch schon am nächsten Tag legte er seine Verpflichtungen als Generalsekretär des ZK der KPdSU nieder! Dazu gab er eine wirre Erklärung über seine Pflicht ab, Kommunisten als Staatsbürger vor unbegründeten Anschuldigungen zu schützen –, und sprach nebenbei auch über die Selbstauflösung der Partei.

Der Kreis hatte sich geschlossen. Früher oder später musste das geschehen – die Wege Gorbatschows und der Partei hatten sich getrennt. Aber bis heute bleibt es ein Rätsel, warum viele die von ihm empfohlene Selbstauflösung des Zentralkomitees der KPdSU als vollzogenen Beschluss aufnahmen. Ich denke, dass hier der über Jahrzehnte anerzogene Glaube an die unbedingte Richtigkeit der Handlungen des Generalsekretärs im Unterbewusstsein der Menschen eine Rolle spielte.

Das waren euphorietrunkene Tage bei den Siegern und jenen, die sich immer schnell den Siegern anbiedern, bei der Macht – egal, wie sie aussehen mag. Eigene Überzeugungen haben diese Anpasser nicht. Man möchte meinen, die sich der Macht andienenden selbsternannten einzig wahren »Demokraten« im Lande hätten, wären sie das wirklich gewesen, eine neue Staatsanwaltschaft mit der Untersuchung gegen jene beauftragen müssen, die angeblich über siebzig Jahre das Land in einer erniedrigenden, elenden Existenz hielten. Diese »Demokraten« hatten sich doch als vornehmste Kämpfer für einen wirklichen Rechtsstaat inszeniert!

Aber dann hätte sich die Schuldfrage, die Frage nach ihrer eigenen Rolle und Verantwortlichkeit, zwangsläufig auch für diese in der ehemaligen Parteihierarchie nicht gerade letzten Kommunisten gestellt. Sollte der absolut gesetzwidrige und antidemokratische Erlass über die Auflösung der KPdSU davon ablenken? Fünfzehn Millionen ehrliche Kommunisten fanden sich außerhalb des Gesetzes wieder. Nur wenige Zeitungen weigerten sich, diesen Erlass als Geschenk Jelzins an die besiegten Kommunisten zum Feiertag der Oktoberrevolution (7./8. November) zu preisen. Das Volk sollte einfach vergessen, dass dies über viele Jahrzehnte sein wichtigster Feiertag gewesen war.

Wie aber konnte es geschehen, dass die KPdSU, nachdem sie Initiator der Umgestaltungen im Lande, der Perestroika gewesen ist, fünf Jahre später die politische Arena verlässt, ohne dass von den Millionen Parteimitgliedern auch nur eines zu ihrer Verteidigung auftritt?

Offenbar lag das daran, dass sich im Jahr 1989 die politische Lage im Land jäh verändert hatte. Zu Beginn des Sommers fand der Erste Kongress der Volksdeputierten der UdSSR statt, der entsprechend der veränderten Verfassung einberufen wurde. In der erregten Atmosphäre dieses Kongresses wurde über all die großen Errungenschaften der KPdSU geschwiegen. Stattdessen gab es an die Adresse der Partei zahlreiche Einwände, schwere Beschuldigungen und Aufrufe zur Vergeltung. Bei diesen Auftritten war die staatsbürgerliche und politische Unreife der Redner zu spüren, die ihre Absicht verkündeten, dem Land zu helfen, indem sie es vom »Joch der KPdSU« befreiten. Auch berechtigte Kritik in Bezug auf reale Probleme der Parteitätigkeit in der Gesellschaft wurde vorgebracht.

Daneben gab es jedoch gut koordinierte, die Partei diskriminierende Aktionen. Im Ergebnis ihrer historischen Entwicklung war die KPdSU zu einer mächtigen, im Staat fest verankerten politischen Organisation geworden. Deshalb war es extrem gefährlich, ihre Autorität im Interesse destruktiver Kräfte zu zerstören. Aber derjenige, der das alles dirigierte, wusste, dass es für die Abschaffung der Sowjetmacht notwendig war, vor allem das Partei- und Staatsgerüst, an dem sich das Land festhielt, zu zerstören.

Es gab auch objektive Gründe für die sich offen ausbreitende politische Krise. Nach der 9. Parteikonferenz (1988) und nach Einführung neuer Strukturen in Form des Kongresses der Volksdeputierten und des ständig arbeitenden Obersten Sowjets der UdSSR hätte sich die Partei sofort, und zwar schneller als die übrige Gesellschaft, umgestalten und grundlegend reformieren müssen, um unter den neuen Bedingungen – theoretisch, organisatorisch und ideologisch – erfolgreich arbeiten zu können.

Alle diese Umstände waren alarmierend für viele Parteiorganisationen. Von ihnen kamen Vorschläge zur sofortigen Einberufung eines ZK-Plenums, auf dem die Fragen der Parteiarbeit unter den neuen Bedingungen und den Veränderungen in der Partei beraten werden sollten. Es war offensichtlich, dass sich ohne eine neue strategische Linie der Parteitätigkeit die ganze Perestroika in ein unglaubliches Unglück für das Volk umkehren konnte.

Anstelle des ZK-Plenums der KPdSU fand am 18. Juli 1989 dann aber eine Konferenz der Ersten ZK-Sekretäre der kommunistischen Parteien der Unionsrepubliken, der Regions- und Gebietskomitees, der Mitglieder der Regierung der UdSSR und der leitenden Mitglieder des Obersten Sowjets der UdSSR statt. Beunruhigt über die in der Partei und im Land entstandene Situation, entschloss ich mich, auf dieser Konferenz das Wort zu ergreifen. Einen objektiven Kommentar meiner Rede gibt Valeri Michailowitsch Legostajew in seinem Buch »Wie Gorbatschow an die Macht kam«*:

»Auf dieser Konferenz trafen die umfassenden Kommentare zu Parteifragen in der Rede von Ryschkow, Mitglied des Politbüros des ZK und Vorsitzender des Ministerrats der UdSSR, auf Aufmerksamkeit in der ganzen Partei. Diese Rede wurde als die mutigste,

---

* »Kak Gorbachev prorvalsya vo vlast«, Moskau: Eksmo/Algoritm 2011.

prinzipiellste und den Interessen der Partei entsprechendste von allen gehaltenen Reden aufgenommen. Sie enthielt eine genaue Analyse der Zunahme negativer Erscheinungen in der KPdSU, offen wurde ausgesprochen, wohin das die ganze Gesellschaft führen kann. Zwar indirekt, aber unmissverständlich wurde die Verantwortung für diesen Zustand neben dem Politbüro und dem damals schon nicht mehr existierenden Sekretariat auch dem Generalsekretär zugeordnet: ›Besonders wollte ich sagen, dass wir in jeder Weise darauf hinwirken müssen, dass der Generalsekretär des ZK Gorbatschow mehr auf seine parteilichen Verpflichtungen achten muss.‹ Insgesamt wurde dem Generalsekretär vorgeschlagen, sich mehr mit der Partei zu beschäftigen und dafür in wirtschaftlichen Fragen auf die Regierung zu vertrauen.

Am Ende seiner Rede sagte Ryschkow: ›Noch ist es nicht so weit gekommen, dass die Losung *Die Partei ist in Gefahr* gerechtfertigt wäre. Aber wenn wir der Wahrheit in die Augen blicken, müssen wir erkennen: eine solche Möglichkeit existiert …‹ Diese Worte, trotz des abmildernden ›noch ist es nicht so weit‹, aus dem Munde des Ministerpräsidenten klangen wie eine ernste Warnung.«

Zahlreiche Reaktionen auf diese Rede, die des Verfassers des zitierten Buches eingeschlossen, enthielten den deutlichen Hinweis, dass auf dieser Konferenz ein neuer Ryschkow auftrat. Noch bevor ich das Rednerpult verlassen hatte, sprang eines der ZK-Mitglieder von seinem Platz auf und rief: »Warum spricht der Genosse Ryschkow nicht über die Wirtschaft?« Ich musste ihm antworten, dass ich tatsächlich oft von dieser Tribüne über Volkswirtschaft gesprochen hatte, es aber zum jetzigen Zeitpunkt unumgänglich sei, über die Partei zu sprechen. Und das habe ich als Mitglied des Politbüros getan.

Damals hatte ich nicht die Absicht, die Tätigkeit der KPdSU in den für das Land und das Volk schweren Jahren der Perestroika zu analysieren. Ich wollte nur auf die paradoxe Situation hinweisen, dass die mächtigste Partei in unserer Geschichte die Durchführung unumgänglicher Reformen nicht anführte, so wie das zum Beispiel die Chinesen taten und tun, sondern sich im Gegenteil dabei versteckte. Damit schuf die Partei faktisch selbst die Bedingungen, unter denen es vergleichsweise schwachen Kräften gelang, sie aus der politischen Arena zu verdrängen.

Leider fand meine Rede kein positives Echo beim Generalsekretär Gorbatschow und seiner Umgebung.

Später erfuhr ich, dass Jakowlew im Anschluss einige regionale Parteifunktionäre zusammenrief und ihnen die Frage stellte: »Haben Sie gesehen, wer das Messer für den Rücken der Perestroika vorbereitet?«

Zu dieser Tragödie kam es, weil die KPdSU im Verlauf von Jahrzehnten mit ihrem Monopol auf die Macht die Befähigung zum tagtäglichen politischen Kampf verloren hatte. Im Ergebnis waren der Partei als einheitlichem Organismus ihre besten Eigenschaften wie Kampfgeist, Selbstaufopferung und Uneigennützigkeit abhanden gekommen. Die Partei war altersschwach und hinfällig geworden.

In dem Maße, wie die KPdSU ihren Einfluss auf die Volksmassen verlor, entstanden im Lande oppositionelle Bewegungen, die dann eine wesentliche Rolle bei der Zerstörung des Staates und der Gesellschaftsordnung spielen sollten. Man kann sie in drei Gruppen einteilen: Dissidenten, Informelle und Demokraten. Man kann dementsprechend auch drei Wellen ihrer Tätigkeit unterscheiden.

Die *Dissidentenbewegung*, die Anfang der 60er Jahre entstand, beschäftigte sich hauptsächlich mit der

Wahrung von Recht und Gesetz, ließ sich nicht auf Zusammenarbeit mit den Behörden ein und lehnte Gewaltanwendung ab. Sie hatte nur wenige Anhänger, war zersplittert und schwach organisiert, aber lenkte die Aufmerksamkeit des Westens auf sich und wurde von einem kleinen Teil der sowjetischen Intelligenz unterstützt. Für sie war der Fakt an sich wichtig, dass es in der Sowjetunion oppositionelle Kreise gibt, die unter bestimmten Bedingungen ein gewisses politisches Gewicht bekommen konnten.

Die ältere Generation erinnert sich an die Gerichtsprozesse gegen Dissidenten. Die Informationen über solche Prozesse gelangten zu einem Teil der Bevölkerung, hauptsächlich zur kulturellen Elite, durch die verschiedenen ausländischen Radiosender mit ihrer charakteristischen Mischung von Dichtung und Wahrheit.

Im Dezember 1986 war der politische Beschluss über die Abschaffung der strafrechtlichen Verfolgung der Opposition gefasst worden. Man entließ die ehemaligen Dissidenten aus den Lagern und Gefängnissen. Ihre Bewegung wurde aber nicht wiederhergestellt. Viele waren vom Kampf für die Menschenrechte müde geworden, und andere, die Berühmtheit im Westen erlangt hatten, zogen das ruhigere Leben im Ausland vor. Es klingt paradox, ist aber eine Tatsache, dass der Schlusspunkt in der Geschichte der Dissidentenbewegung damals, im Jahr 1986, durch die Einstellung ihrer Verfolgung gesetzt wurde.

In dieser Zeit entstanden im Land schnell zahlreiche gesellschaftliche Strukturen, deren Mitglieder man als *Informelle* bezeichnete. Allgemeine Prinzipien gab es bei diesen nichtstaatlichen Organisationen praktisch nicht. In ihren Reihen fanden sich Demokraten und Patrioten, Anarchisten und Monarchisten, Kommunisten, Sozialdemokraten, Liberalkonservative usw. Viele Gruppen formierten sich nicht nach ideologischen Prinzipien, sondern nach dem Thema ihrer Tätigkeit – Ökologie, Denkmalschutz usw. Im Unterschied zu den Dissidenten waren die Informellen offen für eine Zusammenarbeit mit den Behörden und auch den Eintritt in staatliche und andere Organisationen (Gewerkschaften, Komsomol u. a.). Aber schnell nahm die Tätigkeit vieler Informeller immer stärker politisierten und dann auch echten politischen Charakter an. Die Teilnehmer an den informellen Vereinigungen spielten große Politik, sammelten Erfahrungen und lernten bald, gewaltige Volksmassen auf die Straße zu bringen.

Durch die internen Diskussionen gelangten die oppositionellen Funktionäre zu politischer Meisterschaft, sie trugen zur Erziehung künftiger Politiker, Journalisten und gesellschaftlicher Aktivisten bei. Einige von ihnen wurden in den 90er Jahren Leiter gesellschaftlicher Organisationen, neu gegründeter politischer Institute und von Informationsmedien. Diese Leute kann man heute in verschiedenen politischen »Shows« auf dem Bildschirm sehen. Sie belehren auch heute noch das Volk, wie es unter den Bedingungen der demokratischen Veränderungen, für die sie – oft in naiver Weise – vor zwanzig Jahren eingetreten waren, leben soll. In dieser weit zurückliegenden Zeit fühlten sie sich als Basis der künftigen Zivilgesellschaft, aber heute erklären sie mit traurigen Gesichtern, dass wir von dieser weiter entfernt seien als in den Tagen ihrer Jugend.

Um eine Vorstellung davon zu vermitteln, was sich in dieser Sphäre des gesellschaftlichen Lebens abgespielt hat, bringe ich drei Beispiele.

Im Februar 1987 wurde beim Zentralen Ökonomisch-Mathematischen Institut (ZEMI) der Club »Perestroika« gegründet. Zu den beteiligten ZEMI-

Mitarbeitern gehörte der Ökonom (damals noch Kommunist) Jegor Gaidar. Zu Anfang waren die Diskussionen in der »Perestroika« eine öffentliche Fortsetzung akademischer Streitgespräche. Aber wie zu erwarten blieben sie nicht in diesem Rahmen. Es war kein Zufall, dass das ZEMI mit seinem Club zum Initiator radikaler ökonomischer Reformen wurde. Gemeinsam mit Jelzin, der später die Aufgaben des Regierungschefs übernahm, beteiligte sich Gaidar in der Beloweschskaja Puschtscha* an der Zerstörung des Landes. Ab Januar 1992 begann Gaidar, wieder mit Jelzins Segen, mit seinen radikalen ökonomischen Reformen, die das Land um viele Jahre zurückwarfen und einen großen Teil der Bevölkerung in die Armut zwangen, ja einfach ins Elend stürzten.

Im August 1987 entstand die informelle Gruppe »Memorial«. Ihr Hauptziel war ein dauerhaftes Gedenken an die Opfer der stalinistischen Repressionen. Ein Teil der Gruppe ging mit ihren Losungen auf die Straße, ein anderer Teil zog das Sammeln von Unterschriften auf Veranstaltungen bestimmter Intelligenzkreise vor. Bekannte Persönlichkeiten unterschrieben solche Aufrufe: Bulat Okudschawa, Jewgeni Jewtuschenko, Anatoli Pristawkin u. a. Auf die Tätigkeit von »Memorial« richteten Architekten und Ideologen der Perestroika wie Alexander Jakowlew ihre wohlwollende Aufmerksamkeit.

»Memorial« nahm an den Wahlen im Jahr 1989 teil, an der Organisierung von Meetings und anderen Veranstaltungen der demokratischen Bewegung. Viele der genannten Personen engagierten sich danach in

---

* Nationalpark Beloweschskaja Puschtscha – Naturschutzgebiet im Südwesten Weißrusslands, etwa 300 km von Minsk entfernt. Analog zum russischen Buchtext wird im Folgenden immer von Belowescher Wald oder, wenn die Umgebung gemeint ist, einfach von Belowesch die Rede sein.

den demokratischen Bewegungen unterschiedlicher Richtung.

Im Jahr 1983 wurde die patriotische Vereinigung »Pamjat« gegründet. Diese Organisation stieß mit ihren fremdenfeindlichen Losungen – Kampf gegen die »zionistische Freimaurer-Verschwörung« in der KPdSU und weltweit – bei den anderen Informellen auf Ablehnung. Nachdem Ende 1985 Dimitri Wassiljew an die Führungsspitze gekommen war, begann sich die Organisation stark zu radikalisieren. Sich auf die berüchtigten »Protokolle der Weisen von Zion« berufend, zeichnete Wassiljew das Bild eines weltweiten Kampfes zwischen Zionismus und den patriotischen Kräften. Die Perestroika deutete er als Reinigung der Partei und des Staates von der »zionistischen Agentur«. Er unterstützte den Kampf gegen die »Alkoholisierung« des Landes.

Im Mai 1987 führte »Pamjat« in Moskau die erste nicht genehmigte Demonstration durch, womit sie unionsweit bekannt wurde. Anlass war die Zerstörung eines Symbols von Moskau – des Poklonnaja-Hügels, auf dem zu dieser Zeit die Arbeiten zur Errichtung des Siegesdenkmals begannen. Die Marschkolonne von einigen hundert Demonstranten nahm ihren Anfang am Manegeplatz und bewegte sich auf der Gorkistraße bis zum Mossowjet*. An der Spitze wurde eine rote Fahne getragen. Teilnehmer an dieser Demonstration war auch Boris Jelzin. Er versicherte den Versammelten, dass die Lage sich bald ändern und es Zerstörungen von Kultur- und Geschichtsdenkmälern dann nicht mehr geben werde.

Ich denke, dass Wassiljews Organisation unserem Land nicht weniger Schaden zugefügt hat als andere politische und gesellschaftliche Informelle dieser Zeit.

---

* Moskauer Rathaus auf der Twerskaja (ehem. Gorkistraße).

Während Letztere offen die Grundlagen des Gesellschaftsaufbaus und des Staates angriffen, verkündete »Pamjat«, dass sie die Perestroika unterstützt. Mit ihren Losungen und Handlungen stieß sie aber einen Teil des Volkes ab.

Wie gesagt, die Informellen waren ideologisch nicht einheitlich. Unter ihnen gab es auch ausgeprägt sozialistische Tendenzen. Aber die Führung der dritten Welle dieser gesellschaftlichen Bewegung übernahmen jene, die sich den Namen »Demokraten« zugelegt hatten. Diese machten sich schnell von alten »Vorurteilen« frei, besonders vom gewaltfreien Charakter ihrer Tätigkeit. Sie nutzten im politischen Kampf alle, auch die schmutzigsten Mittel mit dem einzigen Ziel: Vernichtung der UdSSR und ihrer Gesellschaftsordnung. Diese Entwicklung gipfelte darin, dass im Jahr 1993 ein bedeutender Teil von ihnen die Beschießung des Obersten Sowjets der Russischen Föderation befürwortete. Zu dieser Zeit, übrigens nach erfolgter Vernichtung der UdSSR, färbten sich die »Demokraten« um in »Liberale« und bürdeten der Gesellschaft ihr Programm der Entwicklung – besser gesagt: des allseitigen Verfalls Russlands auf, was im Volk richtigerweise mit den Namen Jelzin, Gaidar & Co. verbunden wird.

Somit führte die Unfähigkeit der KPdSU, notwendige Reformen in historisch bedingt extrem kurzer Zeit zu verwirklichen, zur Entstehung oppositioneller politischer Bewegungen, von denen ein Teil, gewollt oder nicht, die Zerstörung der Sowjetunion und die Liquidierung der bestehenden Gesellschaftsordnung förderte.

3. Außenpolitik

Im Unterschied zu seinen Vorgängern Chruschtschow und Breschnew, die sich erst in der zweiten Hälfte ihrer Regierungszeit mit außenpolitischer Tätigkeit anfreundeten, befasste sich Gorbatschow mit großem Vergnügen gleich zu Beginn mit dieser Richtung.

Seine Zusammenarbeit mit dem Westen begann im Herbst 1984, als er als einfaches Politbüromitglied die britische Premierministerin Margaret Thatcher besuchte. Bekanntermaßen wurde dieses Zusammentreffen von Alexander Jakowlew, dem sowjetischen Botschafter in Kanada, organisiert, dessen Bekanntschaft der künftige Generalsekretär etwas früher gemacht hatte und mit dem er in ideologischen Positionen weitgehend übereinstimmte.

Bezeichnend ist, dass die Zusammenkunft nicht wie üblich im Londoner Regierungssitz (Downing Street 10) stattfand, sondern in der Landresidenz Chequers, die nur für den Empfang besonderer offizieller ausländischer Staatsgäste vorgesehen war, mit denen die Premierministerin vertrauliche Gespräche führen wollte.

Praktisch handelte es sich um eine »Brautschau« des künftigen Generalsekretärs, denn die Führer des Westens waren natürlich bestens über den Gesundheitszustand von Amtsinhaber Konstantin Tschernenko informiert. Nach dem Treffen ließ die Premierministerin den inzwischen geflügelten Satz fallen: »Mit diesem Menschen kann man arbeiten. [...] Ihm kann man vertrauen.« Das war ein Signal der »eisernen Lady« an ihre internationalen Kollegen. Und später sagte sie stolz: »Wir haben Gorbatschow zum Generalsekretär gemacht.«

Den westlichen Analytikern und Politologen muss man zugestehen, dass sie einen langen Atem haben.

Ihr Programm zur Zersetzung der sowjetischen Gesellschaft sowohl von innen heraus als auch mit Hilfe militärisch-politischen Drucks von außen war auf Jahrzehnte hin angelegt. Aber selbst die größten Optimisten unter ihnen hatten nicht genug Fantasie, um sich vorzustellen, dass die Zerstörung der Sowjetunion in so kurzer Zeit erfolgen könnte. War dafür doch ein Staatsführer notwendig, der in beeindruckendem Tempo die Großmacht Schritt für Schritt dem Westen ausliefern würde. Ein solcher politischer Kopf fand sich mit dem Mann, mit dem die Gegner der UdSSR »arbeiten« konnten.

Objektiv war natürlich eine aktivere und effektivere Außenpolitik notwendig, allein schon weil wir ernste Probleme mit unseren Ausgaben für die Rüstung und den Unterhalt des Militärs hatten. Doch meiner Ansicht nach waren es noch andere Bestrebungen, die Gorbatschow leiteten – er wollte zu einer Figur der Weltpolitik werden, zu einem neuen »Messias«, der auf die Erde kam, um die Welt vollständig zu verändern. Das schmeichelte seinem übermäßigen Ehrgeiz und seiner Eitelkeit.

Zu dem Verhalten von Gorbatschow auf der erwähnten »Brautschau« kann ich Alexander Jakowlew mit seinem Buch »Untiefe des Gedächtnisses. Von Stolypin bis Putin«[*] zitieren:

»Die Verhandlungen behielten den Charakter einer Sondierung bis zu dem Moment, da bei einer Sitzung im kleinen Kreis (dem ich angehörte) Michail Sergejewitsch aus seiner Mappe eine Karte des Generalstabs herausholte, auf der alle Geheimchiffren eingetragen waren, die unterstrichen, dass es eine echte Karte war.

---

[*] »Omut pamjati. Ot Stolypina do Putina: v 2-ch knigach«, Moskau: Varius 2001/02. Die dt. Übersetzung erschien unter dem Titel »Die Abgründe meines Jahrhunderts: eine Autobiographie« im Verlag Faber & Faber, Leipzig 2003.

Sie veranschaulichte die Zielrichtungen der Raketen-schläge gegen Großbritannien und auch die Stationie-rungen, von denen aus diese Schläge geführt werden können.

Thatcher blickte einmal auf die Karte, einmal auf Gorbatschow. Meines Erachtens konnte sie nicht ver-stehen, ob man ein Spiel mit ihr treibt oder ernsthaft redet. Die Pause zog sich in die Länge. Die Premiermi-nisterin betrachtete die englischen Städte, auf welche die Raketenschläge zielten. Gorbatschow unterbrach die Pause:

›Mrs. Prime Minister, mit all dem muss man Schluss machen, und zwar möglichst bald.‹

›Yes, Sir!‹ Margaret Thatchers Antwort klang etwas bestürzt.

Wir verließen London vor dem geplanten Termin, da man uns mitteilte, dass unser Verteidigungsminis-ter Dimitri Ustinow gestorben war.«

Gorbatschow hatte erreicht, was er erreichen wollte: Man bestätigte ihn im Westen, noch bevor das im Kreml geschah. Ich hätte gern gewusst, was in einer vergleichbaren Situation mit einem Spitzenpolitiker eines anderen Landes passiert wäre!

Im Oktober 1986, nach zweimonatiger Pause, ging Ronald Reagan auf Gorbatschows Vorschlag ein, sich mit ihm in Reykjavik zu treffen. Dort führten sie unter vier Augen stundenlang geheime Gespräche. Der Prä-sident der USA wollte wissen, ob Gorbatschow bereit sei, Interessen der UdSSR aufzugeben und sich loyal gegenüber den USA zu verhalten. Später, während eines Frankreich-Aufenthalts im Jahr 1993, sprach Gorbatschow offen darüber und gab zu, dass er beim Treffen in Reykjavik »faktisch die UdSSR der Gnade der Vereinigten Staaten ausgeliefert« habe, dass »Reyk-javik in der Tat ein Drama war, ein großes Drama. [...] Ich denke, dass ohne eine so starke Persönlichkeit wie

Ronald Reagan dieser Prozess nicht in Gang gekommen wäre. […] Bei diesem Gipfeltreffen sind wir […] so weit gegangen, dass eine Umkehr schon nicht mehr möglich war.«

Nach Reykjavik gab es noch zahlreiche andere Kontakte und Verhandlungen. Ende 1989, während des Treffens Gorbatschows mit Präsident George Bush sr. auf Malta, wurde der Schlusspunkt im Prozess der Aufgabe aller politisch-militärischen Positionen der UdSSR gesetzt. Wie spitze Zungen damals treffend formulierten: Der Kalte Krieg wurde im warmen Wasser des Mittelmeers bestattet.

In den sechs Jahren als Generalsekretär traf sich Gorbatschow elf Mal mit den Präsidenten der USA. Im Ergebnis seiner Politik mit vielen einseitigen Zugeständnissen fiel die Berliner Mauer, wurden der Warschauer Pakt, die sozialistische Staatengemeinschaft und die Sowjetunion selbst zerstört. Unter den Klängen eines Orchesters, das der besoffene Jelzin dirigierte, verließen die Truppen schmachvoll ihre Militärbasen in Deutschland und fuhren ins Nichts, auf leere Felder mit Zelten. Das war das schändliche Ergebnis der Übereinkunft Gorbatschows mit seinem Freund Helmut Kohl im Staatsjagdhaus bei Archys im Kaukasus.

Die Außenpolitik von Gorbatschow und Schewardnadse (sein Handlanger in der Rolle des Außenministers der UdSSR) führte zum Verfall der internationalen Autorität unseres Staates. Im Ergebnis verloren wir binnen weniger Jahre den Status einer Supermacht. Und die Welt verlor das bipolare System des geopolitischen Gleichgewichts, welches ermöglichte, relativ wohlbehalten die zweite Hälfte des 20. Jahrhunderts zu überstehen. Heute lebt die Menschheit in einer monopolaren Welt, in der als einzige Supermacht die USA das Sagen haben, mit ihrer ökonomischen und militärischen Macht und ihrem manischen Bestreben, das Leben der übrigen Länder nach ihrem Vorbild und ihren Interessen umzugestalten.

Es wäre aber abwegig zu behaupten, dass die gesamte Tätigkeit des Generalsekretärs und Präsidenten Gorbatschow in der internationalen Arena ein Irrtum war. Der Umstand, dass sie vor allem den Interessen des Westens entgegenkam, oft zu Lasten der Interessen der UdSSR, ist aber unstrittig. Diese Politik schwächte nicht nur unsere Position in der Weltarena, sie begünstigte auch den Einfluss des Westens auf die Bevölkerung der Sowjetunion, die Aktivitäten antisowjetischer, antisozialistischer Kräfte in unserem Land und letzten Endes dessen Verschwinden von der Weltkarte.

4. Ideologie

Eigentlich wurden ideologische Probleme in dieser oder jener Form schon auf den vorangegangenen Seiten berührt. Trotzdem möchte ich das Thema wegen seiner außerordentlichen Rolle in der Geschichte des Landes, in den Jahren der Perestroika und auch danach, noch einmal aufgreifen.

Die »Architekten«, »Vorarbeiter« und die übrigen Ideologen und Organisatoren der Perestroika verstanden sehr gut, dass radikale ökonomische und politische Umgestaltungen im Lande nur möglich sind, wenn sie von einem Großteil der Gesellschaft getragen werden. Die 8oer Jahre, als die Partei in direkter Zusammenarbeit mit Arbeiterklasse und Bauernschaft eine echte Kraft dargestellt hatte, lagen weit in der Vergangenheit. Mit der Zeit wurde dieses Bündnis immer formaler und einseitiger, es wirkte von oben, von der Partei zu den Massen, aber sehr viel schwächer von unten, von den Massen zur Partei. Hinzu kommt der mächtige Einfluss der sich stürmisch entwickelnden Massenmedien (in erster Linie Fernsehen und Rundfunk wie auch Tageszeitungen und Wochenzeitschriften) auf das entstehende geistige Leben in der Gesellschaft. Und wer arbeitete dort und bestimmte den Inhalt der Informationen? Natürlich Leute aus der Intelligenz.

Auf diese Weise erschien die Intelligenz auf der Vorbühne des politischen Lebens. Von ihr hing bald in entscheidendem Maße das »Klima« und das geistige Leben des Volkes, das gesellschaftliche Bewusstsein und das staatsbürgerliche, politische Verhalten breiter Kreise der Bevölkerung ab.

Unterstützung der Perestroika von Seiten der Intelligenz war nur zu erwarten, wenn die reale Freiheit des Wortes im Lande eingeführt würde.

Die Staatsführung, auch der diese Zeilen Schreibende, befürworteten eine solche Wende in der Gesellschaft – ihre Öffnung sowohl innerhalb des Landes als auch hin zur Außenwelt. Für viele von uns war offensichtlich, dass man das mit Rücksicht auf unsere sehr komplizierte Geschichte vorsichtig und ausgewogen tun musste, damit das Staatsschiff nicht ins Schlingern gerät. Wie es auch beschaffen war, es war unser Schiff, auf dem wir alle fuhren, mit unseren Freuden und auch Misserfolgen. Unser Staatsschiff einer Gefahr auszusetzen, sei es auch im Namen einer herrlichen Zukunft, und es zusammen mit den Passagieren untergehen zu lassen, das war in keiner Weise vertretbar.

Dank der proklamierten Glasnost, der Abschwächung und dann völligen Abschaffung der Zensur und des Meinungspluralismus sprudelten vor allem die politisch-ideologischen Publikationen nur so. Die Auflagen der »dicken« Journale schossen in die Höhe. Zum Beispiel erreichte die literarische Monatszeitschrift *Novy mir* (Neue Welt) eine Auflage von anderthalb Millionen. Zum Vergleich: In der anschließenden »demokratischen« Zeit, die frei war von offizieller Zensur, betrug die Auflage dieser Zeitschrift im Jahr 2002 nur noch 8000 Exemplare.

Ich erinnere mich, dass die Regierung in jenen Jahren fieberhaft nach einer Möglichkeit suchte, die Papiermengen für Journale und Zeitungen zu vergrößern. Man musste die Papierlieferungen aus Finnland und anderen Ländern erhöhen. Wir hielten die Linie der freien Meinungsäußerung für richtig und taten alles, damit die Verlage genügend Papier hatten, auf dem sie ihre mitunter auch regierungsfeindlichen Artikel drucken konnten. Heute gibt es, soweit ich informiert bin, ein solches Problem nicht. Hast du Geld – kaufe Papier und drucke! Hast du kein Geld – zieh dich zurück und wage ja nicht, dich an die Regierung zu wenden! Das sind eben die Marktverhältnisse.

Im Jahr 1986 wurden bei einer Reihe zentraler Printmedien die Leitungen abgelöst. Neu eingesetzt wurden liberal-kommunistische »Sechziger«. In der Kritik der Vergangenheit und »verkalkter Beamter« der Gegenwart traten besonders die von Jegor Jakowlew geleitete Zeitung *Moskowskije Nowosti* (Moskauer Neuigkeiten) und die Wochenzeitschrift *Ogonjok* (Feuerchen) unter der Leitung von Witali Korotitsch hervor.

Im Gedächtnis geblieben ist mir die Geschichte von Korotitschs Ernennung zum Chefredakteur des *Ogonjok*. Davor arbeitete und lebte er in der Ukraine. Während der Diskussion dieser Kandidatur erhoben einige Genossen, die Korotitsch gut kannten, Einspruch gegen seine Versetzung nach Moskau. Aber über alles entschied Jegor Ligatschow, der mit der ihm eigenen Hartnäckigkeit die Ernennung seines Protegés erreichte – in der Annahme, dass dieser ein guter

»Perestroika-Mann« sein würde. Das konnte man verstehen.

In meiner Hausbibliothek steht das Buch »Gesicht des Hasses« von Korotitsch*. Es handelt von seiner Reise durch die USA und geißelt den amerikanischen Rassismus. Danach, in der post-sowjetischen Zeit, arbeitete und lebte Korotitsch (besser gesagt: verbarg er sich) über viele Jahre in den USA. Wussten seine Studenten und Lehrerkollegen, was dieser russische Professor früher über ihr Land geschrieben hatte? Kaum anzunehmen! Aber Ligatschow und seine Mitstreiter hatten dieses Buch gelesen, und das hatte Einfluss auf seine Ernennung zum Chefredakteur des *Ogonjok*. Das nur als Beispiel für die Flexibilität von Geist und Gewissen vieler unserer »Intelligenzler«.

Ich denke, das war die Blütezeit von Glasnost. Viele neue »mutige« Filme, Lieder, Bücher usw. kamen heraus. Aber die allmähliche Erweiterung der für die öffentliche Diskussion zugänglichen Sphären, die Durchsetzung der Freiheit des Wortes, die den Namen »Glasnost« erhielt (der ohne Übersetzung Eingang in alle Weltsprachen fand), verwandelten sich bald in einen Schwall von oft unzuverlässigen Informationen, die sich gegen den existierenden Gesellschafts- und Staatsaufbau richteten. Dafür wurden vor allem die dunklen Seiten unseres Lebens genutzt, und derer gab es leider noch viele aus der Stalinzeit. Natürlich hat sich in den Jahrzehnten, die seitdem vergangen sind, vieles verändert, das Land wurde ein anderes. Trotzdem wurde die Vergangenheit eine Waffe zur Vernichtung unserer Gegenwart und, wie sich bald zeigen sollte, auch unserer Zukunft.

---

* »Lizo nenavisti«, 1983. Von 1991 bis 1998 war Korotitsch Professor an der Universität Boston.

Über mehrere Jahre wurde die Freiheit des Wortes zur Zerstörung der Gesellschaft eingesetzt, anstatt konstruktive Ansätze zu ihrer Genesung zu suchen.

Die Politik der Unterstützung von Glasnost und anderen demokratischen Prozessen blieb jedoch unverändert. Im Mai 1987 hörte man auf, Sendungen der »Stimme Amerikas« und anderer antisowjetischer Radiostationen zuu stören, und im Juli trat eine Verordnung zur erleichterten Ausreise unserer Bürger in Kraft.

Am 2. November 1987 fand die Festversammlung zum 70. Jahrestag der Oktoberrevolution statt. Den Festvortrag hielt Gorbatschow. Er verkündete:

»Die KPdSU zweifelt nicht an der Zukunft der kommunistischen Bewegung – des Trägers einer Alternative zum Kapitalismus. [...] Wir schreiten voran zu einer neuen Welt – der Welt des Kommunismus. Von diesem Weg werden wir niemals abweichen!«

Vier Jahre nach diesen unter stürmischen Ovationen gesprochenen Worten gab es beide nicht mehr, weder die Sowjetunion noch den Sozialismus – geschweige denn den Kommunismus, zu dem der Generalsekretär aufgerufen hatte. Man wundert sich über dessen Zynismus: Einige Jahre später sollte er erklären, dass er sein ganzes Leben davon geträumt habe, den Kommunismus zu Grabe zu tragen.

Leider war er mit seiner Prinzipienlosigkeit und Käuflichkeit nicht allein. Hier nur eine Episode aus etwas späterer Zeit – das Treffen von Jelzin mit den »besten Vertretern der Intelligenz« im Beethoven-Saal des Bolschoi-Theaters im April 1993. An welch primitiver Bosheit konnten sich da die Fernsehzuschauer sattsehen und satthören! Ausrufe wie »Feste!«, »Nehmt sie härter ran«, »An die Laternen mit ihnen« waren noch die harmlosesten aus den Mündern der in Ekstase geratenen führenden Kulturschaffenden. Ihre rasende

Bosheit einerseits und unverhüllte Liebedienerei andererseits riefen bei Millionen Fernsehzuschauern ein Gefühl des Abscheus hervor (ich weiß das aus vielen Treffen mit den verschiedensten Leuten). Das war ein Moment, wo es möglich und nötig war, sich so zu zeigen, wie man ist. Und eben das haben sie getan! An eine derartig »unverhüllte Arschkriecherei«, wie sich der heute nicht mehr lebende Altvater der Dramaturgie Viktor Sergejewitsch Rosow ausdrückte, erinnert sich unsere Generation schon nicht mehr. Sie haben alle, die einst an sie glaubten, geistig beraubt.

Aber schon vorher haben sie sich selbst beraubt. Ich will keine einst verehrten und geachteten Namen aufzählen, sondern stelle nur fest, dass viele von ihnen mit ihrer dürftigen politischen und sittlichen Charakterbildung, die sich unter den neuen Bedingungen zeigte, ihre Verdienste aus der Vergangenheit aus den Köpfen der Menschen gelöscht haben.

Natürlich ist es Sache eines jeden, seinen Weg selbst zu wählen, aber wenn du das »Salz der Gesellschaft« bist, hast du nicht das Recht, dem Schmerz des Volkes und dem qualvollen Leiden des Vaterlandes gegenüber taub zu sein. Leider ist das im heute politisch aktiven Teil der Intelligenz kein Thema. Echte Intelligenz aber duldet weder Lüge noch Speichelleckerei. Sie ist dazu berufen, dem Volk die Wahrheit zu sagen und an sein geistiges Wohlergehen zu denken. Hat doch Jesus Christus, auf dessen Autorität sich heute sowohl Rechte als auch Linke berufen, gesagt: »Fürchtet euch aber viel mehr vor dem, der Leib und Seele verderben kann.« Matthäus 10.28.

Die Leser mögen mich richtig verstehen: Nicht alle haben in jenen Tagen eine solche Position eingenommen, und nicht alle denken heute so. Aber leider gehen die vernünftigen Stimmen im Chor der Angepassten unter. Übrigens verwenden viele heute noch Bezeichnungen mit »Volks-« oder »UdSSR«. Ist das nicht ein Paradox? Das Alte wird in den Schmutz getreten, die Sowjetunion gibt es nicht mehr, die Interessen des Volkes wurden verraten – aber gegen die ehrenvollen alten Bezeichnungen scheint niemand etwas zu haben.

Zum Glück gab es in unserer kulturellen Elite Menschen mit einem hochentwickelten Gefühl für bürgerliche Würde, unabhängig von politischer Konjunktur, mit Standfestigkeit in ihren Überzeugungen – wie es sie immer gab und geben wird. Einer von ihnen war der zu früh verstorbene hervorragende Schauspieler und Regisseur, Volkskünstler der UdSSR und Held der Sozialistischen Arbeit, Professor Igor Olegowitsch Gorbatschow (1927–2003). Mit diesem sehr klugen Menschen, einem echten Patrioten, führte ich lange Gespräche. Er litt sehr unter dem im Lande vor sich gehenden sittlichen Niedergang. Seiner Meinung nach, wie auch nach der Meinung sehr vieler anderer, stehen sich bei uns zwei Existenzarten gegenüber: die individualistische, orientiert am Kapitalismus, und unsere in Jahrhunderten bewährte kollektivistische Lebensart mit dem Streben des Volkes nach sozialer Gerechtigkeit. Namentlich zur letzteren, gemeinschaftlichen Seinsweise tendierten die Beziehungen zwischen den Menschen, wie sie im Ergebnis der Großen Sozialistischen Oktoberrevolution entstanden sind, welche die ökonomischen, politischen, sozialen und sittlichen Grundlagen der Gesellschaft veränderte. Auf dieser Basis entwickelte sich die neue Menschengemeinschaft – das Sowjetvolk.

Dabei möchte ich unterstreichen, dass meiner Ansicht nach die Idee der sozialen Gerechtigkeit die allerwichtigste der russischen geistigen Traditionen ist und es auch bleiben wird. Heutzutage wird die soziale Gerechtigkeit, wie auch viele andere gute Eigenschaften des sowjetischen Menschen, von denen, die für die Herausbildung des sittlichen Klimas in der Gesellschaft zuständig sind, nicht geschätzt.

Ich stimme mit Igor Olegowitsch Gorbatschow auch darin überein, dass wir den Glauben an unsere Zukunft nicht verlieren dürfen. Nichts von außen Übernommenes, dem Russischen Fremdes, wird von Dauer sein, letztlich wird das historisch tief Verwurzelte siegen. Wenn man dem Volk etwas aufzwingt, kann das nur in einer Katastrophe enden.

Zwei Jahrzehnte leben wir jetzt im Wirbel sozialer Erschütterungen. In diesen Jahren gab es keinen geeinten Staat mehr, und die Gesellschaftsordnung veränderte sich. Das Land verlor den Status einer Großmacht und seine besondere Rolle in der Welt. Das geistige Leben des Volkes verkümmerte merklich, immer mehr kommen die Menschen von den alten Traditionen und der russischen Kultur ab. Wir verlieren unsere Alltagstraditionen und gehen vielfach gedankenlos am Gängelband der herrschenden Ideologie und Praxis, der sogenannten Globalisierung.

Entscheidende Bedeutung beim Eindringen westlicher Einflüsse (Sprache, Lebensstandard, Lebensgewohnheiten usw.) haben in unserer Zeit die Informationsmedien. Möglicherweise unterschätzen wir noch ihre Rolle unter den Bedingungen des 21. Jahrhunderts. Und die Amerikaner, denen es um die Zerstörung der eigenständigen russischen, genauer: russländischen* Zivilisation geht, verbergen ihre Ziele und die Methoden zu ihrer Erreichung nicht. In einem amerikanischen Journal aus den 90er Jahren heißt es unumwunden: »Eine zentrale Aufgabe der Außenpolitik der USA im Informationszeitalter muss der Sieg im

---

* »Russisch« bezieht sich auf die Nation, »russländisch« auf den Staat. Für gewöhnlich wird aber in beiden Fällen »russisch« verwendet.

Kampf um die weltweiten Informationsströme sein. Wir müssen hier dominieren, so wie Großbritannien einst die Meere beherrschte.«

Und weiter: »Die beste Kultur ist die amerikanische, weil sie ein Modell gesunder Vermeidung von zu viel kulturellem Ballast ist.«

Hierhin also führt man uns, während wir, im Unterschied zu Frankreich und anderen europäischen Ländern – entschuldigen Sie bitte das grobe Bild –, immer nur mit den Ohren wackeln, nicht aufpassen und der amerikanischen Aggression in der Sprache, der Kunst und allen Sphären der nationalen Kultur zu wenig entgegensetzen.

Bei der Verkündung der Übergangs zu Glasnost, zur Freiheit des Wortes und zur allseitigen Demokratisierung setzten der politisch hilflose Gorbatschow (oder war es einfach Verrat?) und das ZK der Partei den Verleumdungskampagnen, die von den »Demokraten« gegen die KPdSU entfesselt wurden, praktisch nichts entgegen. Immerhin stand diese Partei in sieben Jahrzehnten (und in was für welchen!) an der Spitze des Landes. Unter den Bedingungen eines realen Angriffs der Gegner der UdSSR und des Sozialismus erwies sich ihre ideologische »Maschinerie« jetzt aber als absolut arbeitsunfähig.

Die Aufrufe zu einer ehrlichen, offenen Politik waren begleitet von allen möglichen Einflüssen und von den öffentlichen Lügen Gorbatschows (zum Beispiel im Zusammenhang mit den Geheimprotokollen zum Ribbentrop-Molotow-Pakt oder im Fall von Katyn). Viele Losungen und Programme erwiesen sich als hohle Versprechungen, die nicht mit Ressourcen und entsprechender Organisationsarbeit unterfüttert waren. Gorbatschow war nicht fähig zu verstehen, dass in der Politik unerfüllte Hoffnungen nur zerstörerische Kräfte auf den Plan rufen.

Aus all diesen Gründen waren die Menschen enttäuscht von der Partei, der Perestroika und von Gorbatschow, was die Position ihrer Gegner stärkte.

5. Interethnische Beziehungen*

Während des größten Teils des 20. Jahrhunderts schaute die Welt mit Staunen und Begeisterung zu, wie in der UdSSR das Problem des Zusammenlebens der Nationen gelöst wurde. Man kann sagen, dass unser Vielvölkerstaat ein Sinnbild für die scheinbar unverbrüchliche Freundschaft der Völker wurde. Aber plötzlich zeigte sich hier, auf einem Sechstel der Erde – sei es im Baltikum, sei es in der Ukraine, in Grusinien, Aserbaidschan oder in einigen anderen Unionsrepubliken Mittelasiens –, wieder die grausame Fratze des Nationalismus. Als eine die Sicherheit des Landes bedrohende Massenerscheinung existierte dieses Problem in der UdSSR nicht, doch als die Sowjetunion Schwäche zeigte, verwandelte es sich in einen mächtigen Sturmbock zu ihrer Vernichtung.

Aber was ist das, »Nationalismus«, wie definiert sich dieser Begriff? Gelehrte, Politiker, gesellschaftliche Funktionäre und Kulturschaffende haben keine einheitliche Antwort auf diese Frage.

Die einen meinen, Nationalismus seien Handlungen des Staates oder eines Volkes explizit entgegen den Interessen anderer Staaten oder Völker. Oft arten solche Erscheinungen zu Orgien der Gesetzlosigkeit aus. Nationalismus so verstanden – das ist die Ideologie der Spaltung und Entzweiung der Völker.

---

* In diesem Kapitel wurden theoretische Arbeiten des Philosophie-Professors M. S. Dschunussow genutzt. – *Anm. d. Autors.*

Der zweite Standpunkt steht dem ersten diametral entgegen. Für seine Anhänger bedeutet Nationalismus die Liebe zur eigenen Nation, ebenso wie Patriotismus die Liebe zum Vaterland ist. Die unterschiedlichen Auslegungen des Wesens dieser heiklen und explosiven Erscheinung führen bei der Beurteilung zwischennationaler Beziehungen und Ereignisse oft in die Irre.

Sehr tiefgehende Gedanken zur Nation stammen von dem großen russischen Philosophen Nikolai Alexandrowitsch Berdjajew. Wir finden sie in seinem Buch »Philosophie der Ungleichheit«*. Seiner Meinung nach ist Nation hauptsächlich eine konkret-historische und keine abstrakt-soziologische Kategorie. Nation, so meint er, bedeutet Einheit des historischen Schicksals. Er schreibt:

»Die Nation ist nichts Abgeleitetes, sie ist etwas ursprüngliches, ein unsterbliches Subjekt des historischen Prozesses, in ihr leben und überdauern alle vorigen Generationen. [...] Jede Nation strebt instinktiv zu einem Maximum an Kraft und Lebendigkeit, nach Selbstentfaltung in der Geschichte.«

Es gibt in der Welt kein Volk, das nicht über nationales Selbstbewusstsein verfügen würde, das kein Gespür für seine Individualität hätte. Aber Achtung verdient es nur dann, wenn es die Existenz anderer Nationen als natürlich und gerechtfertigt anerkennt. Zwischen den Nationen und ihrer Umgebung müssen gesunde gegenseitige Beziehungen bestehen. Nur so sind Ruhe und Frieden zwischen den Völkern möglich.

Und noch einmal hat Berdjajew das Wort, der vor mehr als achtzig Jahren scharfsinnig schrieb: »In einer konkreten Weltgemeinschaft darf es keinen Wi-

---

* »Philosphie der Ungleichheit. Briefe an sozialphilosophische Widersacher«, Berlin: Obelisk 1923 (in russ. Sprache).

derspruch zwischen Nation und Menschheit geben: In der vereinigten Menschheit finden sich alle Nationen bestätigt, in ihr sammeln sie Kraft und blühen auf. [...] Die Brüderlichkeit der Völker setzt die Existenz von Völkern, von nationalen Personen ebenso voraus, wie die Brüderlichkeit von Menschen die Existenz von Menschen, von menschlichen Personen voraussetzt. Echte Liebe ist immer Bestätigung der Person des Geliebten, seiner nichtwiederholbaren Individualität. Und meine russische Liebe zu einem Franzosen, Engländer oder Deutschen kann keine Liebe zu einem abstrakten Menschen, zu einem Menschen allgemein sein, sie kann nur die Liebe zu dem konkreten Franzosen, Engländer oder Deutschen, zu der individuellen Gestalt sein.«

Ich denke, das Gesagte lässt Schlussfolgerungen über den Nationalismus als extrem gefährliche Erscheinung zu, extrem gefährlich für den Frieden zwischen den Völkern und damit auch für ihre Entwicklung.

Nationalismus – das ist Ignorieren des Prinzips der Gleichheit der Völker, Sprachen, Kulturen, die einander gegenseitig Achtung schulden.

Nationalismus – das ist Verabsolutierung der Eigenart eines Volkes, die Behauptung von Stammesexklusivität und Überlegenheit über alle anderen Nationen. Diese Position bringt nationalen Egoismus hervor und dient zur Rechtfertigung, eigene nationale Interessen auf Kosten anderer Völker zu verfolgen.

Der Terminus »Nationalismus« bezeichnet einen Komplex von Erscheinungen, die Misstrauen zwischen den Völkern hervorbringen und geeignet sind, den Willen und die Gefühle der Menschen für die Herabsetzung der Würde anderer Völker sowie für die Teilnahme an blutigen Konflikten und Kriegen zu mobilisieren.

In der Regel tritt Nationalismus auf in Gestalt von Sorge um nationale Interessen, Nationalstolz und nationaler Würde. Diese Erscheinungen werden von unterschiedlichen politischen Kräften genutzt, um die Bevölkerung für ihre Interessen zu gewinnen. Nationalistischer Demagogie verfallen bisweilen auch helle Köpfe, selbst bei ihnen kann die sittliche Wachsamkeit abstumpfen. Der Nationalismus, das ist ein mächtiger Faktor zur Mobilisierung der Massen im politischen Kampf.

In unserem Land begann das Aufflackern des Nationalismus in den 8oer Jahren, sozusagen in guter Absicht: Man meinte, dass es notwendig wäre, das Selbstbewusstsein der Völker zu entwickeln, der Entwicklung der Kultur einen neuen Impuls zu geben.

Niemand hatte etwas gegen solche guten Absichten. Wenn man meinte, dass in der Ukraine in Schulen und anderen Lehreinrichtungen unbedingt die ukrainische Sprache gelernt werden muss – dann bitte lernen Sie sie. Ich selbst habe Schule und Technikum im Donbass, also in der Ukraine abgeschlossen und musste daher Ukrainisch als zweite Sprache lernen. Macht nichts, ich bin davon nicht dümmer geworden, bis heute verstehe ich die Umgangssprache der Ukrainer. Ich halte es aber für einen Fehler, dass in den Schulen später, in den 7oer Jahren, das Erlernen der Ortssprache fakultativ war. Das hat uns viel Unglück gebracht.

Als dann die Gespräche über nationales Selbstbewusstsein in einigen Unionsrepubliken in Nationalismus umschlugen, wurde mir klar: In Wirklichkeit war das eine scharfe Wende zum Separatismus.

In diesem Zusammenhang darf das Problem des Chauvinismus nicht übergangen werden. Wenn Nationalismus übersteigertes nationales Selbstbewusstsein bedeutet, dann ist Chauvinismus (abgeleitet vom

Namen des Veterans der Napoleonischen Kriege Nicolas Chauvin, eines fanatischen Anhängers der Eroberungspolitik von Bonaparte) die extreme, wenn Sie wollen auch widerlichste Form des Nationalismus, nämlich Verachtung und Hass gegenüber anderen Rassen und Völkern.

Ein besonderer Fall ist der russische oder großrussische Chauvinismus. Leser der älteren Generation werden sich an Lenins Satz erinnern, der sich auf die Periode der Gründung der UdSSR als Union föderativer Staaten bezieht: »Dem großrussischen Chauvinismus erkläre ich den Krieg nicht auf Leben, sondern auf den Tod.« Sehr wahrscheinlich hatte dieser Satz zum damaligen Zeitpunkt einen praktischen politischen Sinn, da er unterstreicht, dass in dem in der Gründungphase befindlichen Vielvölkerstaat alle, große wie kleine, Völker absolut gleiche Rechte haben sollten. Er sollte auch klarmachen, dass, während das zaristische Russland laut Lenins Polemik ein »Völkergefängnis« war, »im sozialistischen Unionsstaat einem jeden von ihnen die Freiheit allseitiger nationaler Entwicklung garantiert« war. Ich meine, kein vernünftig denkender Mensch kann behaupten, dass diese Postulate in der UdSSR nicht verwirklicht wurden.

War dieser »großrussische Chauvinismus« charakteristisch für das vorrevolutionäre Russland und die nachfolgende UdSSR? Um uns darüber Klarheit zu verschaffen, werfen wir einen Blick auf die Geschichte.

Russland war als politischer und ökonomischer Verbund verschiedener Länder entstanden. In ihm lebten Völker mit jeweils eigener Kultur, zusammengehalten durch gesamtstaatliche Interessen. Mit der Aufnahme in den Schoß Russlands waren alle dazu aufgerufen, im geeinten Staat zusammenzuarbeiten, statt miteinander zu konkurrieren. Durch die enormen räumlichen Ausmaße, komplizierte geografische und geopolitische

Bedingungen und die ethnische Vielfalt ergab sich ein allgemeines nationales Interesse: größtmögliche Stärkung des Staates und aller seiner Einrichtungen. Letztere hatten territoriale Integrität und innere Sicherheit des Landes zu gewährleisten sowie allseitig akzeptierte Formen der Koexistenz der verschiedenen national-ethnischen, religiösen und kulturellen Besonderheiten zu schaffen. Berdjajew schrieb:

»Jede Nation strebt danach, sich einen Staat zu schaffen und in ihm festen Fuß zu fassen. Durch den Staat entfaltet die Nation all ihre Potenzen. Andererseits muss der Staat über ein nationales Fundament verfügen, über einen nationalen Kern, auch wenn die Stammeszusammensetzung in ihm sehr kompliziert und vielfältig sein kann. Der russische Staat hatte als Fundament einen russischen Kern und verkörperte die russische Idee in der Welt. Ein Staat ohne nationalen Kern und nationale Idee entwickelt kein schöpferisches Leben.«

Die Hauptlast des wachsenden Staatsgebildes trug das zahlenmäßig größte russische Volk, es bildete das Grundgerüst bei Aufbau und Festigung unseres Staates. Dabei gab es keinerlei »russische« Privilegien. Keine der Nationalitäten Russlands war herrschend und keine war untertan. Eben deshalb meine ich, dass eine aus dem historischen Kontext gerissene Verabsolutierung und stereotype Wiederholung der erwähnten Formulierung Lenins falsch ist. Ich denke, dass weder in Russland noch in der Sowjetunion ein »großrussischer Chauvinismus« als staatliche Erscheinung existierte. Bisweilen konnte er vielleicht auf privater, alltäglicher Ebene vorkommen, aber das ist eine ganz andere Sache. Bekanntlich gibt es in jeder Familie ein schwarzes Schaf.

Allerdings hat die Geschichte, wie sie es manchmal zu tun beliebt, ein erstaunliches Paradox hervorgebracht: Bei der Vorbereitung und Realisierung des Austritts der Unionsrepubliken aus der UdSSR trat in einigen von ihnen tiefsitzender Nationalismus und örtlich sogar Chauvinismus an die Oberfläche. Allgemein bekannt ist zum Beispiel, welche abgefeimten Methoden die Chauvinisten in den baltischen Republiken zur Diskriminierung und Verdrängung des russischen Bevölkerungsteils anwenden, der zu UdSSR-Zeiten so viel für die Entwicklung dieser Länder getan hat.

Auch in Russland selbst bildeten sich nach dem Machtantritt der »liberalen Demokraten« leider chauvinistische und – noch schlimmer – faschistoide Gruppen und Grüppchen, die ihre Armseligkeit und Kulturlosigkeit hinter nationalistischen Losungen und der angeblichen Sorge um die Interessen des russischen Volkes verbergen. Vielfach war das darauf zurückzuführen, dass die an die Macht Drängenden und sie Ergreifenden entweder direkte Helfershelfer des Westens oder zumindest dessen ideologische Anhänger waren, entschlossen, Russland dem Westen zu überlassen.

Diese Psychologie und die entsprechenden Handlungsweisen (wir erinnern uns mit Scham an den vor seinen ausländischen Partnern scharwenzelnden Jelzinschen Außenminister Andrei Kosyrew) zogen unvermeidlich nackten, aggressiven Nationalismus nach sich, das Gegenstück zum echten Patriotismus. Mehr noch, der Antipatriotismus der 90er Jahre wurde zum Markenzeichen Jelzinscher Macht. Den Patriotismus und die Patrioten begoss man auf Schritt und Tritt mit Schmutz und tat alles Mögliche, damit diese Begriffe völlig diskreditiert wurden, besonders in den Augen der jungen Generation. Der Abschaum an der Macht versuchte, die heiligsten Ereignisse und Daten aus dem Gedächtnis des Volkes zu löschen, sogar den Tag des Sieges im Großen Vaterländischen Krieg. All das rief starke negative Reaktionen hervor, das Auftreten nationalistischer Einstellungen und extremistischer Organisationen.

Die Grenzen zwischen den Begriffen »Nationalismus« und »Chauvinismus« einerseits und »Patriotismus« andererseits sind im Bewusstsein der Menschen, besonders der Jugend, nicht immer klar. Deswegen referiere ich hier die Kennzeichnung dieser Begriffe, wie sie sich in der Literatur der letzten Jahre herausgebildet haben.

Patriotismus – das ist eine hochmoralische Eigenschaft der Persönlichkeit, die äußerst positive Beziehung zu den Mitbürgern, zum Land und dessen historisch gewachsenen Werten. Das ist Stolz auf sein Volk, auf sein Land, Schmerz und Trauer um die Misserfolge. Es bedeutet tiefes Verständnis des Einzelnen für seine staatsbürgerliche Pflicht, persönliche Verantwortung für das Schicksal der Heimat.

Was der einem Volk gemeinsame Patriotismus in Wirklichkeit ist, zeigte am überzeugendsten der Große Vaterländische Krieg. Hätten weniger patriotisch eingestellte Menschen so furchtbare Verluste ertragen, so ungeheuer schwere Entbehrungen und Belastungen überstanden und dabei noch gesiegt? Nein!

In den letzten Jahren ändert sich die Wahrnehmung dieser Zusammenhänge zum Besseren. Man beginnt, die Veteranen der Front und des Hinterlandes wieder zu ehren, verhält sich ehrfurchtsvoller zu seiner Geschichte. Und, wie immer in solchen Fällen, zur patriotischen Bewegung stoßen auch diejenigen, die gestern noch auf unserer Geschichte und dem Großen Sieg herumtrampelten. Aber wahrhaftig – Gott sei ihr Richter.

Ein weiterer Begriff, der in bestimmtem Maß mit den bisher diskutierten zusammenhängt, sind die sogenannten »allgemein menschlichen Werte«. Im Jahr 1987 führte Gorbatschow diese Doktrin in das ideologische Arsenal ein, um die traditionellen ideologischen Postulate der Partei etwas »abzumildern«. Anfangs diente dieser Begriff vor allem der Image-Pflege, da er die Idee der Unterstützung des Friedenskampfes, der Abrüstung, der Abwendung ökologischer Katastrophen in sich trägt. Danach kamen noch die Prinzipien des Rechtsstaates und die Grundelemente der westlichen Demokratie hinzu. Zu diesem Zeitpunkt erfolgte offenbar auch die Hinwendung des Partei- und Regierungschefs zu den »westlichen Werten«.

Praktisch äußerte sich das überall – in der Außenpolitik, in der Ideologie, Ökonomie usw. Dieser Umschwung in den Auffassungen des Generalsekretärs traf aber bei den leitenden Funktionären der Union und auch auf regionaler Ebene nicht auf einhellige Zustimmung. Der »Architekt« der Perestroika und Ideologe der Gorbatschowschen Reformen, Alexander Jakowlew, propagierte überall, besonders im Ausland, eine 180-Grad-Wende. Der größere Teil des Partei- und Wirtschaftsaktivs verhielt sich dazu mit gespannter Aufmerksamkeit.

Warum? Allgemein menschliche Werte gibt es wirklich, in der Welt existieren bestimmte universelle Verhaltensregeln für die Menschen. Sie stehen zum Beispiel als die berühmten zehn Gebote in der Bibel und wurden zu unserer Zeit in einer ziemlich ähnlichen Variante als Moralkodex in das Programm der KPdSU aufgenommen. Die Gorbatschowschen »allgemeinmenschlichen Werte« dagegen waren weniger allgemein anerkannte Normen für individuelles Verhalten, sondern dienten der bedingungslosen Übernahme des westlichen Gesellschaftsmodells unter Verdrängung russischer und erst recht sowjetischer Prinzipien und Traditionen.

Anstelle des uns eigenen Kollektivismus begann Individualismus Fuß zu fassen. Das gesellschaftliche

Eigentum an den Produktionsmitteln wurde ersetzt durch Privateigentum; das Volk wurde in zwei einander feindlich gegenüberstehende Lager geteilt – die Reichen, die sich die Schätze unseres Landes aneigneten, und der verarmte größere Teil der Bevölkerung. Die große heimatliche Kultur wird verdrängt durch billige westliche Nachahmungen für den primitiven Geschmack von Menschen, deren höchstes Ideal das Bargeld ist. Das also ist es, wohin man uns in den letzten zwanzig Jahren geführt hat und was »Rückkehr in den Schoß der Weltzivilisation« genannt wird. Dieser Prozess begann schon bei Gorbatschow, und heute befindet sich unser Land, früher weltweit für viele auch geistige Führungsmacht, in der Position eines zurückgebliebenen Schülers.

Die gedankenlos-einseitige, mechanische Übernahme der »allgemein menschlichen Werte« auf russischem Boden ist zweifellos vorteilhaft für die Verwirklichung der Globalisierung unter der Ägide der USA. Dabei treten die nationalen Werte eines Volkes und die Souveränität des Staates in den Hintergrund – mit allen sich daraus ergebenden politischen, sozioökonomischen und kulturellen Konsequenzen.

Unsere Tragödie besteht darin, dass wir die »sowjetischen Werte« verloren haben, dass wir in die neue Zeit nicht alles Positive aus der Vergangenheit mitgenommen haben. Stattdessen werden der Gesellschaft fremde Dogmen aufgedrängt, was der größere Teil des Volkes ablehnt. Im Lande gibt es keine einigende Idee – vorherrschend sind spaltende, fremde Werte.

In diesem Kapitel habe ich versucht, jene Kernbereiche des Lebens und die in ihnen ablaufenden Prozesse zu skizzieren, die in ihrer Gesamtheit und Wechselwirkung den Boden für den antisowjetischen, antisozialistischen (zeitgemäß gesagt: für den »demokratischen«)

Umschwung bereitet haben. Aus allen diesen Faktoren und Bedingungen hob ich als unheilvollste und destruktivste Kraft den Nationalismus hervor. In verschiedenen Formen und mit unterschiedlicher Aggressivität gibt es ihn in einigen GUS-Ländern auch heute noch.

6. Die Welt nach Zerstörung des Sowjetstaates

Das Handeln von Gorbatschow während der »Perestroika« erinnert in vielem an die Chruschtschowsche Regierungstätigkeit: dieselbe Inkonsequenz, die fehlende strategische Linie bei der Umgestaltung, hastiges Agieren, kaum durchdachte Improvisationen in fast allen Bereichen. Der talentierte Bildhauer Ernst Iossifowitsch Neiswestny hat die Vorgehensweise und den Charakter von Nikita Chruschtschow in dessen Grabdenkmal symbolisch dargestellt, indem er es zweiteilig (aus weißem und schwarzem Marmor) ausführte, um damit die Widersprüchlichkeit dieses Menschen zu betonen.

In der Tat, einerseits hat Chruschtschow die Kontrollen über die Kulturschaffenden gemildert, andererseits machte er die berühmte Skulpturenausstellung in der Manege, darunter auch Arbeiten von Neiswestny, nieder*. Er erlaubte den Druck antistalinistischer Werke – und fügte andererseits der Russisch-Orthodoxen Kirche großen Schaden zu. Auch führte er einen mächtigen Schlag gegen die Sowjetarmee.

Angesichts dieser Inkonsequenzen stellt sich die Frage, was das »Tauwetter« damals eigentlich war: ein warmes Klima, begleitet von schmelzendem Schnee,

---

* Es handelt sich um den damals vieldiskutierten, von Chruschtschow inszenierten »Manegeskandal« 1962 in Moskau.

oder ein Schmutzwetter – mit Matsch und Nebel? Das ist eine Frage der Perspektive.

Gorbatschow verhielt sich zu Anfang seiner Tätigkeit auf dem hohen Staatsposten achtungsvoll gegenüber dem Militär. Sein Amtsantritt erfolgte in dem Bewusstsein, dass in der ganzen Geschichte Russlands die Armee immer ein geachteter Teil der Gesellschaft war. Aber bald begannen auch seine Angriffe auf die Armee. Das gipfelte in der Einschaltung von »Experten«, die das Volk davon überzeugen sollten, dass es nur deswegen so schlecht lebt, weil zu viel Geld für die Armee ausgegeben wird.

Hierbei unterstützte Außenminister Eduard Schewardnadse, der bekanntlich in der Geschichte der UdSSR eine unheilvolle Spur hinterlassen hat, Gorbatschow aktiv. Dieser Staatsmann hat übrigens erklärt, dass unsere Militärausgaben 19 Prozent des Nationaleinkommens betrügen. Gorbatschow nahm diese Zahl und rundete sie auf 20 Prozent auf, obwohl beide genau wussten, dass der Anteil der Ausgaben für Verteidigung bei uns nie höher als 12 Prozent gelegen hatte. Hier wiederholte Gorbatschow seinen Vorgänger Chruschtschow beim Untergraben der Autorität der Sowjetarmee.

So wurden in den Regierungsjahren von Gorbatschow Schritt für Schritt militärpolitische und Verteidigungspositionen des Staates aufgegeben. Der Leser könnte fragen: Wo waren denn die anderen Führungsmitglieder des Landes? Für die Antwort möchte ich Sie in die Gegenwart zurückholen. Wissen denn die heutigen Minister der Regierung der Russischen Föderation über die außenpolitischen Verhandlungen und Beschlüsse des Präsidenten Bescheid? Natürlich nicht. Ebenso war es in der UdSSR: Der Minister für Verteidigung und der Außenminister sowie der Vorsitzende des KGB hatten zwar formal im Regierungskabinett denselben Rang wie die anderen Minister, in Wirklichkeit aber waren sie mit dem Generalsekretär der Partei und dem Präsidenten der UdSSR »kurzgeschlossen«.

Ab 1945 bildete sich in der Welt das bipolare geopolitische System heraus: einerseits die Sowjetunion und andererseits die Vereinigten Staaten von Amerika. Dank der Parität militärischer Stärke der zwei führenden Weltmächte ergab sich im Kalten Krieg ein geopolitisches Gleichgewicht, das den Ausbruch eines großen bewaffneten Konfliktes verhinderte und vielfach diplomatische Lösungen ermöglichte, trotz der Auseinandersetzungen in Vietnam, Afghanistan usw.

Die Zerstörung der Sowjetunion im Jahr 1991 beseitigte alle Blockaden für die Aggressivität des Westens, in erster Linie der USA. Die bipolare Welt war eingestürzt. Die Entstehung einer multipolaren Welt, von der nach dem Zerfall der UdSSR politische Führer einiger Staaten so viel redeten, blieb ein frommer Wunsch. Eine solche Aufteilung der politischen Kräfte war für die verbliebene Supermacht USA völlig unannehmbar, hatten sie doch über Jahrzehnte von ihrer führenden Rolle in der Welt geträumt. Nun endlich hatten sie ihr Ziel erreicht.

Die Ergebnisse ließen nicht lange auf sich warten. Der erste Schlag wurde gegen das uns freundschaftlich verbundene Jugoslawien geführt. Im Verlauf eines Jahrzehnts wurde der einheitliche, in der ganzen Welt anerkannte Staat in sechs Teile zerlegt, mittlerweile ist auch noch der Kosovo hinzugekommen.

Wie zu erwarten, fanden die USA einen Vorwand, eigene und verbündete Truppen nach Afghanistan zu schicken, von wo sie in der zweiten Hälfte der 8oer Jahre den Abzug sowjetischer Truppen so nachdrücklich gefordert hatten.

Danach schmiedeten sie, ohne die UNO auch nur zu Rate zu ziehen, eine Koalition, um den Irak zu überfallen, zu okkupieren und dort ein »demokratisches« Regime zu errichten. Das Ergebnis waren Ströme von Blut. Jetzt sind Libanon, Iran, Nordkorea und andere souveräne Staaten, die sich dem amerikanischen Standard nicht anpassen wollten, an der Reihe.

Im Grunde genommen geht heute dasselbe vor wie im Europa von 1938, als die führenden Staatsmänner Großbritanniens und Frankreichs das Münchener Abkommen unterschrieben, genauer: ein Komplott mit Hitler und Mussolini. Mit diesem Akt gab der Westen dem faschistischen Deutschland grünes Licht für die Versklavung europäischer Völker und die Entfesselung des Krieges gegen die Sowjetunion. Heute macht Westeuropa durch seine Unterstützung für die aggressive Politik den USA mit eigenen Händen den Weg zur Weltherrschaft frei.

Der Welt wird die Vorstellung aufgedrängt, es gebe nur eine Zivilisation – die amerikanisch-westeuropäische, als Nachfolgerin der großen alten Zivilisationen (nicht nur der europäischen, also der griechischen und römischen, sondern auch der östlichen, also der chinesischen, indischen u. a.). Angeblich ist das westliche bzw. »atlantische« System das einzige echt humanistische und demokratische.

Aber die Autoren der Theorie einer einzigen »atlantischen« Zivilisation schockieren mit ihrem Zynismus. In dieser Gesellschaftsordnung gibt es keinen Platz für China, Iran, Indien, Russland und andere Länder. Die Affinität vieler westlicher Politiker zu dieser Auffassung wurde durch die gewaltigen wissenschaftlichen, kulturellen und ökonomischen Fortschritte Japans und Chinas, in letzter Zeit auch Indiens und der Länder Indochinas nicht ins Wanken gebracht. Diese offensichtliche Abneigung, Realitäten zur Kenntnis zu nehmen, kann für den Frieden sehr gefährlich werden.

Dass es in der Welt keine einheitliche Zivilisation

gibt, hat übrigens als Erster im Jahr 1868 sehr überzeugend unser großer Landsmann Nikolai Jakowlewitsch Danilewski nachgewiesen*. Auf der Welt gab und gibt es, so meinte er, mehrere kulturhistorische Typen großer Zivilisationen, von denen sich jeder nahezu unabhängig von den anderen entwickelte (bzw. sich noch entwickelt) und dabei ihre Besonderheiten bewahrt und schützt. Namentlich das Bestehen unterschiedlicher kulturhistorischer Typen der Zivilisationen und ihre gegenseitige Bereicherung sind wichtige Bedingungen für die Entwicklung der Welt.

Eine globale, humane Zivilisation kann nur die Vielfarbigkeit oder »Sinfonie« der Zivilisationen der verschiedenen Völker sein.

Dieses Problem hängt eng mit dem grundsätzlichen Geschichtsverständnis zusammen. Heute wird im Westen der globale Charakter der Geschichte des 20. Jahrhunderts formal anerkannt. Dabei schwingt jedoch der Gedanke mit, dass die Geschichte vor allem in den großen Ländern des Westens gemacht wird. Sogar die größte Tragödie – der Zerfall der Sowjetunion – wird als Folge des unaufhaltsamen Strebens der sowjetischen Gesellschaft nach »westlichen Werten« ausgegeben. Aber schon vor einem halben Jahrhundert haben realistisch denkende Wissenschaftler darauf hingewiesen, dass die Verabsolutierung von Inhalt und Rolle der westlichen liberalen Demokratie kurzsichtig ist. Bezeichnenderweise sehen zeitgenössische internationale Geistesgrößen den Hauptkonflikt der heutigen Welt in dem Gegensatz zwischen den Anhängern der amerikanisch-europäischen, »atlantischen« Zivilisation und der übrigen Menschheit.

---

* Sein 1871 erstmals in St. Petersburg veröffentlichtes Buch »Russland und Europa. Eine Ansicht der kulturellen und politischen Beziehungen der slawischen Welt zur germanisch-romanischen« erschien in deutscher Sprache 1920 in Stuttgart (Nachdruck 1960).

Der Westen versucht, seine Expansionspolitik philosophisch prinzipiell neu zu begründen und dabei die Grenze zwischen den fundamentalen Kategorien Krieg und Frieden zu verwischen. Dazu werden neue Termini in Umlauf gebracht, wie zum Beispiel »Operation unterhalb der Kriegsschwelle«, und die Bedeutung des Ausdrucks »Frieden schaffen« wird gefährlich erweitert, so dass daraus »Frieden erzwingen« wird.

All das erhöht die Wahrscheinlichkeit eines Krieges, denn die psychologische Schwelle zur Gewaltanwendung sinkt.

In der heutigen, sich schnell verändernden Welt behauptet sich Russland trotz aller Komplikationen und Probleme auf dem seiner großen Geschichte entsprechenden Platz. Dieser Prozess der Erneuerung birgt aber leider eine bestimmte Gefahr in sich: Wertvolle Aspekte unserer Mentalität, unserer Lebensart, unserer eigenständigen Zivilisation gehen verloren.

Russland – das ist eine große eurasische Zivilisation, entstanden auf der Grundlage der viele Jahrhunderte währenden Zusammenarbeit der slawischen, der Turk-* und anderer Völker, einmalig ist seine geopolitische Situation als Festlandkorridor zwischen Europa und Asien.

Die riesigen Weiten Russlands, die geistig-kulturelle und ökologische Vielfalt, das Zusammenleben verschiedener Nationalitäten und Religionen forderten von der Gesellschaft einerseits vorausschauendes Denken, die Fähigkeit, gegen aufziehende Gefahren zu kämpfen, und andererseits die Einheit der Völker, die Vereinigung aller ihrer Kräfte zur Lösung staatlicher Probleme. Daher kommt die Neigung der Russen

---

* Völkergruppe mit verwandten Sprachen, zu der die Tataren, Kasachen, Usbeken, Aserbaidschaner, Kirgisen, Turkmenen, Jakuten, Türken u. a. gehören.

sowohl zur Menschenfreundlichkeit als auch zur politischen Führung und zur Missionierung im geistigen und kulturellen Leben. Diese Eigenschaften des nationalen Selbstbewusstseins wurden nicht von außen hineingetragen, sie sind historisch bedingt. Organisch schließen sie in sich die Gefühle des Patriotismus, der Staatstreue und des Machtbewusstseins ein, ohne die ein Überleben des riesigen Landes, die Bewahrung der Gemeinschaft des Volkes unmöglich wären.

In der russischen Zivilisation hat sich der Vorrang des Geistigen über das Materielle, des Sittlichen über das Merkantile behauptet. Nicht hemmungslose Bereicherung einer kleinen Gruppe von Menschen, sondern Wohlstand der ganzen Bevölkerung muss das Ziel der gesellschaftlichen Entwicklung sein. Hierin besteht auch der Unterschied zwischen der orthodoxen Moral und den ideellen Stützpfeilern anderer Religionen. Die Psychologie der Protestanten, in der es heißt: »Jeder für sich selbst«, mag den Erfordernissen der westlichen Gesellschaft entsprechen, wo sich jeder selbst der nächste ist. Dass im Ergebnis der Westen in Geist- und Seelenlosigkeit versinkt, wird von seinen Anhängern selbst zugegeben.

Eine sehr wichtige Grundlage der russischen Zivilisation ist die Orthodoxie. Als Basis der Macht hat sie vor vielen Jahrhunderten die Konsolidierung der verschiedenen zerstreuten Kräfte der russischen Gesellschaft und das Entstehen eines einheitlichen Staates befördert. Der Ideenkonflikt zwischen dem katholischen und dem orthodoxen Zweig des Christentums, dessen Wurzeln weit in die Geschichte reichen, bestimmte das Wesen des Kampfes zwischen Osten und Westen. Das Gegenüber von Katholizismus und Protestantismus war einer der Gründe dafür, dass die Ausbreitung westlicher Ideen ins Stocken geriet, wohinter vor allem territoriale Interessen standen.

Bei der Umsetzung politischer Beschlüsse muss unser Staat stets die Sichtweise des eigenen Volkes und deren tiefe geistige Quellen berücksichtigen. Das orthodoxe Christentum ist die nationale Religion des russischen Volkes, die seiner Weltanschauung am besten entspricht. Andererseits wird in einem Vielvölkerland wie Russland vom Staat auch Aufmerksamkeit und Achtung gegenüber allen anderen Konfessionen verlangt, obwohl die Kirche vom Staat getrennt ist. Bekennt sich doch ein bestimmter Teil unserer Bevölkerung zum Islam, zum Buddhismus oder zum Judentum. Diesen für unser Land traditionellen Religionen bringe ich ebenso Achtung entgegen, möchte aber in diesem Kapitel nur über die Orthodoxie schreiben.

Heutzutage hört man immer häufiger die Behauptung, dass die Orthodoxie als Wertesystem nicht zur Marktwirtschaft passt. Im Verborgenen findet ein regelrechter Kreuzzug westlicher Missionare gegen die Rechtgläubigkeit statt, entsprechende religiöse Sekten und Kulte breiten sich aus. Tatsächlich wird versucht, das Antlitz unserer ganzen Gesellschaft zu ändern. Im Ergebnis dieser entsetzlichen Operation soll anstelle des historischen Russlands ein Staat entstehen – möglicherweise mit demselben Namen, aber mit einer völlig deformierten Volksseele –, in dem es für die traditionellen Werte keinen Platz mehr gibt.

Bei der Vernichtung der russischen Zivilisation spielt die Entwurzelung unserer in Jahrhunderten gewachsenen Vielvölkerkultur eine wichtige Rolle. Die USA beispielsweise verbergen dieses Vorhaben nicht einmal. Genau genommen wurde Russland in den letzten Jahren Ziel einer auf Zerstörung geistiger Werte und gesellschaftlicher Moral ausgerichteten informell-kulturellen Aggression der Vereinigten Staaten. Ein bedeutender Teil der Kulturelite, der unter Berufung auf Glasnost die sowjetische Zensur verwünschte, wurde – mal blind, mal ganz bewusst – zu begeisterten Anhängern der westlichen, besonders der amerikanischen Kultur.

Im Ergebnis dieses Angriffs, der mit Unterstützung der einheimischen Meinungsmacher erfolgte, bestimmen die Amerikaner über ihre Günstlinge faktisch die Sendepolitik im russischen Fernsehen als dem größten Massenmedium im Land. Das Zurückdrängen traditioneller Werte und das Aufdrängen der »amerikanischen Lebensart« sind an der Tagesordnung. Versuche, dem zu widerstehen, werden von den wirklichen Herren im russischen Fernsehen erbittert bekämpft.

Exekutive und gesetzgebende Macht haben sich mit dieser Situation praktisch abgefunden. Mehr noch, die heimische Kultur ist heute als Ganzes in eine Zone dunkler, abergläubischer, antiwissenschaftlicher Ansichten abgedrängt. Der Strom von Verdunkelung, der sich von den Bildschirmen und aus der Klatschpresse ergießt, ist derartig breit, dass in ihm die Inseln gesunden Menschenverstandes, von Anständigkeit und Moral einfach verschwinden.

Nach dem Zweiten Weltkrieg waren die Grenzen zwischen den Zivilisationen an ihre historischen Orte zurückgekehrt. Sie markieren die Westgrenze der Siedlungsgebiete der uns verwandten Polen, Tschechen, Slowaken, Jugoslawen und Bulgaren. Die Vernichtung der Sowjetunion betreibend, setzte sich der Westen jedoch das Ziel, die zivilisatorische »Wasserscheide« Europas weiter nach Osten zu verschieben. Die Architekten der »neuen Weltordnung« hatten aber nicht die Absicht, dabei stehenzubleiben. Die Rede war von einem weiteren Versuch, die eigenständige russländische, vor allem die russische Zivilisation als alten strategischen Konkurrenten der westlichen Welt zu liquidieren.

Und das gelang leider. Praktisch alle slawischen Völker, die nach dem Verschwinden der Sowjetunion in Schwierigkeiten kamen, gerieten in starke Abhängigkeit vom Westen, fanden sich durch die NATO und andere politische, ökonomische und militärische Mechanismen im Westen eingebunden. Eine Ausnahme bildete Jugoslawien. Der Hauptgrund, warum dieses Land als Objekt für Aggression und Zerstörung ausgewählt wurde, liegt eben darin, dass es gewagt hat, seine politische Unabhängigkeit zu bewahren.

Alles, was in Jugoslawien geschah, bestätigt indirekt die Annahme, dass eine Bruchlinie der Zivilisationen vor allem längs der Linie Westen–Russland verlaufen wird. Heute ist klar geworden, dass die westliche Zivilisation vorläufig nicht in der Lage war, die russische bzw. russländische Zivilisation zu verschlingen und zu assimilieren – allen Anstrengungen von außen und im Inneren unseres Landes zum Trotz. Wie die Geschichte zeigt, ist unser Land auch mit der Übernahme westlicher technischer und kultureller Errungenschaften niemals der westeuropäischen Zivilisation beigetreten. Im Gegenteil, es hat neue Möglichkeiten für die Entwicklung seiner Eigenständigkeit gefunden.

Der scharfe West-Ruck, den Russland in den 90er Jahren erlebte, zeugt davon, dass ein unkritisches Verhältnis zu den westlichen Werten, ihr mechanisches Verpflanzen auf russischen Boden ohne Rücksicht auf die kulturelle Individualität Russlands zur Zerstörung der einheimischen Zivilisation führen kann, in keinem Fall aber zu ihrer Vervollkommnung. Das umso mehr, als die westliche Zivilisation, wie sich herausstellt, überhaupt nicht darauf aus ist, Russland in ihre Arme zu schließen.

Nach Meinung von Jelzin-nahen Historikern haben die Bolschewiki den Prozess der Europäisierung unserer Zivilisation unterbrochen, sie ließen keine radikale

Veränderung zu. Diese Historiker sprechen aber wenigstens von russländischer Zivilisation. Andere dagegen lehnen diesen Begriff strikt ab.

Und trotz allem, die Zukunft der Menschheit gehört nicht dem Kampf zwischen den Zivilisationen, sondern ihrem Dialog. Viktor Antonowitsch Sadownitschi, Rektor der Moskauer Lomonossow-Universität und Akademiemitglied der RAN, meinte dazu:

»Ich denke, dass die Hauptsache zur Rettung der Menschheit die Anerkennung der Existenzberechtigung verschiedener Zivilisationen und die Aufnahme des Dialogs zwischen ihnen ist. Durch menschliche Gehässigkeit lässt sich nichts erreichen. Wir müssen davon ausgehen, dass unsere Welt sehr vielfältig ist, dass sie ein kompliziertes System darstellt, und müssen daher auf Zusammenarbeit setzen. Ich bin überzeugt, dass die großen Imperien der Vergangenheit im Nichts verschwanden, wenn dieser Dialog abriss, wenn die gegenseitige Durchdringung der Kulturen ein Ende hatte. Jetzt ist Toleranz nötiger denn je. Man muss die Fäden, die Saiten suchen, mit Hilfe derer man sich ungeachtet aller Schwierigkeiten bemühen kann, das Knäuel von Problemen zu entwirren. Lernen, den Dialog zwischen verschiedenen Menschen, verschiedenen Zivilisationen, den Vertretern verschiedener religiöser Konfessionen zu führen – eben das ist die Aufgabe des Tages.«

Die Tätigkeit der Vereinten Nationen zur Bewahrung des Friedens in der zweiten Hälfte des 20. Jahrhunderts war in vielem von der Idee des Austauschs zwischen den Zivilisationen bestimmt. Initiator der UNO war bekanntlich der große amerikanische Präsident Franklin D. Roosevelt. Das, was die amerikanische Führung heute tut, ist eine Abkehr von den Idealen ihres berühmten Vorgängers, der Versuch einer strategischen Wende vom Dialog der Zivilisationen zu ihrer Unifizierung auf Basis westlicher Werte.

Leider wurde im letzten Jahrzehnt des vergangenen Jahrhunderts (nach dem Zerfall der Sowjetunion) das Vertrauen zu einer Reihe internationaler Organisationen untergraben, deren Aufgabe die Erhaltung des Weltfriedens ist. Heute, am Beginn des dritten Jahrtausends, steckt das System der kollektiven Sicherheit in einer tiefen Krise.

Dass sich die NATO ungeniert nach Osten ausbreitete, sich zur Herrin über das Schicksal von Völkern und Staaten aufschwang und der Kontrolle durch die UNO entzog, die dadurch einen enormen Autoritätsverlust erlitt, gibt Grund zu der Annahme, dass diese internationalen Organisationen in ihrer heutigen Gestalt nicht mehr in der Lage sind, die Weltprobleme zu lösen. Sie alle sind unter die Kontrolle der USA geraten und mehr oder weniger zu deren Werkzeug geworden. Sie können den Frieden nicht mehr garantieren.

Teil II
Von der Reformierung zur Zerstörung

In den vorangegangenen Kapiteln ging es um die mit dem örtlichen Nationalismus stark verwickelten zerstörerischen Ereignisse, die sich in den Jahren 1986 bis 1990 in einigen Unionsrepubliken abspielten und zu Keimen der politischen Aktionen wurden, die schließlich den Untergang unserer Heimat besiegelten. Dieser Nationalismus zusammen mit sozioökonomischen, politischen und anderen bis zu rein personellen Faktoren bildete jenen verhängnisvollen Zündsatz, mit dem interessierte Kräfte die Feuer entfachten, in welche die durch verlogene Versprechen betäubten Menschen ihre Vergangenheit warfen – ihr Leben im einheitlichen, starken Staat –, für eine, wie sie bald schmerzhaft erfahren sollten, Schimäre einer hellen, »souveränen« Zukunft.

Natürlich spielten einzelne Ausbrüche des Nationalismus eine bestimmte Rolle bei der Vernichtung der Großmacht, aber der Hauptimpuls zur Zerstörung der UdSSR kam aus dem Zentrum, aus Moskau.

Gleichzeitig muss der Objektivität halber erwähnt werden, dass die zentrifugalen zerstörerischen Prozesse in der Russische Föderation wesentlich später als in anderen Unionsrepubliken begannen. Offensichtlich wirkte sich hier die besondere Rolle aus, die Russland in der ganzen Geschichte unseres Landes spielte. War es doch über Jahrhunderte Zentrum der Bildung des mächtigen Staates UdSSR. Und das Volk war sich

66

dessen immer bewusst und empfand Stolz. Auch in der restlichen Welt waren die Begriffe »Sowjetunion« und »Russland« fast identisch.

Die Rolle Boris Jelzins, des künftigen Führers der RSFSR, beim Zerfall der UdSSR ist ungeheuer. Eine große Verantwortung tragen auch seine Gefährten. Ihre Handlungen werden im Gedächtnis der Menschheit noch lange haften bleiben.

Über die Jahrhunderte musste sich Russland gegen Ansprüche vieler Eroberer verteidigen – allzu verlockend war der russische »Kuchen« mit seinen Weiten, den Naturschätzen, seinem arbeitsamen und talentierten Volk. Für unser Vaterland gab es schwere Zeiten, aber immer gingen wir aus dem Kampf mit Eindringlingen am Ende als Sieger hervor.

Im 20. Jahrhundert haben wir zweimal den einheitlichen Staat mit eigenen Händen zerstört – im Jahr 1917 und im Jahr 1991. Nach der Revolution 1917 fanden die politischen Akteure innerhalb von fünf Jahren eine gemeinsame Sprache und schufen die Sowjetunion. Nach deren Zerfall in souveräne Staaten überwiegen heute leider die politischen Zentrifugalkräfte.

Wie und warum ereignete sich dieses historische Verbrechen in Russland, der größten, staatstragenden Sowjetrepublik? Welche Kräfte schwammen auf der Welle der Perestroika und zu welchen Methoden griffen ihre Anführer, die oftmals unter dem Deckmantel des Volksinteresses ganz persönliche Ziele anstrebten? Als Augenzeuge und Teilnehmer an den stürmischen Ereignissen jener Zeit will ich davon erzählen und gemeinsam mit dem Leser darüber nachsinnen.

1. Im Innern der Partei

Im Oktober 1987 fand planmäßig das Plenum des ZK der KPdSU statt. Es wurde im Kreml abgehalten, in dem für derartige Veranstaltungen speziell ausgestalteten Marmorsaal, in dem heute die jährlichen Botschaften des Präsidenten an die Versammlung der Russischen Föderation verkündet werden.

Es war ein gewöhnliches Plenum, das nach den Vorgaben des Parteistatuts ablaufen sollte, irgendwelche Abweichungen waren nicht zu erwarten. Wie immer eröffnete der Generalsekretär Michail Gorbatschow mit dem Vorschlag, die Tagesordnung zu diskutieren. Da die ZK-Sekretäre vorher über diese informiert hatten, war das ein eher ritueller Vorgang. Als dann Gorbatschow – wieder nach dem eingespielten Schema – fragte, wer dagegen sei oder sich der Stimme enthalte, stand Boris Jelzin aus der ersten Reihe* auf und schlug vor, seinen Antrag auf Überführung aus dem Kandidatenstand in den eines Vollmitglieds des Politbüros zu behandeln.

Für alle ZK-Mitglieder, auch für die, die dem Politbüro angehörten, kam das völlig unerwartet. Natürlich fragten wir sofort Gorbatschow, worum es hier ging. Seiner undeutlichen Antwort war zu entnehmen, dass er während seines Urlaubes im Süden tatsächlich von Jelzin einen solchen Antrag bekommen hatte. Eigentlich war der Generalsekretär verpflichtet, das Politbüro darüber zu informieren, damit vor dem Plenum darüber beraten werden konnte. Nur das Plenum des ZK der KPdSU war berechtigt, Mitglieder und Kandi-

---

* Bei den ZK-Plenen saßen die Politbüromitglieder am Präsidiumstisch und die Kandidaten zusammen mit den ZK-Sekretären in der ersten Reihe des Saals. – *Anm. d. Autors.*

daten des Politbüros und ZK-Sekretäre zu wählen oder abzuberufen. Gorbatschow hielt sich nicht daran, er verbarg die Existenz dieses Antrags vor seinen Parteigenossen, was sich später als erstes Glied in der langen Kette schwerwiegender Ereignisse nicht nur in der Partei, sondern auch im Land herausstellte.

Jelzin war Parteifunktionär seit 1968 – am Anfang Abteilungsleiter im Swerdlowsker Gebietskomitee und später dessen Erster Sekretär. Zu jener Zeit war er schon fast zwei Jahre Erster Sekretär des Moskauer Stadtkomitees der KPdSU und wurde Kandidat des Politbüros. In der Hauptstadt hatte er einen ziemlich widersprüchlichen Ruf. Auffällig waren die Radikalität seiner Handlungen, besonders in Kaderfragen, und die Ungezwungenheit seiner Äußerungen über den notwendigen Kampf gegen Privilegien u. a. – was gewaltig nach Eigenwerbung bzw. Populismus roch. Außerdem fiel das mangelnde Interesse an der alltäglichen Arbeit auf. Trotzdem unterstützten ihn die Regierung und das ZK bei der Lösung von für Moskau lebenswichtigen Fragen.

Jelzins Auftritt auf dem Plenum wurde später mit Legenden umwoben, die des Erinnerns nicht wert sind. Tatsächlich hielt er eine wirre und unverständliche Rede, wenn man überhaupt von Rede sprechen kann. Wie er später selbst in seinem Buch »Bekenntnisse«[*] sagte, war diese Rede schroff und nicht sehr angemessen. Statt vorzuschlagen, die aufgeworfene Frage zunächst im Politbüro zu behandeln und erst danach auf dem nächsten Plenum zu diskutieren, eröffnete Gorbatschow die Diskussion. Vielleicht war das durchaus demokratisch, aber es war sehr unbedacht.

---

[*] »Ispoved' na zadannuju temu«, Leningrad 1990. Die dt. Übersetzung erschien unter dem Titel »Aufzeichnungen eines Unbequemen« bei Droemer Knaur, München 1990.

Die Reden – durchweg Abfuhren für Jelzin – kamen wie aus dem Füllhorn. Ich muss mich dabei nicht aufhalten. Zwei Tage nach dem Plenum wurde das Verzeichnis der Redner veröffentlicht und einige Jahre später auch die Stenogramme. Was hatte diese stürmische Reaktion der Parteioberen verursacht, sowohl der Moskauer als auch der leitenden Funktionäre in den Regionen? Trotz Glasnost verhielten sich alle überaus empfindlich gegenüber einer ganz und gar nicht programmatischen Rede eines ihrer Kollegen, die Kritik am Arbeitsstil führender ZK-Funktionäre enthielt, besonders des ZK-Sekretärs Jegor Ligatschow.

Die stürmische Diskussion und die absolut sinnlosen Attacken auf den »Ungehorsamen« hatten alles andere als den gewünschten Effekt: Wie in Russland üblich entstand der Mythos eines Volkshelden – des verfolgten »Verteidigers der Unterdrückten«.

Warum eine solche Reaktion? Dieses Phänomen darf man nicht losgelöst von der Gesamtsituation betrachten, die sich in Staat und Partei herausgebildet hatte. In der Partei war schon das dumpfe Gären spürbar, das auch den kommenden Dissidentenführer erfasst hatte.

Meiner Ansicht nach war dieses Vorgehen ein großer Fehler, es zeigte die Unreife der Führung, in erster Linie der Mitglieder des Politbüros und der ZK-Sekretäre. In jener Zeit hatten die meisten führenden Parteikader aller Ebenen die alten Normen des Parteilebens noch nicht hinter sich gelassen. Aber die Parteispitze als Initiator der Veränderungen, auch in der KPdSU, hätte ein solches »Gerichtsverfahren« nicht zulassen dürfen.

Offensichtlich hatte die Parteiführung noch nicht begriffen, welche Kluft zwischen den Funktionären aller Ebenen und der Masse der einfachen Kommunisten entstanden war. In vollem Maße kam sie 1991 zum

Vorschein, als nach der auf Fingerzeig Jelzins erfolgten Auflösung der KPdSU durch Gorbatschow kein einziger Kommunist zu ihrer Verteidigung aufstand.

Dank des stümperhaften Vorgehens der Parteiführung wurde bei uns ein vaterländischer »Robin Hood« geboren. Dieser höchst mittelmäßige politische Funktionär, den ich schon über viele Jahre aus Swerdlowsk kannte, wurde so zum Bannerträger der destruktiven oppositionellen Kräfte.

Am nächsten Tag versammelte sich das Politbüro, um traditionsgemäß die Ergebnisse des Plenums auszuwerten. Nach einer Eingangsinformation von Gorbatschow wandte sich Andrei Gromyko, damals Präsidiumsvorsitzender des Obersten Sowjets der UdSSR, mit der Frage nach dem weiteren Schicksal von Jelzin an den Vortragenden. Der Generalsekretär sprach sich lang und nebelhaft in dem Sinne aus, dass jetzt nicht mehr die Zeit sei, derartige Handlungen zu bestrafen, und dass man für Jelzin eine Arbeit finden müsse.

Andrei Andrejewitsch Gromyko war älter als wir, und er war an Lebens- und politischer Erfahrung wesentlich reicher als alle anderen Sitzungsteilnehmer.

»Sehen Sie, sehen Sie, Michail Sergejewitsch«, sagte er. »Ich denke, man sollte ihn als Botschafter weit entfernt von unserem Land einsetzen.«

Leider hörte niemand auf die Stimme des Seniors, wodurch die Kette der künftigen verhängnisvollen Ereignisse um ein weiteres Glied anwuchs.

Es vergingen ungefähr zwei Jahre. Im Kongresspalast des Kremls fand die Festversammlung aus Anlass eines als Staatsakt zu begehenden Feiertages statt. Es ergab sich, dass ich zu dieser Veranstaltung etwas eher eintraf. Ich ging nach oben in den Präsidiumsraum. An dem langen Tisch saßen schon Gorbatschow mit seiner Frau Raissa Maximowna und der ZK-Sekretär Iwan

71

Wassiljewitsch Kapitonow beim Tee. Auch mir brachte man einen Tee. Und plötzlich fragt mich Raissa Gorbatschowa:

»Nikolai Iwanowitsch! Was treibt eigentlich Ihr Landsmann Jelzin?«

Ehrlich gesagt, ich hatte große Schwierigkeiten mit der Antwort. Gorbatschow bemerkte das und sagte zu seiner Frau:

»Raissa! Mach doch Nikolai keinen Vorwurf. Er und Jegor (Ligatschow) waren die Einzigen, die dringend davor gewarnt haben, Jelzin als Ersten Sekretär der Moskauer Parteiorganisation einzusetzen.«

Bei all seinen Mängeln verfügte Gorbatschow über ein gutes und zuverlässiges Gedächtnis. Man kann davon ausgehen, dass er sich immer, auch heute noch, an ein Gespräch erinnert, das schon im Sommer 1985 im Arbeitszimmer des Generalsekretärs im ZK-Gebäude am Alten Platz stattfand.

Damals klingelte spätabends bei mir das Direkttelefon des Generalsekretärs (ich arbeitete schon im ZK). Er bat mich dringend zu sich, einige Minuten später war ich bei ihm. Im Zimmer gingen Gorbatschow und Ligatschow diskutierend hin und her. Aus den ersten Sätzen entnahm ich, dass es darum ging, wer Viktor Grischin als Ersten Sekretär des Moskauer Stadtkomitees der KPdSU ersetzen könnte.

»Du weißt doch, dass es Zeit ist, die Leitung der Hauptstadt zu verstärken. Mit Jegor diskutiere ich gerade eine mögliche Kandidatur für den Posten des Ersten Sekretärs in Moskau. Wir möchten deinen Rat hören«, begann Gorbatschow.

»Ich nehme an, ihr habt schon einen Vorschlag?«

»Ja. Wir brauchen dort einen starken und kämpferischen Genossen. Nach meiner und Jegor Kusmitschs Meinung sollte das Jelzin sein. Du kennst ihn, was ist deine Meinung?«

Offen gesagt hatte ich über diese Kaderfrage noch nicht nachgedacht – ich hatte genug eigene Probleme. Aber auf diese Mitteilung musste ich reagieren, und zwar ablehnend. Sie verwunderte und verblüffte mich.

»Ich kenne Boris Nikolajewitsch und meine, dass er für diese Rolle absolut ungeeignet ist. Vergesst bitte nicht, dass es hier um die Parteiorganisation unserer Hauptstadt geht, in der die Masse der Industriearbeiter und der Hauptteil der wissenschaftlichen und künstlerischen Elite des Landes konzentriert ist – eine immense Aufgabe. Hier brauchen wir eine kluge, flexible, intelligente Führungspersönlichkeit. Jelzin ist aber ein Mensch anderen Formats: Er ist zwar Bauingenieur, aber seiner Natur nach eher ein Zerstörer. Er hackt Holz, wir sehen das! Ihr habt bereits den Fehler gemacht, ihn aus Swerdlowsk ins ZK zu holen. Macht keinen noch verhängnisvolleren Fehler.«

Meine Einwände wurden nicht beachtet. Faktisch hatten sie schon entschieden. Und mir blieb nur noch zu sagen:

»Ich konnte euch nicht überzeugen, und ihr werdet diesen Schritt bedauern. Später werdet ihr euch in den Hintern beißen, aber dann wird es zu spät sein!«

So gingen wir auseinander. Jeder blieb bei seiner Meinung. Früher habe ich über dieses Gespräch Stillschweigen bewahrt. Aber später hat Gorbatschow, dass muss man fairerweise sagen, im Fernsehen bestätigt, was er seinerzeit zu seiner Frau im Kreml sagte: Der einzige Mensch, der sich gegen den Einsatz von Jelzin im Moskauer Stadtkomitee aussprach, war Ryschkow. Aber wir haben nicht auf ihn gehört.

Die Geschichte liebt es, manchmal mit den Menschen Späße zu treiben. Wie bereits gesagt hatte namentlich Ligatschow auf die Versetzung seines künftigen unversöhnlichen Feindes nach Moskau bestanden. Heute, aus der Erinnerung und in Bewertung der damals im Zusammenhang mit Jelzin getroffenen Entscheidungen, beginnend mit seiner Versetzung in die Moskauer Parteiorganisation, kommen einem unwillkürlich die weisen Worte der alten Griechen in den Sinn: Wen Gott strafen will, dem raubt er als Erstes den Verstand.

Die gesellschaftlichen Erschütterungen und staatlichen Katastrophen bringen viele zum Nachdenken über die Rolle der Einzelpersönlichkeit und des Zufalls in der Geschichte. Oft fragen wir uns selbst und andere: Was wäre, wenn ...? Hätte die Perestroika solche fatalen Folgen gehabt, wenn an der Spitze der Partei nicht Gorbatschow gestanden hätte? Was wäre aus der Sowjetunion geworden, wenn Jelzin im Ural geblieben wäre? Über die Rolle der Persönlichkeit in der Geschichte gibt es eine Menge theoretischer Arbeiten, angefangen mit den griechischen Philosophen über die französischen Aufklärer, die Begründer des Marxismus bis hin zur riesigen Menge bekannter und weniger namhafter Autoren der Gegenwart. Meiner Meinung nach gaben das ganze 20. Jahrhundert und vielleicht auch die letzten anderthalb bis zwei Jahrzehnte unserer Landesgeschichte den Philosophen, Soziologen, Historikern usw. mehr als genug Material für Analysen und neue Erkenntnisse.

Kehren wir jedoch zurück zu den konkreten Fakten. Acht Monate nach dem Oktoberplenum, im Juni 1988, wurde im Kreml die XIX. Parteikonferenz eröffnet. Auf der Tagesordnung standen Fragen zum Stand der Realisierung der Beschlüsse des XXVII. Parteitages der KPdSU und der Aufgaben zur Vertiefung der Perestroika. Im Kongresspalast des Kremls versammelten sich 5 000 Delegierte.

Den Vortrag hielt der Generalsekretär des ZK der KPdSU Gorbatschow. Er präsentierte auch eine Analyse des in den Jahren der Perestroika Erreichten, einen Abschnitt über die radikale ökonomische Reform und vieles andere. Neu war, dass nach drei Jahren erstmals die Frage nach einer Reform des politischen Systems aufgeworfen wurde. Die Konferenz bildete einige Kommissionen zu verschiedenen Fragen, darunter jene zu den innersowjetischen Beziehungen unter der Leitung des Politbüromitgliedes Ryschkow.

Beim heutigen Durchsehen des Konferenzstenogramms stelle ich fest, wie stark Kritik und Selbstkritik in alle Zweige der Macht, auch in der Partei, eingezogen waren. Es entsteht der Eindruck, dass wie nach einem Dammbruch ein unaufhaltsamer Strom von Selbstbeschuldigungen in Gang gekommen war. Das ist an und für sich nichts Schlimmes – über viele Jahre waren Reden und Diskussionsbeiträge streng reglementiert, sie wurden nur nach vorab verfassten, streng geprüften Texten gehalten. Und plötzlich hieß es: Sagen Sie, was Sie für notwendig halten. Natürlich schwappte jetzt alles heraus, was sich über viele Jahre angestaut hatte. Die Auftritte auf dieser Parteikonferenz waren scharf, geißelnd und in gewissem Maße sogar masóchistisch.

Heute frage ich mich: Was ging in den letzten zwanzig Jahren vor sich? Die Leute, die damals alles zerschmetterten, hätten, an die Macht gekommen, doch nun alles tun müssen, damit sich das Negative in unserem politischen, ja, im alltäglichen Leben nicht wiederholt. Aber sie unternahmen nichts, um die entstandene Situation zu verbessern. Hat Jelzin, auf dessen Reden ich weiter unten noch eingehen werde, in seiner Zeit als russischer Präsident wenigstens irgendetwas von dem in Ordnung gebracht, was er zuvor kritisiert hatte? Im Gegenteil, das Positive aus der Vergangenheit wurde beiseitegeschoben, und die Unzulänglichkeiten wurden in nie gekanntem Maße verstärkt.

Je schlechter die Dinge im Lande liefen, umso mehr versuchten Jelzin und seine Mannschaft, die Bevölkerung vom Gegenteil zu überzeugen. In der Zeit vor der Perestroika und auch in den Perestroikajahren existierte für Redner und Diskutanten die ungeschriebene Regel: möglichst wenig über Erfolge reden, dafür umso mehr über Verbesserungsfähiges und aktuelle Aufgaben. Offensichtlich hing das mit unserem Einparteiensystem zusammen. Da es keine oppositionellen Parteien oder Bewegungen gab, war man bemüht, auf diese Weise die Mängel aufzudecken.

Heute ist alles auf den Kopf gestellt: In elf Jahren Arbeit im postsowjetischen Parlament – acht Jahre in der Duma und drei Jahre im Föderationsrat – hörte ich viele Vorträge und Diskussionsbeiträge von Regierungsmitgliedern. Sie sprachen ausführlich und energisch über gewisse virtuelle »Ergebnisse«, aber überhaupt nicht mehr über Unzulänglichkeiten. Und in dem Maße, wie die gesetzgebende Gewalt immer offener regierungsfreundlich wurde, schmolz die Hoffnung, von »denen da oben« die Wahrheit zu erfahren, bis sie am Ende ganz verschwunden war.

Auf jener XIX. Parteikonferenz wurde aus meiner Sicht ein weiterer für die KPdSU und das Land verhängnisvoller Fehler gemacht. Dort entließ man Jelzin endgültig in das Lager der sich rasant entwickelnden Opposition, in der er schnell zum Anführer wurde.

Damit die damals entstandene Situation verständlicher wird, bringe ich einige etwas längere Auszüge aus den Reden von Jelzin und seinem Hauptopponenten, Politbüromitglied und ZK-Sekretär Ligatschow.

Nach den ungeschriebenen Regeln war der ZK-Sekretär, der die Sitzung des Sekretariats des Zentralkomitees leitete, faktisch der zweite Mann in der Partei. Damals war das Ligatschow. Zu dieser Zeit war Jelzin schon von der Funktion des Ersten Sekretärs der hauptstädtischen Parteiorganisation entbunden, blieb aber noch ZK-Mitglied, weil er vom Parteitag gewählt worden war und nur dieser ihn entbinden konnte.

So konnte Jelzin auf der Parteikonferenz auftreten. Analysiert man seine Rede und lässt die Emotionen und Voreingenommenheiten, die sich in den letzten Jahrzehnten ihm gegenüber aufgebaut haben, beiseite, dann ergibt sich der Eindruck einer äußerst kritischen und scharfen Rede. Mag diese auch nicht sehr gewandt gewesen sein – im Unterschied zu dem beschriebenen Plenum trat Jelzin diesmal sachlich auf. Er erklärte:

»Die Hauptfrage der Konferenz ist die Demokratisierung innerhalb der Partei, wenn man berücksichtigt, dass sie sich mit der Zeit stark deformiert hat. Und natürlich auch die Diskussion der heutigen brennenden Fragen: der Perestroika insgesamt und der revolutionären Erneuerung der Gesellschaft. Die Periode der Vorbereitung der Konferenz selbst schuf ungewöhnliches Interesse und weckte neue Hoffnungen bei den Kommunisten und allen Sowjetmenschen. Die Perestroika hat das Volk wachgerüttelt. Und offensichtlich musste man in der Partei beginnen, damit sie wie immer alle andern mit sich zieht. Aber selbst die Partei ist hinter den Zielen der Perestroika zurückgeblieben. Das heißt, die heutige Konferenz hätte viel früher stattfinden müssen. Das ist meine persönlicher Meinung.«

Mit bestimmten Thesen dieser Rede, besonders zu den innerparteilichen Fragen, nicht einverstanden zu sein, wäre problematisch gewesen. Es entstand jedoch der Eindruck, dass Jelzin, der Parteifunktionär mit zwanzigjähriger politischer Erfahrung, auf die schweren Mängel in der Parteiarbeit nur wie von der Seite blickte, obwohl er lange Zeit zu den Verursachern dieser Mängel gehörte. Unwillkürlich stellte sich der Gedanke ein, er sei unaufrichtig und nutze die Situation sehr geschickt für seine persönlichen Ziele.

Alle meine Zweifel wurden durch die Zeit bestätigt – einen Menschen kann man nur nach seinen Taten beurteilen; und die Taten des »späten« Jelzin sind eindeutig. Lesen Sie einen weiteren Teil seiner Rede und urteilen Sie selbst:

»Ich weiß zum Beispiel, wie viele Millionen Rubel von der Moskauer Stadt- und von der Swerdlowsker Gebietsparteiorganisation an das ZK überwiesen werden. Aber wofür sie ausgegeben werden – das weiß ich nicht. Ich sehe nur, dass außer den vernünftigen Ausgaben luxuriöse Villen, Datschen, Sanatorien mit einem Pomp gebaut werden, dass man sich schämt, wenn hier Vertreter anderer Parteien herkommen. Stattdessen müssten die Parteigrundorganisationen materiell unterstützt werden, auch was die Gehälter ihrer Leiter angeht. Und dann wundern wir uns, dass bestimmte hohe Parteifunktionäre in Korruption, Betrügereien bei der Planerfüllung und Schmiergeldaffären verstrickt sind und Anstand, ethische Integrität, Bescheidenheit und jegliche Parteimoral verloren haben.

Die Zersetzung der Oberschichten in der Breschnew-Zeit erfasste viele Regionen, das darf nicht unterschätzt oder heruntergespielt werden. Der Fäulnisprozess ging offensichtlich tiefer als von gewissen Personen angenommen, und die Mafia, ich weiß das aus Moskau, existiert gewiss.

Die Fragen der sozialen Gerechtigkeit: Natürlich sind sie im Großen bei uns nach sozialistischen Prinzipien gelöst. Aber es bleiben gewisse offene Fragen, über die sich die Menschen empören, durch die die Partei an Autorität verliert und die sich auch auf das Tempo der Perestroika fatal auswirken.

Meiner Meinung nach muss es so zugehen: Wenn es bei uns, in der sozialistischen Gesellschaft, an irgendetwas mangelt, dann sollte dieser Mangel gleichermaßen für jeden ohne Ausnahme zu spüren sein.«

Mit dem letzten Satz hatte sich der Vortragende sichtlich übernommen, er war in demagogische Rage geraten. Vielleicht war er erschrocken, sich plötzlich in Gesellschaft derer zu befinden, denen es in der sozialistischen Gesellschaft wirklich an vielem mangelte, so dass er schnell in das Lager seiner früheren Erzfeinde überlief, um die Vernichtung unseres Gesellschaftsaufbaus und des Landes als Ganzes anzuführen. Er begann mit der Restaurierung des vom Volk abgelehnten Kapitalismus – einer Gesellschaftsordnung, in der soziale Ungleichheit und Ausbeutung des Menschen durch den Menschen vorherrschen.

Was nun hat unser »Wahrheitsliebender« und »Kämpfer für das Menschenglück« erreicht? Für sich selbst und seinen Clan bis hin zum siebenten Glied: alles, was er so leidenschaftlich in unserer unmittelbaren Vergangenheit entlarvte. Für unser Land und das Volk: die Zerstörung der Industrie und der Landwirtschaft, die Verwandlung Russlands in eine armselige Bettlerin in der Weltarena, eine ungeheuerliche sozioökonomische Spaltung der Bevölkerung, ihr Ausdünnen, den Verfall von Wissenschaft und Kultur.

Nicht umsonst heißt es in den USA: Das Erste, was man nach einer gewonnenen Wahl beachten muss, ist, seine Wahlversprechen zu vergessen. Offensichtlich hat man das unserem Boris Nikolajewitsch während seiner »historischen« Reise dort beigebracht.

In den 90er Jahren des vorigen Jahrhunderts, also in den Jahren von Jelzins Herrschaft, blühten Korruption, Bestechung, Kriminalität (auch die organisierte) in Russland in nie da gewesenem Ausmaß. Er düngte diesen Boden reichlich und schuf Treibhausbedingungen für Diebe und Banditen. Sein Klientel plünderte das Volkseigentum. Über Jelzins eigene »Anständigkeit, ethische Integrität, Bescheidenheit« sah und hörte das Volk während seiner Zeit an den Hebeln der Macht hinreichend viel, worauf ich hier eigentlich nicht mehr eingehen wollte. Aber einiges möchte ich für jene, die rasch vergeben und vergessen, dennoch in Erinnerung rufen. Jelzin hatte sowohl die Behandlung in der bescheidenen Stadtbezirks-Poliklinik als auch seine demonstrativen Fahrten zur Arbeit im klappernden »Moskwitsch« ganz schnell verdrängt.

In seinem Buch »Bekenntnisse« gilt bestimmten Fakten aus der Parteiführung besondere Aufmerksamkeit. Ehrlich gesagt, auch mir gefiel vieles nicht an den damaligen Gepflogenheiten, worüber ich oft gesprochen und auch geschrieben habe. Aber warum hat Jelzin, kaum an die Spitze Russlands gekommen, alles vorher Kritisierte nicht nur übernommen, sondern beträchtlich vermehrt? Und zwar in unverschämter, die Masse der Bevölkerung herausfordernder, geschmacklos-pompöser Form. In dieser Zeit, als alte Leute vor Hunger starben, weil sie ein halbes Jahr keine Rente bekamen, ließ er die Paläste im Kreml und seine Residenz mit einem Prunk rekonstruieren, bei dem den Präsidenten Frankreichs und der USA, als sie das alles sahen, buchstäblich die Kinnlade herunterfiel.

Sicher wird der Zeitpunkt kommen, an dem die Öffentlichkeit erfährt, was die Umgestaltung der Gebäude, der Vorstadtresidenz, die teuren Möbel, die mächtigen Umzäunungen gegen das eigene Volk unseren Staat gekostet haben.

Im ganzen Land, in den Amtszimmern der »superdemokratischen« Macht, herrschen offene Erpressung, Bestechung, Korruption – es gibt dort keine Kommunisten! Früher fürchtete man wenigstens das Parteikomitee, oft auch das eigene Gewissen. Den Heutigen dagegen ist alles erlaubt, ihnen fehlt jegliche Hemmung.

Bei diesem Präsidenten tauchten palastartige Datschen auf, Fuhrparks mit Nobelkarossen der neuen »Herren«, persönliche Flugzeuge und Yachten, ausgerüstet und hergerichtet auf direkte Anordnung Jelzins. Später, nach Zerstörung der Großmacht, flog er zur »verdienten Erholung« mit einem dieser Liner nach Paris, um nur mal kurz an einem Tennisturnier teilzunehmen. Es fanden sich Gelder u. a. für die Anmietung einer Privatvilla irgendwo in Italien usw. usf. Das also ist der wirkliche Preis einer »Demokratie«, bei der unser leichtgläubiges Volk angebissen hat.

All das passierte aber erst später, im Sommer 1988 war Jelzin noch damit beschäftigt, in die oberste Riege der Partei- und Regierungsmacht zurückzukehren. Er wendete sich an die XIX. Parteikonferenz mit folgender Erklärung:

»Genossen Delegierte! Ich wollte nur zur Frage meiner persönlichen Rehabilitation nach dem Oktoberplenum des ZK sprechen. (Lärm im Saal). Wenn Sie der Meinung sind, dass die Zeit dafür noch nicht reif ist, dann wäre das alles.

Gorbatschow:

Boris Nikolajewitsch, sprich, wir bitten dich! (Beifall). Ich denke, Genossen, wir sollten der Sache Jelzin ihr Geheimnis nehmen. Soll Boris Nikolajewitsch alles sagen, was er für notwendig hält. Und wenn erforderlich, können wir danach dazu sprechen. Bitte, Boris Nikolajewitsch!

Jelzin:

Genossen Delegierte! Rehabilitierung nach fünfzig Jahren, das ist jetzt zur Gewohnheit geworden, und das wirkt auch gut auf die Gesundung der Gesellschaft. Aber ich persönlich bitte um politische Rehabilitierung noch zu Lebzeiten. Ich halte diese Frage für prinzipiell und angebracht im Lichte des in der Rede und in den Diskussionsbeiträgen verkündeten Meinungspluralismus, der freien Kritik, der Toleranz dem Diskussionspartner gegenüber.

Sie wissen, dass ich mein Auftreten auf dem Oktoberplenum des ZK der KPdSU als ›politisch falsch‹ anerkannt habe. Aber die dort, auf dem Plenum, aufgeworfenen Fragen wurden wiederholt in der Presse diskutiert und auch von Kommunisten gestellt. In diesen Tagen kamen alle diese Fragen auch von dieser Tribüne. Ich denke, dass mein einziger Fehler darin bestand, dass ich nicht rechtzeitig aufgetreten bin – vor dem siebzigsten Jahrestag der Oktoberrevolution.

Offenbar müssen wir uns alle noch die Regeln politischer Diskussion aneignen, die Meinungen von Opponenten tolerieren, wie das Lenin tat, ihnen nicht sofort Etiketten anhängen und sie nicht als Ketzer verteufeln.

In den Beiträgen der Konferenz wie auch in meiner Stellungnahme kamen die Fragen, die von mir auf dem Oktoberplenum (1987) des ZK der KPdSU aufgeworfen wurden, vollständig zum Tragen. Das Vorgefallene macht mir schwer zu schaffen, und ich bitte die Konferenz, den Plenumsbeschluss zu dieser Frage aufzuheben. Wenn Sie das für möglich halten, würden Sie mich gleichzeitig in den Augen der Kommunisten rehabilitieren. Und das wäre nicht nur für mich persönlich wichtig, sondern im Geist der Perestroika, es wäre demokratisch und würde, wie mir scheint, dazu beitragen, dass das Vertrauen der Menschen zunimmt.

Ja, die Erneuerung der Gesellschaft fällt schwer. Aber Veränderungen, wenn auch geringfügige, gibt es, und das Leben selbst zwingt uns, weiter nur auf diesem Wege zu gehen. (Beifall).«

Die meisten der folgenden Redner fuhren mit gewohntem Pathos fort, Jelzin anzuprangern, vermutlich mit Vorgaben des Generalsekretärs und seiner Anhänger. Im Ergebnis ging die Frage seiner Rehabilitation langsam unter.

Als Beispiel hier Auszüge aus der Rede Ligatschows auf der Konferenz:

»Möglicherweise fällt es mir schwerer als sonst jemandem aus der Führung, über den Auftritt von Boris Nikolajewitsch Jelzin zu sprechen. Und das nicht nur, weil auch von mir die Rede war. Es ist einfach an der Zeit, die ganze Wahrheit zu sagen. [...]

Wir dürfen nicht darüber schweigen, dass der Kommunist Jelzin auf dem falschen Weg war. Es wurde klar, dass er über keine schöpferische, sondern über destruktive Energie verfügt. Seine Bewertungen der Perestroika, einschließlich der von der Partei bestätigten Vorgehensweisen und Arbeitsmethoden, sind haltlos und fehlerhaft. [...]

Boris Nikolajewitsch Jelzin beschuldigte auf dem ZK-Plenum das Sekretariat des Zentralkomitees dessen, was er selbst im Moskauer Stadtkomitee der Partei eingeführt hatte. Ich stelle fest, dass er als Sekretär des Stadtkomitees an Sekretariatssitzungen nicht teilgenommen hat. Und noch etwas anderes möchte ich sagen. Es ist kaum zu glauben, aber als Angehöriger des Politbüros, der an den Politbürositzungen teilnahm, welche gewöhnlich über acht bis zehn Stunden gingen, beteiligte sich Jelzin fast gar nicht an den Diskussionen über lebenswichtige Probleme des Landes und an den Beschlussfassungen, auf die das ganze Volk wartete. Er schwieg und wartete ab. Das ist ungeheuerlich, aber Fakt. Sieht so etwa Integrität aus? Ihre Aufgabe, den Sinn ihrer Arbeit sehen die ZK-Sekretäre und der ZK-Apparat in der Hilfeleistung und im Voranbringen der Arbeit vor Ort.«

Jelzins Nimbus des gejagten Volkshelden strahlte nach der Parteikonferenz noch heller. Nach kurzer Zeit gewann er, mit großem Abstand zum Konkurrenten, das Vorwahlrennen und wurde Volksdeputierter – trotz der (leider völlig hilflosen) Anstrengungen, ihn aufzuhalten. Hätte die Konferenz ihn rehabilitiert, wären die destruktiven Ereignisse vielleicht nicht noch weiter angeheizt worden. Dass er in Ungnade fiel, half ihm – Kraft unserer nationalen Psychologie –, in den Wahlen zu gewinnen.

Ich rede hier nicht darüber, ob die Taktik der »Oberen« richtig oder falsch war. Eigentlich kann es hier nur eine Antwort geben – sie war idiotisch und stümperhaft. Und leider unterschied sich Jelzin selbst nicht von seinen damaligen »Feinden«. Er schrieb darüber in seinem Buch: »Ich wurde von diesem System erzogen.« Als die Zeit gekommen war, rechnete er einfach mit seinen Beleidigern ab, indem er deren Partei verbot. Er, unser heimischer Robin Hood, kämpfte gegen die Parteispitze, die ihn öffentlich ausgepeitscht hatte. Er siegte und erniedrigte sie mit Genuss. Aber dass er dabei neunzehn Millionen Kommunisten in den Dreck stieß – das sind für ihn offenbar Lappalien! Und dass er Gesetze mit Füßen trat – Bagatellen! Danach wurde er Herr über Russland, der »Zar Boris«, was er, ohne sich zu schämen, mehrfach laut verkündete.

Zwanzig Jahre im Parteiapparat – das hat gewaltigen Einfluss auf den Charakter. Ich kenne nicht einen Funktionär, auf den sich die Teilhabe an der Macht nicht irgendwie ausgewirkt hätte. Macht entstellt die Seele, tötet den Glauben, die Ideale, die Hoffnungen. Wenn ich vielleicht noch glauben kann, dass Jelzin »aufrichtig in die Partei eintrat« (seine Worte), so glaube ich nicht mehr an die Aufrichtigkeit seines demonstrativen Austritts im Jahr 1990 auf dem XXVIII. Parteitag der KPdSU, denn Austreten bedeutet sich distanzieren, anders denken und handeln. Aber was hat sich in dieser Beziehung bei uns mit dem Ableben der Partei und der Machtübernahme durch die »Demokraten« mit Jelzin an der Spitze geändert? Absolut nichts.

Die XIX. Parteikonferenz hatte gezeigt, dass im Innern

der Partei ein klares, wenn auch nicht sehr ausgeprägtes Verständnis dafür heranreifte, was bald durch den gängigen Satz »so weiterleben ist unmöglich« ausgedrückt werden sollte. Unter den Bedingungen der anstehenden ökonomischen Reformen musste das politische System unvermeidlich verändert werden. Unsere Ökonomen und Produktionsspezialisten beunruhigte das besonders.

Wir verstanden sehr gut, dass sich die Leitung der Wirtschaft, je weiter sie von der Zentrale entfernt war, umso mehr in den Händen der Parteiführung befinden musste. Dabei trug aber die über ungeteilte Macht verfügende Partei – in Person ihrer führenden Funktionäre – praktisch keine Verantwortung für das, was im Land vor sich ging. In dem entstandenen politischen System war die konstitutionelle gesetzgebende Macht – der Oberste Sowjet wie auch die Sowjets der anderen Ebenen – nur mit der Umsetzung der in den Parteistrukturen vorbereiteten Lösungsentwürfe befasst. Auch die Manipulationen im Wahlsystem vermehrten sich. Die Autorität der Sowjets wurde dadurch aufgeweicht, obwohl sie ihrer Konzeption und ihrem Potenzial nach alle Voraussetzungen für eine effektive demokratische Leitung des Staates und der Gesellschaft besaßen.

Heute haben viele, besonders die sogenannten Demokraten, völlig vergessen, dass die Notwendigkeit politischer Reformen erstmals durch die KPdSU auf der XIX. Parteikonferenz erklärt wurde.

Die erste auf dieser Konferenz behandelte Frage war, wie immer, rein ökonomisch: Es ging um die Ergebnisse der ersten Hälfte des zwölften Fünfjahrplans und die damit zusammenhängenden weiteren Aufgaben der Parteiorganisationen. Die zweite Frage bezog sich auf die weitere Demokratisierung in Partei und Gesellschaft. Zu beiden Fragen äußerte sich Gorbatschow. Er führte richtig aus: »Heute muss man den Mut haben anzuerkennen, dass wir, wenn das politische System unbeweglich bleibt, die Aufgaben der Perestroika nicht bewältigen werden!«

Im Folgenden zählte er sieben Prinzipien einer politischen Reform auf, entsprechend den sieben Postulaten der Perestroika, die er auf dem ZK-Plenum im Januar 1987 verkündet hatte. Auf der Parteikonferenz wurde jedoch nicht eine der für jede Demokratie grundlegenden Aufgaben behandelt – die Ausbalancierung der drei Zweige der Macht: Gesetzgebung, Exekutive und Justiz. Eine offensichtliche Schlagseite gab es in Richtung Exekutive.

Die Rede des Generalsekretärs war traditionsgemäß zuvor im Politbüro diskutiert worden. Ich hielt mich wieder nicht zurück und sagte etwa Folgendes:

»In dem, was ich gelesen habe, sehe ich eine deutliche Tendenz zur Schwächung der Exekutive. Das ist unzulässig! Lasst uns die Funktionen zwischen den drei klassischen Machtbereichen klar abgrenzen. Lasst uns die Grenzen ihrer Zuständigkeiten klar definieren, auch wenn den Sowjets die ganze – ich betone: wirklich die ganze! – Macht übergeben werden sollte. Letzteres wäre aber meiner Ansicht nach falsch, denn kämen die Räte damit zurecht? Ich zweifle daran. Sollten sie nicht zurechtkommen, dann könnte der Staat unregierbar werden.«

Was, denken Sie, machte man mir zum Vorwurf? Wie üblich: Ich würde den Ministerrat verteidigen und verstünde die Forderungen der Zeit nicht. Daraufhin sagte ich meinen Opponenten offen, was ich über ihre »Forderungen« dachte, die immer wieder mit der klassischen Gewaltenteilung und dem gesunden Menschenverstand in Widerspruch gerieten. Das Gespräch nahm einen schroffen Ton an, und ich blieb, wie es mir im Politbüro oft passierte, leider in der Minderheit.

Der Generalsekretär verstand, dass die Idee wirklich arbeitender Sowjets im Volk unwahrscheinlich populär war, meinte aber, die »nachrangigen« Einzelheiten könnten im Lauf der Zeit durchdacht werden.

Wenn ich hier über meine Position zur beabsichtigten Machtvervollkommnung der Räte berichte, dann muss ich unterstreichen: Ich hatte keinerlei Einwände gegen die Ausstattung der Räte mit umfassender Macht. Aber ich dachte und denke, dass das unter genau definierten gesetzlichen Rahmenbedingungen zu erfolgen hat. Als Generaldirektor von Uralmasch wurde ich in den Obersten Sowjet der UdSSR gewählt. In den Jahren meiner Abgeordnetentätigkeit habe ich deutlich gemerkt, dass die wirkliche Rolle unseres Parlaments stets viel bescheidener blieb, als in der sowjetischen Verfassung festgeschrieben war. In ähnlicher Lage befanden sich auch die angestrebten neuen Räte.

Diese Situation musste wirklich radikal verändert werden, aber nicht, wie es oft bei uns üblich ist, durch Zurückschrecken vor dem einen Extrem und Flucht in ein anderes. Ich konnte mich nicht damit abfinden, dass Gorbatschow, als er die Partei von den gesellschaftlichen Funktionen, die ihr eigentlich nicht zukamen, »befreite«, offenkundig nicht so sehr um normalisierte Beziehungen zwischen den Machtbereichen und damit um die Effektivität der Staatsführung bemüht war, sondern darum, seinen Sessel in den Kreml hinüberzuretten und sich faktisch alle früheren Vollmachten zu bewahren – nur die Büroschilder musste man ändern, nicht den Kern der Sache. Das Hauptziel war also: Reanimation der siebzig Jahre alten Leninschen Losung »Alle Macht den Räten!« – natürlich bei radikaler Änderung ihres historischen Sinns.

Indem er das Gros der Macht an die Räte abgab und davon sprach, dass die Partei sich aus den Leitfunktionen zurückziehen müsse und nur noch eine politische

Kraft unter mehreren sein dürfe, verminderte der Generalsekretär keineswegs die Avantgarde-Rolle der Partei. Im Gegenteil, er betonte: »Ohne richtungsweisende Tätigkeit der Partei [...] sind die Aufgaben der Perestroika nicht zu lösen.« Mehr noch, er äußerte die Überzeugung, dass für die Posten der Vorsitzenden der Sowjets die ersten Sekretäre der entsprechenden Parteikomitees zu empfehlen seien.

Übrigens gab es auf der Konferenz gerade zu dieser Position zahlreiche Einwände. Die Delegierten verstanden, dass der Rückzug der Partei von der praktischen Führungstätigkeit in allen Lebensbereichen, auch in der Wirtschaft, auf diese Weise eine Formsache bleiben würde. Mit anderen Worten, die Räte würden nach und nach – nicht offen, aber wie bisher hart und in der Sache sicher – von den Parteiorganen angeleitet werden. Ich kann nicht genau sagen, ob diese Position speziell für Gorbatschow ersonnen war, damit er dem künftigen Obersten Sowjet vorstehen und gleichzeitig Generalsekretär des ZK der KPdSU bleiben konnte. Ich weiß es nicht, niemand hat sich mit mir darüber beraten. Ich denke, dass diesem Vorschlag die These von der Notwendigkeit der Beibehaltung des Parteieinflusses auf die Wirtschaft zugrunde lag. In Wirklichkeit aber war das Hauptziel die Zusammenlegung der Ämter Generalsekretär der Partei und Vorsitzender des Obersten Sowjets, dem, wie bereits gesagt, »alle Macht« zugewiesen wurde.

Die »Theorie« dieses Vorgangs war wohldurchdacht. Praktisch die ganze Struktur des künftigen Kongresses der Volksdeputierten, des Obersten Sowjets der UdSSR und das System der Deputiertenwahlen wurde auf der Konferenz vorgestellt und diskutiert. Der Lauf der Ereignisse zwang die Konferenz zur Eile. Im Frühjahr 1989, in weniger als einem Jahr, würde die Vollmacht des Obersten Sowjets der UdSSR enden.

Auf das Problem der Übergabe der ganzen Macht an die Räte werden wir noch zurückkommen, ich werde es von einer anderen Seite her betrachten. Aber zunächst muss ich noch einen Aspekt in der Arbeit der Konferenz erwähnen. Aus der Reihe der lauten, die Perestroika und Gorbatschow persönlich unterstützenden Rufe waren alarmierende kritische Untertöne herauszuhören.

Am auffälligsten und zugleich beunruhigend war die Rede des berühmten Frontschriftstellers Juri Bondarew. Ich meine, die Zeit vergeht, und mit der Perestroika-Periode befasste Historiker werden diese Rede einmal veröffentlichen. Ich möchte hier thesenhaft in Auszügen das Wesentliche dieses literarisch bildhaften Beitrages wiedergeben. Beispielsweise verglich Bondarew die durch die Perestroika hervorgerufenen zerstörerischen Prozesse mit dem eingestürzten Turm zu Babel als dem biblischen Symbol für eine nicht zustandegekommene Gemeinschaft von Menschen, die sich untereinander sprachlich nicht mehr verstehen: »Wir wollen nicht durch Zerstörung unserer Vergangenheit unsere Zukunft vernichten. Wir sind dagegen, dass unser Verstand zum Keller des Bewusstseins wird und unsere Zweifel zum Schrecken.«

Unzweideutig hieß es über die verschwommenen Ziele der Perestroika:

»Wenn der April, der Monat des Frühlings und der Erwartung, die Notwendigkeit des Handelns ins Bewusstsein gebracht hat, so ist es jetzt für jeden an der Zeit, die historische Logik der unumstößlichen Entwicklungsgesetze zu begreifen.

Man könnte unsere Perestroika mit einem Flugzeug vergleichen, das gestartet ist, ohne zu wissen, ob am Zielpunkt eine Landebahn existiert. Bei aller Diskussionswürdigkeit, allem Streit über Demokratie, über Erweiterung von Glasnost, über das Ausräumen von Müllgruben sind wir unbesiegbar einzig nur dann, wenn es einen Konsens über das sittliche Ziel der Perestroika gibt, das heißt, Perestroika für das materielle Wohl und die geistige Vereinigung aller. Nur der Konsens schafft die Landebahn am Zielpunkt. Nur der Konsens.«

Mit besonderer Ruhelosigkeit und Schmerz sprach er über Moral, über die Verantwortung der Schriftsteller, Journalisten, der Medien für das geistige Leben der Gesellschaft: »Eine sittenlose Presse kann keine Sittlichkeit verbreiten. Amoralität in der Ideologie führt zur Unzucht des Geistes. Möglicherweise haben in den Chefredaktionen der Zeitungen und Journale nicht alle vollständig begriffen, oder wollen nicht begreifen, dass Glasnost und Demokratie hohe moralische und staatsbürgerliche Disziplin bedeuten, keine Willkür nach der Philosophie von Iwan Karamasow* (Beifall!), dass die revolutionären Gefühle der Perestroika von sittlichen Überzeugungen herrühren und nicht von dem Gift, das man als Heilmittel ausgibt.

Der Teil unserer Presse, welcher zerstört und erniedrigt, das Durchlebte und die Vergangenheit, unsere nationalen Heiligtümer, die Opfer des Vaterländischen Krieges, die kulturellen Traditionen mit Füßen tritt, also im Bewusstsein der Menschen das Gedenken, den Glauben und die Hoffnung löscht – diese Presse errichtet den Herostraten des Gedankens und des reinen Gefühls ein abstoßendes Denkmal unserer Unüberlegtheit, woran die Geschichtsschreibung später mit Scham und Verwünschungen erinnern wird.«

Leider wurden die Sorgen von Juri Wassiljewitsch Bondarew durch den Gang der Ereignisse – das Ende

---

* Figur aus Dostojewskis Roman »Die Brüder Karamasow«, der in den Jahren 1878–1880 entstand. Der Bruder Iwan steht für den intellektuellen, westlich denkenden Zweifler an Gott und allen Werten.

der Perestroika in den Jahren 1990/91 und die Realien des Lebens im »souveränen« Russland – vollständig bestätigt. Viel eher als die Politiker hat der Künstler und Intellektuelle die in jener Zeit in der Gesellschaft ablaufenden Prozesse verstanden und konnte weit vorausblicken. Möglicherweise wurde seine Rede zu einer Alarmglocke – drei Jahre nach Beginn der Perestroika, zur Zeit ihres Umschlags, wo die zerstörerischen Tendenzen und ihre treibenden Kräfte immer mehr die konstruktiven Kräfte verdrängten.

Gegen Ende der Konferenz entfaltete sich in den Apparaten des ZK und des Obersten Sowjets hastige Betriebsamkeit zur Vorbereitung des Gesetzes über die Wahlen und zur Erarbeitung der Verfassungsänderungen für die UdSSR. Die ersten Gesetzesänderungen ergaben sich aus dem neuen System der Räte. Leider blieb es nicht dabei. Kaum hatte man mit dem »Zuschneiden« der Verfassung begonnen, war dieser »schöpferische« Prozess schon nicht mehr beherrschbar. Man verfuhr mit der Verfassung wie mit einem Notizheft: Ohne viel Nachdenken wurde in ihr herumgestrichen, um sie am Ende zu vergessen.

Selbstverständlich bin ich keinesfalls gegen konkrete, vom Leben diktierte Verfassungsänderungen, wenn sie zum Wohle des Landes erfolgen. Nur bin ich gegen die unangemessene Hast, mit der man damals zu Sache ging, gegen Respektlosigkeit gegenüber dem Grundgesetz, welche natürlich eine ebensolche Haltung zu allen anderen Gesetzen nach sich zieht.

Nehmen wir die Verfassung der USA. Sie wurde bekanntlich im Jahre 1778 angenommen. In zweihundert Jahren gab es in ihr nur 26 Änderungen! Was das zaristische Russland betrifft, so hatte es keine Verfassung. Es gab nur die sogenannten Staatlichen Grundgesetze, zu denen die Revolution von 1905 nur einige Artikel bürgerlich-demokratischen Charakters hinzufügte.

In den siebzig Jahren Sowjetmacht gab es vier Verfassungen, die von 1918, 1924, 1936 und 1977. Sie liefen unter den Namen Leninsche, Stalinsche (dieser Name wurde häufig in der offiziellen Propaganda verwendet) und Breschnewsche Verfassung. Im Jahr 1988 begann der umfassende und ungenierte Zuschnitt der letzten Verfassung. Geändert wurde etwa die Hälfte ihrer Artikel. Mit diesen Änderungen lebte das Land aber nur ein Jahr. 1990 wurde die Verfassung gleich noch zweimal geändert: zu Beginn des Jahres wegen Einführung der Präsidentschaft und der neuen Staatsorgane Präsidialrat und Föderationsrat, und am Ende wegen der Auflösung des Ministerrates der UdSSR als Hauptorgan der Exekutive und der gesetzgebenden Gewalt, der Wiederabschaffung des Präsidialrates, der Einführung des Amtes eines Vizepräsidenten usw. Ähnliches widerfuhr der Verfassung noch einmal 1991, im Dezember war sie dann Geschichte. Zu dieser Leichtfertigkeit gegenüber dem Grundgesetz unseres Staates äußerte ein bekannter Volksdeputierter zutreffend, wir würden unsere Verfassung wie ein Straßenmädchen behandeln.

Noch ungenierter und zynischer verfuhr man mit der Verfassung Russlands. Zunächst hat man sie vielfältig manipuliert und dann einfach zertreten. Hat man den Pfad der Verunglimpfung und des Verrats erst einmal betreten, gibt es kein Halten mehr. Diese Art zu denken und zu handeln wird dann zur Norm. Als Boris Jelzin am 10. Juli 1991 das Amt des Präsidenten der RSFSR übernahm, schwor er mit seiner Hand auf der Verfassung, dass er sie und die anderen Gesetze Russlands streng einhalten werde. Aber dann wischte er sich vor den Augen des Landes und der ganzen Welt an ihr die Schuhe ab. 1993 zwang er der Gesellschaft durch Parlamentsbeschluss seine eigene Verfassung auf. Über den schnell zusammengeschriebenen Entwurf gab es ein Referendum. Aber der Streit, wie viel Prozent der Bevölkerung für diese Verfassung gestimmt haben und ob sie überhaupt angenommen ist, dauert bis heute fort.

Zu Zeiten Stalins dauerte die Diskussion des Verfassungsentwurfs fast ein halbes Jahr, wonach etwa zwei Millionen verschiedene Ergänzungen und Korrekturen eingingen. Auch die Verfassung von 1977 wurde von der Bevölkerung des ganzen Landes aktiv diskutiert.

Und wie verlief die gesetzgebende Arbeit im Jahr 1988? Wir erhielten die Unterlagen meistens am Abend vor den Morgensitzungen des Politbüros. Oft reichte die Zeit nicht, um sich zu beraten – nicht einmal für aufmerksames Lesen. Ich erinnere mich, dass es Zweifel und manchmal auch quälende Fragen gab.

Ich konnte auch nicht verstehen, wozu der Kongress der Volksdeputierten gebraucht wurde. In seiner Rede auf der Konferenz erklärte es der Generalsekretär wenig aufschlussreich damit, dass durch diese Neubildung »das gesellschaftliche Prinzip gestärkt wird und direkten Ausdruck findet«. Aber hier geht es nicht um Wortschöpfungen, sondern um die Sache. Gorbatschow hat einfach die Leninsche Idee des Kongresses in die Idee einer »breiten Volksversammlung« umformuliert, mit anderen Worten in eine Art Volkstreffen, auf dem man sich ungehemmt frei aussprechen kann. Alle konkreten Fragen werden ohnehin in den Sitzungen des Obersten Sowjets entschieden. Und so kam es dann auch.

Schwer verständlich war auch, warum es ausgerechnet 2 250 Abgeordnete sein sollten. Woher kam diese eigenartig »unrunde« Zahl? Wenn schon eine »breite Volksversammlung«, wären 5 000 Abgeordnete logischer, schon weil der Kongresspalast im Kreml, wo die Versammlung stattfinden sollte, ebensoviele Plätze hat.

Nach Beendigung des Ersten Kongresses der Volksdeputierten, auf dem sichtbar wurde, was in der Eile angerichtet worden war und ich die destruktive Rolle dieses lautstarken, vielstimmigen Machtorgans begriff, fragte ich Anatoli Lukjanow und Alexander Jakowlew, ob die Idee eines solchen Meetings von ihnen stammte. Beide verneinten verschämt diese Ehre. Aber von wem dann? Gorbatschow? Er hätte sich so etwas kaum allein ausgedacht.

Vielleicht bin ich zu kritisch in Bezug auf die Kongresse als Institution der Volksmacht, aber hierzu lohnt sich die Anmerkung, dass so etwas nur in der Endphase der UdSSR und der RSFSR existierte und die übrigen ehemaligen Sowjetrepubliken vernünftigerweise die Schaffung dieses neuen, unbeweglichen und unproduktiven Organs vermieden haben. Aber immerhin war das die höchste staatliche Macht. Warum kam dann der Kongress nicht ein letztes Mal zusammen, um einen Verfassungsbeschluss über die Auflösung des Staates mit dem Namen UdSSR zu verabschieden?

Meine Skepsis bezüglich der Zweckmäßigkeit von Volksdeputiertenkongressen der UdSSR und der RSFSR bezieht sich nicht auf den Obersten Sowjet. Zwar war eine gegenseitige Liebe zwischen uns unmöglich, weil die Beziehungen zwischen Parlament und Regierung per se Konfliktpotenzial bieten. Die anderthalb Jahre ziemlich enger Zusammenarbeit bis zu meinem faktischen Rücktritt als Vorsitzender des Ministerrates der UdSSR im Dezember 1990 vergingen im Zustand eines misstrauischen Friedens oder einer wohlmeinenden Feindschaft – je nachdem, von welcher Seite aus man die Sache betrachtet. Aber aus meiner Sicht achteten Oberster Sowjet und Regierung einander. Nach und nach lernten sie, zusammenzuarbeiten und gemeinsame Lösungen zu finden, auch wenn das nicht immer einfach war.

Gleichzeitig kann ich die Mitglieder des Obersten Sowjets nicht davon freisprechen, dass sie sich das Recht auf Diskussion und Entscheidung aller Fragen nahmen – von der Gesetzgebung bis zur Wirtschaft – und häufig die Exekutive und manchmal auch die Justiz gleich mit übernahmen. Ich verstand auch nicht, warum der Oberste Sowjet fast bis ins kleinste Detail die Struktur des ZK der KPdSU übernahm. Nur dass hier die Komitees und die Kommissionen die Rollen der Parteifunktionäre spielten, und zwar viel eifriger, aber bei weitem nicht immer so professionell.

Der Frühling kam näher, die Wahlen waren auf den 26. März 1989 festgesetzt. Das Gesetz über die Wahlen wie auch die Verfassungsänderungen waren volksweit diskutiert und angenommen worden. Ein ernster Kampf der Kandidaten für die Abgeordnetenplätze um die Wählerstimmen kam in Gang, aber die Teilnehmer kämpften mit unterschiedlichen Voraussetzungen.

Meiner Ansicht nach waren die Verfasser des Wahlgesetzes darüber erschrocken, wofür sie selbst einst plädiert hatten: für die Demokratie. Sie sahen im Gesetz die Zweiteilung des künftigen Deputiertenkorps vor, wobei 1 500 Abgeordnete sich in dornenreichen Wahlen nach dem Territorialprinzip durchschlagen mussten, während die restlichen 750 Abgeordneten leicht und schmerzlos zu ihrem Mandat kamen, da sie vorläufig noch von obrigkeitshörigen gesellschaftlichen Organisationen gewählt wurden.

Natürlich stellten diese Organisationen, darunter die Kulturverbände, in erster Linie ihre Vorsitzenden auf, die dann in der Regel sämtlich Abgeordnete wurden. Verständlicherweise verhielten sich die Parlamentarier, die ihr Mandat durch echten Wahlkampf in den Regionen erworben hatten, ziemlich feindlich gegenüber den Kollegen, die davon unbehelligt in das Deputiertenkorps gekommen waren.

Ich will nicht behaupten, dass ich die Fehlerhaftigkeit dieses System sofort durchschaut hätte. Aber ich betrachtete die Beteuerungen immer skeptisch, dass auf diese Art die gesellschaftlichen Organisationen eine zusätzliche Möglichkeit direkter Einflussnahme auf die Machtstrukturen erhalten würden – das war nicht mehr als eine leere Behauptung in dem nicht allzu ehrlichen Streit. Aber am Anfang dachte ich naiv, dass bei fehlendem Mehrparteiensystem die korporative Vertretung das Parlament vielfältiger macht und seine soziale Basis verbreitert. Doch diese Ansicht hielt nicht lange.

Nicht sehr demokratisch war es schon bei der Zusammenstellung der Listen der »750« zugegangen. 100 Plätze kamen von der 19 Millionen starken KPdSU, 100 von dem 26 Millionen starken Komsomol, 100 von den fast 200 Millionen Gewerkschaftsmitgliedern! Und so weiter. Kaum jemand machte sich die Mühe, diese ungleiche Vertretung zu erklären. Es konnte auch sein, dass ein und dieselben Leute mehrere Abgeordnete wählten.

Nehmen wir nur die ZK-Mitglieder der KPdSU. Sie wählten zu Beginn Abgeordnete der Partei. Danach (wenn auch mittelbar) jene der Gewerkschaft – jeder Kommunist war Mitglied einer Gewerkschaft. Danach kam noch die territoriale Wahl am Wohnort. Ähnliches ließe sich über Akademiemitglieder, Schriftsteller, Künstler und über Friedenskämpfer sagen. Während normale Bürger im Land der neuen Sowjets nur einmal das Wahlrecht ausüben durften – am Wohnort.

Übrigens muss ich anmerken: Das von allen Demokraten verurteilte »rote Hundert«, die Deputiertengruppe von der KPdSU, war im alten Stil nach dem aus meiner Sicht guten Parteiprinzip zusammengesetzt. Zu ihm gehörten Parteisekretäre, Schriftsteller, Gelehrte, Arbeiter und Bauern.

Gleich nach Auswertung der Wahlen fand eine Sitzung des Politbüros statt, auf der ich in der Einschätzung der Wahlergebnisse wieder nicht mit dem Generalsekretär übereinstimmte. Gorbatschow war in gehobener Stimmung. Die Wahlen, behauptete er, hätten die riesige Autorität der Kommunistischen Partei beim Volk gezeigt: 87 Prozent der gewählten Abgeordneten seien Mitglieder der KPdSU. Entgegen der Gewohnheit sprach er auf dieser Sitzung als Erster, als wollte er durch seine Autorität möglichen Einwänden zum Wahlsieg zuvorkommen.

Aber einige Teilnehmer der Sitzung sahen das anders. Ich sagte: »Die Partei hat die Wahlen verloren. Dreißig unserer führenden Funktionäre örtlicher Parteiorganisationen, die in den territorialen Wahlkreisen aufgestellt waren, sind schmachvoll durchgefallen und haben gegen viel weniger bekannte, aber ›überzeugendere‹ Konkurrenten verloren.«

»Aber das waren auch Mitglieder der Partei!«, behauptete Gorbatschow.

»Man hat sie nicht wegen ihrer Mitgliedschaft in der KPdSU gewählt«, wandte ich ein, »sie haben ihre Parteizugehörigkeit nirgends erwähnt.« Und weiter: »Leider ist das kein Einzelfall. Das ist ein alarmierendes Symptom dafür, dass die Partei stark hinter den Veränderungen zurückbleibt, die sie selbst begonnen hat.«

Es entstand der Eindruck, dass die Führung der KPdSU sich auf den Lorbeeren der Initiatoren der Perestroika ausruhte und, überzeugt von ihrer unerschütterlichen Autorität, nicht sehen wollte, dass sie selbst noch nach den alten Methoden arbeitete. Hat etwa einer der dreißig Verlierer, so fragte ich, gegen seine erfolgreicheren Konkurrenten gekämpft?

Die Antwort gab ich selbst: Nein. Ich fürchte, sie denken immer noch, es wäre so wie früher, es reiche, wenn der Parteiorganisator den Mitgliedern seiner »Grundorganisation« einfach befiehlt, für den Gebietsparteisekretär zu stimmen, und alle tun das widerspruchslos. Aber die Zeiten sind nicht mehr so! Diese Wahlen haben gezeigt, dass die Zeit der unerschütterlichen Autoritäten vorbei ist, dass sich Autorität jetzt jeder täglich erkämpfen muss und die Partei und ihre Führer davon nicht ausgenommen sind. Man kann sich nicht damit herausreden, dass dreißig Einzelpersonen ihre Wahl verloren hätten. Die Wahl hat die Partei verloren, die sich von ihnen hat vertreten lassen.

Aber leider hatte die Parteiführung – von den Kreissekretären bis hin zu den Mitgliedern des Politbüros – diese einfache Wahrheit offenbar nicht begriffen. Die Euphorie nach den Wahlen war schnell vorbei – nämlich als die Mehrheit der 87 Prozent begann, eilig und lautstark aus der Partei auszutreten. Natürlich war das von deren Seite keine plötzliche Erleuchtung, sondern schlicht Verrat. Das war doch ein Alarmsignal! Es bedeutete nämlich, dass es unpopulär geworden war, Parteimitglied zu sein.

Und trotzdem, sogar als die »Emigration« aus der Partei gefährlichen Massencharakter annahm, versicherte die Führung der KPdSU unentwegt: Sollen doch die Ratten das Schiff verlassen – der Kurs ist richtig, der Weg ist abgesteckt, die Fahrt geht unverändert weiter. Sie vergaßen oder wussten nicht, dass die Ratten das Schiff dann verlassen, wenn es zu lecken beginnt und ihm der Untergang droht.

Dieses unverdrossene Reden von »Rechtmäßigkeit und Unveränderlichkeit«, der Unwille, sich selbst umzustellen, übermäßige Selbstsicherheit und die Unfähigkeit, deutliche Alarmsignale wahrzunehmen, führten die Partei im August 1991 in ihren Untergang.

Auf die Parteiforen der Jahre 1987/1988 und die sich anschließende Änderung der Verfassung der UdSSR bin ich deswegen etwas näher eingegangen, weil meinem Eindruck nach eben in diesen Jahren die destruktive oppositionelle Bewegung entstand und deren Anführer in Erscheinung traten, die dann das Land spalteten und in den Abgrund führten.

Der Leser fragt mit Recht: Ist der Autor gegen jede Form von Opposition? In keiner Weise! Meine feste Überzeugung ist, dass eine demokratische Gesellschaft nicht ohne Opposition auskommen kann. Das gilt sowohl für das Parlament als auch für die regionalen und örtlichen Machtorgane. Ich bin aber gegen eine solche Opposition, die ihren Staat, ihr Volk hasst, die von der Zerstörung der Sowjetunion begeistert ist. Diese Art Opposition zähle ich zu den destruktiven Kräften, und das bedeutet objektiv: zu den Verrätern der Heimat.

Eine große Rolle bei allen diesen negativen Erscheinungen spielten leider auch bestimmte gesellschaftliche Prozesse. Ihr Einfluss war besonders nach der Parteikonferenz und nach den Kongressen der Volksdeputierten der UdSSR und der RSFSR spürbar. Auf dem Ersten Kongress der Volksdeputierten gab es an die Adresse der KPdSU viele Forderungen, schwere Anschuldigungen und Aufrufe zur »Vergeltung«, zur Befreiung des Landes vom »Joch der KPdSU«. Die Reden enthielten aber auch gerechtfertigte Kritik und machten reale Probleme in der Tätigkeit der Partei in der Gesellschaft sichtbar. Andererseits spürte man oft die staatsbürgerliche und politische Unreife der Redner.

Aber es gab auch gezielte, gut koordinierte Aktionen zur Diskreditierung der Partei, die durch die historische Entwicklung eine mächtige politische Organisation geworden war, fest integriert in die staatlichen Strukturen. Natürlich war sie verantwortlich für alle

Siege, aber auch für alle Mängel. Eben deshalb war es extrem gefährlich, die Autorität der Partei zu zerstören. Diejenigen, die das dirigierten, wussten, dass man für den Wechsel der Macht und des Gesellschaftssystems vor allem das Gerüst aus Partei und Staat, auf das sich das Land stützte, zerbrechen oder zumindest beschädigen muss.

Die Lüge war total, zynisch und unverschämt. Mit ihr wurden viele der dreihundert Millionen ehemaligen Sowjetbürger übertölpelt. Ein nicht geringer Teil der Menschen glaubte zu Anfang mit kindlicher Naivität, dass man die Kommunistische Partei nur verbieten müsse, dann liefe das Leben anders: besser, sauberer, humaner, gerechter und selbstverständlich auch reicher.

Es gab aber noch tieferliegende Gründe für die sich ausbreitende politische Krise. Nach der XIX. Parteikonferenz und der Einführung neuer staatlicher Strukturen in Form des Kongresses der Volksdeputierten und des ständig arbeitenden Obersten Sowjets der UdSSR musste die Partei sich sofort umstellen, sich von Grund auf reformieren. Genau genommen hätte das viel eher geschehen müssen. Im Eiltempo musste die Partei zur Arbeit unter den neuen organisatorischen, theoretischen und ideologischen Bedingungen übergehen.

Alle diese subjektiven und objektiven Faktoren sorgten für Besorgnis bei vielen Parteiorganisationen. Von ihnen kamen Vorschläge zur sofortigen Einberufung eines ZK-Plenums über den Charakter der Parteiarbeit unter den neuen Bedingungen und über die erforderlichen Veränderungen in der Partei selbst. Es war offensichtlich: Ohne neue strategische Linie und neue Taktik der Parteiarbeit konnte die Perestroika in eine ungeahnte Niederlage umschlagen.

Diesen Auftritt hat man mir nicht verziehen, aber ein so lautes Spektakel wie mit Jelzin verursachte das nicht. Eine neue Zeit war gekommen.

Warum nur hat sich die Partei nicht rechtzeitig, oder wenigstens mit Verspätung, umgestellt, warum war sie auf die Arbeit unter den neuen Bedingungen nicht vorbereitet? Wer trägt dafür die Schuld? Ich antworte darauf mit einem Zitat aus einem Interview des »Patriarchen der Perestroika«, des bereits verstorbenen Alexander Jakowlew. In einer bekannten Zeitung formulierte er ziemlich genau die Strategie der Vernichter von Partei und Staat der Sowjetunion:

»Zunächst musste das totalitäre Regime durch die totalitäre Partei gebrochen werden, einen anderen Weg gab es nicht. [...] Nur durch Nutzung ihres totalitären Charakters, der seinen Ausdruck fand sowohl in Organisiertheit wie auch in Disziplin und Gehorsam, konnte das totalitäre Regime gebrochen werden.«

Ich meine, dass sich hiermit auch der Unwille Gorbatschows, Jakowlews und ihrer Gleichgesinnten erklärt, die KPdSU zu reformieren. Sie wollten die Partei als Waffe bei der Ablösung des gesellschaftlich-politischen Systems in unserem Lande einsetzen. Zynischer geht es nicht: Jene Partei, die den mächtigen Staat geschaffen und die UdSSR im Kriege verteidigt hat, wollten die Umstürzler auch für die Zerstörung dieses Staates benutzen!

Die Flamme des Antikommunismus, die von den sogenannten Demokraten immer stärker angefacht wurde, traf auf keinerlei Widerstand. Der Dritte außerordentliche Volksdeputiertenkongress, auf dem Gorbatschow zum Präsidenten des Landes gewählt wurde, schaffte mit rasender Begeisterung den Artikel 6 der Verfassung der UdSSR über die Rolle und den Platz der KPdSU im Staat Sowjetunion ab.

Es kam die Zeit, in der das Sowjetvolk unter Führung der KPdSU gegen die KPdSU zu kämpfen begann. Vielleicht war es nicht wirklich das ganze Sowjetvolk, aber bezüglich der Partei ist diese Formel keine Übertreibung. Die Partei wurde von ihren aktivsten Mitgliedern zerstört, welche sich Blindheit und Untätigkeit ebenso zunutze machten wie die Fahrlässigkeit oder auch offene Sympathie höchster Parteiführer. Bald verließen Millionen die Partei, wie es ihnen die ideologischen Führer der KPdSU vormachten. Die Partei kam im Ergebnis eines beispiellosen Verrats zu Fall.

Anfang Juli 1990 wurde der letzte, der XXVIII. Parteitag der KPdSU eröffnet.

In der Partei gab es praktisch eine interne Spaltung nach ideologisch-politischen und auch nach nationalen Motiven. Es entstand eine tiefe Entfremdung zwischen dem ZK, seinem Politbüro und dem Generalsekretär einerseits und den örtlichen Parteiorganisationen auf der anderen Seite. Mit jedem Monat nahm diese Entfremdung zu. Nicht zufällig ging in den anderthalb Jahren vor dem XXVIII. Kongress die Mitgliederzahl der Partei um eine Million zurück.

Selbst im Politbüro fand eine Spaltung statt. Vorbei die Zeit, wo man im höchsten Organ der KPdSU in hitzigen Diskussionen notwendige Lösungen fand. Jetzt bildeten sich mehrere Gruppen, die sich unversöhnlich gegenüberstanden. Auf der einen Seite Gorbatschow, Jakowlew, Schewardnadse, Wadim Medwedew, auf der anderen Ryschkow, Witali Worotnikow, Nikolai Sljunkow, Lew Sajkow. Natürlich gab es auch hier einen »boloto«*. Meinungsverschiedenheiten zu einzelnen, manchmal auch sehr speziellen Fragen wirkten sich auf die gegenseitigen Beziehungen zum Schaden der Sache aus.

Obwohl Anfang 1990 das Politbüro praktisch seine Tätigkeit eingestellt hatte, wurde es einige Tage vor

---

* Wörtlich »Sumpf«, ein gesellschaftliches Milieu im Zustand geistiger Trägheit und Stagnation.

dem Kongress noch einmal einberufen. Die Sitzung fand im Objekt Nowo-Ogarjewo statt. Dort arbeitete Gorbatschow an seiner Kongressrede. Keiner meiner Mitstreiter oder Kollegen war an der Entstehung der Rede beteiligt gewesen. Auch die traditionelle sorgfältige Durchsicht im Politbüro gab es nicht mehr.

Bei der Diskussion einiger Probleme ergab sich die Frage nach der künftigen Zusammensetzung des neuen Politbüros und des Sekretariats. Ein Teilnehmer schlug vor, zusätzlich zu den bereits genannten Kandidaten mich und Anatoli Lukjanow in das Politbüro aufzunehmen. Wir beide hatten aber verstanden, dass das in der damaligen Situation der Partei nur geschadet hätte. Der Präsident des Landes und Generalsekretär der KPdSU Gorbatschow, der Vorsitzende des Ministerrates Ryschkow und der Vorsitzende des Obersten Sowjets Lukjanow – alle Mitglieder des Politbüros? Das gäbe den Gegnern der KPdSU Anlass, ihre Hetze zu aktivieren, uns des Monopolismus und der Konzentration höchster Staatsämter in den Händen einer Partei zu bezichtigen. Ich und Lukjanow mussten die Anwesenden lange von der Unzweckmäßigkeit eines solchen Schrittes überzeugen. ZK-Mitglieder aber wollten wir unbedingt bleiben, vorausgesetzt man wählte uns auf dem Kongress. Ich schreibe darüber, weil später Publikationen erschienen, besonders im Zusammengang mit dem Jubiläum »20 Jahre Perestroika«, die den Eindruck vermitteln, als hätten ich und Lukjanow uns um die Mitgliedschaft im Politbüro gerissen, sie sei uns nur nicht gewährt worden.

Bis zum Verbot der KPdSU blieben weniger als zwei Jahre.

Ich war Parteimitglied in erster und, wie sich herausstellte, auch in letzter Generation. Mein Großvater und Vater arbeiteten im Bergwerk im Donbass. Später arbeitete im selben Schacht, aber schon einen Kilometer tief, mein jüngster, heute bereits verstorbener Bruder Jewgeni. In Dunkelheit und Feuchte plagten sie sich ab, ganz und gar nicht wegen irgendwelcher Parteititel. Das war einfach ihre Art zu leben.

In den Schacht mit seinen schweren, oft sehr gefährlichen Arbeitsbedingungen gehen Leute mit starkem Charakter. Dort unten, tief unter der Erde, zeigt sich der Mensch, wie er wirklich ist. Die Arbeit der Bergleute ist tägliches Heldentum, und ein Bergmann kennt seinen Wert. Als ich einmal im Urlaub meinen Bruder besuchte und er in meinem Koffer die Zeitschrift *Ogonjok* mit Chruschtschows Fotografie mit Bergmannshelm auf dem Umschlag sah, sagte er finster:

»Und welche Visage hat sich hier unseren Helm aufgesetzt?«

So kam es, dass aus meiner Familie nur ich Mitglied der KPdSU wurde. Sogar meine Frau Ljudmila Sergejewna reagierte auf den Vorschlag, dass sie in die Partei eintreten solle, mit den Worten: Wir haben in der Familie ein Parteimitglied, und das genügt.

Auf dem ZK-Plenum am 22. November 1982 informierte Juri Andropow in seiner kurzen Rede zu Organisationsfragen die ZK-Mitglieder darüber, dass es das Politbüro wegen der besonderen aktuellen Bedeutung der Wirtschaft für notwendig halte, die Funktion eines ZK-Sekretärs für Wirtschaft einzuführen. In diesem Zusammenhang nannte er gleich meinen Namen. Das Plenum unterstützte Andropows Antrag.

Unmittelbar nach dem Plenum wurde ich zum Leiter der Wirtschaftsabteilung im ZK ernannt. Dieses Plenum werde ich immer in Erinnerung behalten, da es mein Leben in eine völlig neue Bahn lenkte. Ich weiß nicht, wie sich mein weiteres Schicksal gestaltet hätte, wenn es dieses Plenum nicht gegeben hätte.

Danach erhielt ich zahlreiche mündliche und schriftliche Gratulationen. Aufbewahrt habe ich das Telegramm meiner Eltern, die jetzt schon nicht mehr unter den Lebenden sind: »Lieber Nikolai, wir gratulieren Dir zur Wahl zum Sekretär des ZK der KPdSU. Eine große Verantwortung liegt jetzt auf Deinen Schultern. Lieber Sohn, werde dem Vertrauen des Volkes gerecht! Wir wünschen Dir feste Gesundheit und große Erfolge in der Arbeit. Wir küssen und umarmen Dich.«

Einfache, arbeitende Menschen aus dem Bergbaugebiet, weit entfernt von den Machtzentren und von der großen Politik, sprechen vom Vertrauen des Volkes. Weil sie selbst es sind, dieses Volk, in dessen Namen die Führer des Landes ihrer Ansicht nach leben und arbeiten sollen.

Ich war immer bemüht, das Vertrauen des Volkes und meiner Eltern zu rechtfertigen. Die KPdSU hat man verraten, aber ich gab mir selbst das Versprechen, dass ich niemals wieder in eine andere Partei eintreten werde. Dieses Wort halte ich bis heute.

2. Verhängnisvolle Kongresse

Der erste Kongress der ersten demokratisch gewählten Volksdeputierten wurde im Kremlpalast am 25. Mai 1989 um 10 Uhr morgens eröffnet. Heute gibt es die Sowjetunion nicht mehr, auch keine Kongresse und keinen Obersten Sowjet der UdSSR. Die vom Volke Gewählten bewahren ihre Abgeordnetenabzeichen in Schachteln auf – den Enkeln zum Andenken. Aber es wäre für alle von Nutzen, sich daran zu erinnern, dass die Auflösung des Kongresses und des Obersten Sowjets der UdSSR der erste in der langen Kette »demokratischer« Schritte war, die zur Degeneration der

Macht in Russland nach dem August 1991 führten. Diese Auflösung veranlasste der Oberste Sowjet der RSFSR – derselbe, der zwei Jahre später aus Panzerkanonen beschossen wurde.

Ich möchte zwei unerfreuliche Erinnerungen an den Kongress wiedergeben.

Die erste: der Widerwille gegen den aus demokratischer Sicht vollkommen vernünftigen Vorschlag von Akademiemitglied Andrei Sacharow, vor der Wahl zunächst einmal die Programme der Kandidaten für das Amt des Präsidenten des Obersten Sowjets der UdSSR anzuhören. Gegen diesen demokratischen Gedanken an sich gab es keine Einwände, aber der Vorschlag kam trotzdem nicht durch. Wie sich bald herausstellte, gab es einen Kandidaten – nur einen! –, der erst gewählt werden und dann seine Rede halten wollte.* Schon vor den Wahlen wurden von der Tribüne des Kongresspalastes aus Zweifel an der Zweckmäßigkeit der Zusammenlegung zweier Posten laut, aber auch diese Einwände wurden nicht berücksichtigt. Das ist durchaus verständlich: In diesen Tagen sahen die meisten keine Alternative zu Gorbatschow. Auch der bekannte Schriftsteller und angesehene Abgeordnete Tschingis Aitmatow unterstützte dessen Kandidatur für den Posten des Vorsitzenden des Obersten Sowjets der UdSSR.

Gorbatschows Wahl versprach eine reine Formalie zu werden, deswegen rief die Selbstnominierung des Abgeordneten Alexander Obolenski allgemeines Gelächter hervor. Der kaum bekannte Einwohner der Stadt Apatity**, Laborwissenschaftler im Institut für Polare Geophysik, wollte sicher nicht seine Kräfte mit dem Kopf

---

* Gemeint ist Michail Gorbatschow.
** Der Ort im Oblast Murmansk entstand 1935 im Zusammenhang mit der Erschließung der dortigen Apatit-Nephelin-Vorkommen.

der Perestroika messen. Er hatte einfach die Absicht, mit wahrhaft staatsbürgerlichem Verhalten die gerade erst geborene Demokratie zu festigen. Ich erinnere an seine Worte:

»Ich verstehe doch selbst, dass ich gegen Michail Sergejewitsch Gorbatschow keinerlei Chancen habe. Ich möchte nur, dass diese Wahlen echt sind und als Präzedenzfall in unsere Geschichte, in mein und euer Leben eingehen. Meine Wahl ist keine echte Alternative, aber – es sind echte Wahlen.«

Er kam nicht einmal auf den Stimmzettel. Wir Abgeordneten wollten nicht, genauer: konnten noch nicht verstehen, dass die einmal geborene und verkündete Demokratie zu jeder Stunde, Minute, Sekunde der Unterstützung bedarf. Selbst im Kleinen, erst recht im Kleinen! Wenn diese Sache unangenehm aufstieß, dann weil Gorbatschow es für das Beste hielt zu schweigen. Ich will nicht versuchen, seine Motive dafür zu ergründen, denke aber, dass auch er den Sinn von Obolenskis Auftritt nicht richtig erfasst hatte.

Die zweite Erinnerung: Der Swerdlowsker Volksdeputierte Gennadi Burbulis wollte seinem Landsmann und Mitstreiter Boris Jelzin dadurch gefällig sein, dass er dessen Kandidatur auf den Posten des Vorsitzenden des Obersten Sowjets der UdSSR vorschlug. Bemerkenswert ist Jelzins undeutliche Antwort auf diesen Vorschlag: »Da ich seit dem gestrigen Tag beschäftigungslos bin, könnte ich, ernsthaft arbeitend und die Perestroika anerkennend, einem solchen Vorschlag zustimmen. Aber jetzt ziehe ich erst einmal zurück.«

Als Jelzin dann an die Macht kam, vergaß er die Dienste dieses wahrhaft ergebenen Menschen nicht. Er ernannte ihn zum Staatssekretär – ein Amt, dessen Existenz bis heute unverständlich und unnötig ist, das durch die Bezahlung allerdings sehr attraktiv ist.

Soweit das Unangenehme. Es handelte sich um Nadelstiche des Gewissens vor dem Hintergrund wirklich denkwürdiger Tage. Umso bemerkenswerter ist für mich, dass ich am 7. Juni vom neuen Obersten Sowjet der UdSSR in dessen morgendlicher Sitzung zum Vorsitzenden des Ministerrates gewählt und bereits am selben Tag vom Kongress auf dessen Abendsitzung in diesem Amt bestätigt wurde. Das war keineswegs eine reine Formsache. An diesem Tag stand ich lange auf dem Podium, referierte über das Programm der Regierung und antwortete auf zahlreiche Fragen.

Ich wurde der erste und letzte durch den Kongress bestätigte Regierungsvorsitzende der UdSSR. Keiner soll denken, das sei eine Bagatelle, ein Routinevorgang. Alles auf diesem Kongress war ein Novum, sowohl die Fehler als auch die erfreulichen Vorgänge. Übrigens zeigten die Abgeordneten später, während der Ernennung der von mir vorgeschlagenen Regierungsmitglieder durch den Obersten Sowjet, offen ihre Schwächen – sie waren störrisch und argumentierten nicht besonders logisch.

Mit dem Fortgang der Arbeit des Kongresses wurde immer deutlicher, dass die organisatorische Herausbildung einer Opposition im Gange war. Sichtbar wurden ihr »Kaderbestand«, ihre politische Zielrichtung und die Methoden ihres Kampfes um die Macht im Lande wie auch um eine Veränderung der Gesellschaftsordnung. Ich gehe detaillierter darauf ein, weil vieles im Gedächtnis der Gesellschaft schon durch den Dunstschleier der Zeit verhangen und jungen Leuten gänzlich unbekannt ist.

So war eine der wichtigsten Aufgaben des Kongresses die Bildung des Obersten Sowjets der UdSSR. Laut Verfassung bestand dieser wie früher aus zwei Kammern – dem Unionssowjet und dem Nationalitätensowjet. Die Diskussion darüber war langwierig und nervenaufreibend – dutzende Wortmeldungen gab es allein zum Prozedere der Aufstellung von Listen, zu den Quoten für die Republiken, zur Ordnung für die Nominierung, Abstimmung usw. Schließlich wurden alle Fragen sortiert und die entsprechenden Listen zur geheimen Abstimmung gebracht. Der Wahlzettel zum Nationalitätensowjet der RSFSR enthielt zwölf Kandidaturen, einschließlich der von Jelzin. Für Jelzin stimmten 1 185 Abgeordnete, gegen ihn 946. Alle anderen Kandidaten hatten deutlich weniger Gegenstimmen. Weil bei einer Quote von elf Kandidaten für jede Republik auf den Wahlzetteln zwölf Anwärter standen, schaffte es Jelzin folglich nicht in den Obersten Sowjet.

Die Ereignisse bei der Formierung des Unionssowjets waren wirklich bemerkenswert. Für solche Volksdeputierten, die sich aggressiv-dreist aufführten, die Geschäftsordnung missachteten, die Tribüne nicht verließen und die Mikrofone im Saal nicht freigaben, die alle und alles kritisierten, waren die Abstimmungsergebnisse noch eindrucksvoller. Andererseits stimmten zum Beispiel für das Akademiemitglied Tatjana Iwanowa Saslawskaja, Autorin der »Theorie« perspektivloser Dörfer, nur 591 Abgeordnete bei 1 558 Gegenstimmen. Ilja Saslawski wurde von 829 Abgeordneten unterstützt, gegen ihn waren 1 320. Später wurde er durch anstößige Machenschaften unter dem Stichwort »Kalushskaja sastawa«* bekannt und verschwand danach von der politischen Bühne. Auf die gleiche Weise fielen Gawril Popow und Sergei Stankewitsch durch (das künftige, vom Pech verfolgte Stadtoberhaupt von Moskau und sein Erster Stellvertreter), ebenso Juri Tschernitschenko, der bekannte Agrar-Publizist, der

---

* Moskauer Adresse und Name einer französischen Immobilienfirma, über die 1991 Grundstücksspekulationen im Moskauer Oktoberbezirk liefen, vgl. www.kommersant.ru/dok/30732.

unsere Bauern kritisierte, aber schon die Pläne für seine eigene Agrarpartei in der Tasche hatte.

Die Ergebnisse der Wahlen zum Obersten Sowjet zeigen im Großen und Ganzen, dass die Mehrheit der Volksdeputierten die sich herausbildende Opposition nicht unterstützte. Sie hatten verstanden oder fühlten unterbewusst, welche Gefahr die Opposition für das Land darstellte.

Einige Tage später wandte sich der bereits in den Nationalitätensowjet gewählte Volksdeputierte Alexei Kasannik, Dozent am Lehrstuhl für Arbeits-, ökologisches und Landwirtschaftsrecht der Omsker Staatlichen Universität, mit dem Vorschlag an den Kongress, in den Nationalitätensowjet an seiner Stelle »ohne Abstimmung Boris Nikolajewitsch Jelzin aufzunehmen. [...] Ich befürchte, Genossen, dass man ihn wieder durchfallen lässt, sollte die Abstimmung wiederholt werden, und das wäre doch ganz unmöglich.«

Der Vorschlag wurde angenommen. Auf diese seltsame Weise wurde Jelzin schließlich Mitglied des Obersten Sowjets der UdSSR und Vorsitzender eines der Komitees. Aus Dankbarkeit ernannte er später als Präsident Kasannik zum Generalstaatsanwalt. Doch dieser naive, aber offenbar anständige Mensch erkannte, in welche Gesellschaft er geraten war, und kehrte schnell wieder ins heimatliche Omsk zurück.

Am dritten Kongresstag, nach den Wahlniederlagen der für die Nation besonders destruktiven Kräfte, ergriffen Juri Afanasjew – Rektor des Moskauer Instituts für Geschichte und Archivwesen – und Gawril Popow – Chefredakteur der Zeitschrift *Woprossy Ekonomiki* – das Wort. Mit ihren Reden gingen sie in offene Konfrontation zur bestehenden Macht und zur Mehrheit. Die Masken waren gefallen!

Afanasjew erklärte in seiner Rede, dass der Kongress einen Obersten Sowjet nach Stalin-Breschnewschem Muster gebildet und nur Abgeordnete niedriger Qualifikation gewählt habe. Er schleuderte den Vorwurf in den Saal, eine »aggressiv-gehorsame Mehrheit« hätte die progessiven Vorhaben des Kongresses blockiert. Diese Formulierung wurde von den »Demokraten« während der späteren Volksdeputiertenkongresse immer wieder aufgegriffen.

Der zweite kommende Oppositionsführer, Gawril Popow, drückte seine Enttäuschung über die beginnende Kongressarbeit dadurch aus, dass er die »unvernünftige Mehrheit« der Abgeordneten anklagte, unter dem »Diktat des Apparats« zu stehen und den Gedankenpluralismus nicht anzuerkennen. Dabei blieb unklar, welcher Apparat gemeint war – der staatliche, der parlamentarische oder der Parteiapparat? Gawril Charitonowitsch war der Meinung, diese Mehrheit trete nur so auf, damit sie einen dem Apparat hörigen Obersten Sowjet bilden und in dessen Namen Druck auf den progressiven Flügel der Führung ausüben könne. Er hielt es für notwendig, dass die regionale Gruppe der Moskauer Deputierten aus den wissenschaftlichen Einrichtungen und den Gewerkschaften der Kulturschaffenden der Gesamtmoskauer Delegation ausschied. Außerdem schlug er vor, über die Bildung einer interregionalen unabhängigen Deputiertengruppe nachzudenken, und lud alle Genossen Deputierten ein, sich dieser Gruppe anzuschließen.

Ende Juli 1989 fand im Moskauer Haus des Kinos tatsächlich die erste Versammlung dieser Interregionalen Deputiertengruppe (MDG) statt. Versammelt war die Crème de la crème der sowjetischen Intelligenz. Als Co-Vorsitzende wurden Juri Afanasjew, Boris Jelzin, Viktor Palm, Gawril Popow und Andrei Sacharow gewählt. Die Versammlung wurde in den Medien breit kommentiert, besonders im Fernsehen. Ergänzend wurde ein Koordinationsrat mit Abgeordneten wie Anatoli Sobtschak, Nikolai Trawkin, Sergei Stankewitsch, Michail Poltoranin und Gennadi Burbulis gebildet. Die Abgeordneten der baltischen Republiken wollten ihre Mitgliedschaft nicht formal fixieren.

Am Anfang deklarierte die Führung der MDG – offenbar aus taktischen Gründen – gemäßigte Ziele: Einwirkung auf die republikanischen und lokalen Machtorgane. In ihren Statuten war die Rede davon, dass die Gruppe Korrekturen zu Dokumenten des Obersten Sowjets der UdSSR und des Kongresses vorbereiten und neue Probleme aufwerfen würde, »ohne sich dem Obersten Sowjet entgegenzustellen, sondern im Gegenteil, die Arbeit des Obersten Sowjet selbst forcierend, damit dieser schneller beginnt, in vollem Umfang umzusetzen, was das Volk fordert«.

Nach kurzer Zeit wurde aber klar, dass die MDG nicht beabsichtigte, sich als Fraktion auf den Rahmen parlamentarischer Tätigkeit zu beschränken. Mehr und mehr erhob sie Anspruch auf eine besondere Rolle im Land. Nach den ersten Versammlungen war klar, dass sie die Konfrontation mit dem Kongress der Volksdeputierten, dem Obersten Sowjet, den örtlichen Machtorganen und den Deputierten, die der Gruppe nicht angehörten, suchte. Offensichtlich wurde auch, dass diese Minderheitengruppe Anspruch darauf erhob, die Meinung der Mehrheit des Volkes wiederzugeben und sich zu einer realen Kraft gegen Parteiherrschafts-Allüren zu entwickeln. Auf dem Zweiten Kongress der Volksdeputierten erklärten die Interregionalen die prinzipielle Differenz zwischen ihnen und der Mehrheit der Abgeordneten. Im Auftrag der MDG gab Afanasjew von der Tribüne dieses Kongresses eine offizielle Erklärung ab und benannte die Differenzpunkte, welche die Gruppe veranlasst hatten, in Opposition zu gehen.

Von Anfang an stellte sich die MDG auf antisowjetische und Anti-Unions-Positionen (die UdSSR bezeichnete sie als »Imperium«) und begann, nationale Separatistenführer zu unterstützen. Aus dem Bouquet ihrer Ziele seien zwei Hauptforderungen herausgenommen, die später eine verhängnisvolle Rolle bei der Zerstörung der Großmacht spielen sollten. Zum einen die Abschaffung des Artikels 6 in der Verfassung der UdSSR über die führende Rolle der KPdSU und zum anderen die Legalisierung von Streiks. Die Gruppe gab die Losung »Alle Macht den Räten!« aus, um die Hegemonie der KPdSU zu untergraben. Danach aber erklärte sie die Räte zum Zufluchtsort der Parteihörigen, um sie im Oktober 1993 ganz zu liquidieren.

Bald begann zwischen den Anführern der Interregionalen Gruppe der Kampf um die innere Führung. Der Versuch Afanasjews, sich über die Gruppe zu stellen, endete mit einem Misserfolg. Dabei spielte seine Japanreise eine wichtige Rolle, auf der er den Japanern unsere Inseln, die sogenannten nördlichen Territorien, »schenkte«. Darüber werden bis heute komplizierte Verhandlungen geführt, die gegenwärtige Führung Russlands lehnt eine Übergabe der Inseln an Japan kategorisch ab. Zu jener Zeit hatte Afanasjews Position Begeisterung bei den rechten Kräften hervorgerufen, aber praktisch beim ganzen Volk Entrüstung.

Den Höhepunkt seines Bekanntheitsgrades erreichte Juri Afanasjew bei seinem Auftritt auf dem Ersten Kongress. Danach hörte seine gesellschaftliche Tätigkeit – obwohl er Co-Vorsitzender des MDG blieb – weitgehend auf, er begeisterte sich mehr für Auslandsreisen, Interviews, Repräsentation auf verschiedenen politischen Jugendtreffen. Seine Verpflichtungen als Abgeordneter erfüllte er, soweit mir bekannt ist, nur noch nachlässig. Anstatt zu arbeiten, sonnte er sich in dem Ruhm, der sich über ihn ergossen hatte.

Vor diesen Ereignissen war Afanasjew über viele Jahre Vorsitzender der Pionierorganisation der UdSSR gewesen, erzog unsere Kinder im Geiste des Sozialismus, der Liebe zur Partei und zu unserem Staat. Leute mit einer solchen Doppelmoral begannen in den Jahren von Glasnost und Pluralismus mit ihrem Verrat.

In den Mauern des von Afanasjew geleiteten Instituts* studierten die Kinder bekannter Partei- und Staatsfunktionäre. Diese Nachkommen zertrampelten mit größtem Vergnügen, was ihre Eltern erkämpft hatten.

Schließlich wurde das Institut mit dem Einverständnis seiner Leitung und des Ministeriums für Bildung für 100 Millionen US-Dollar an den Oligarchen Leonid Newslin verkauft, der damit an die Spitze einer Lehreinrichtung kam, zu der er keinerlei Beziehung hatte. Seine »Leitung« dauerte allerdings nicht lange. Jetzt schaut er aus dem »gelobten Land« Israel auf unsere Heimat, und Afanasjew verließ das Institut vor kurzem unter lautem Türenschlagen.

Um ein größeres Aufgabenspektrum in Angriff nehmen zu können, mussten die Führer der MDG eine arbeitsfähige Struktur schaffen. Sie wollten eine eigene Zeitung gründen, fanden dafür aber keine Unterstützung. Stattdessen organisierten sie auf Basis der im Kurtschatow-Insitut für Atomenergie herausgegebenen auflagenstarken Zeitung *Sowjetski fisik* (Der sowjetische Physiker) eine spezielle Ausgabe namens *Narodny deputat* (Der Volksdeputierte). Hierfür wurde ein eigenes Redaktionskollegium geschaffen und ein »Fonds für Deputierteninitiativen« gebildet. Zahlreiche Experten- und Assistentengruppen wurden damit faktisch zum Apparat der MDG.

---

* Moskauer Institut für Geschichte und Archivwesen, ab 1991 Russische Geisteswissenschaftliche Fakultät.

Wegen innerer Schwierigkeiten ließen diese Aktivitäten bald nach. Zur Arbeit des Ersten Kongresses leistete die MDG keinen konstruktiven Beitrag mehr, und auch zum Zweiten Kongress (im Dezember 1989) konnte sie kein echtes Programm vorlegen. Aber die Gruppe wurde zum Kern, um den sich alle möglichen oppositionellen Kräfte sammelten, die im Januar 1990 offiziell die radikale Bewegung »Demokratisches Russland« bildeten. Grundlage ihrer Ideologie und ihrer Tätigkeit war offener, tiefgreifender Antikommunismus.

Ausländische Medien zogen interessante Schlussfolgerungen aus der Schaffung und Tätigkeit der MDG. So schrieb der kanadische *Toronto Star*: »Die Gründung der Gruppe ist Zeichen für die Tiefe der Krise innerhalb der kommunistischen Partei und im Prozess der Perestroika.«

Die *Times of India* bestätigte, dass die MDG ein »Gemisch von Anarchisten, Kommunisten, Liberalen, Nationalisten und Sozialdemokraten darstellt, [...] dass all ihre Äußerungen wenig mit pragmatischem Vorgehen gemein haben, dass diese Gruppe wohl zu wenig Zusammenhalt hat, um hinreichend effektiv zu sein«.

Der britische *Daily Telegraph* bemerkte, dass die Forderungen der Gruppe viel weiter gingen als die Reformen des Präsidenten Gorbatschow. »Das Selbstvertrauen der neuen Gruppe in ihre Möglichkeiten wurde durch den Erfolg des Bergarbeiterstreiks gefestigt, der Partei und Regierung in die Knie zwang. Aus diesen Aktionen entnahmen die Radikalen, dass ihre Ziele mit den Zielen der Arbeiter übereinstimmen. Die Schaffung der Gruppe war eine Bestätigung der sich vertiefenden Polarisierung in der Partei.«

Jetzt ist es an der Zeit, zum Problem der Übergabe der Macht an die Sowjets zurückzukehren, wobei an diese Frage nun aus Sicht der »Demokraten« herangegangen werden soll. Ich entschuldige mich im Voraus beim Leser für einige Wiederholungen, die sich zwangsläufig ergeben. In der ersten Etappe hatte sich die Interregionale Deputiertengruppe, wie gesagt, die Losung »Alle Macht den Räten!« auf die Fahne geschrieben. Ich denke, das war kein Zufall; war doch das Wort »Sowjets« (Räte) bis dahin im Gedächtnis sehr vieler Leute ein Synonym für Volksmacht. Deswegen beschimpfen ehemalige Kommunisten, die sich von einer Stunde zur anderen zu Antikommunisten wandelten, bereits über zwei Jahrzehnte in Presse, Fernsehen und Rundfunk die Sowjetmacht auf jede nur mögliche Art.

Leider führte der Gang der Ereignisse dahin, dass mit den Jahren die Machtbefugnisse der Sowjets zunehmend nur noch formal ausgeübt wurden, weil sich ihre Funktionen allmählich in den Organen der Parteiführung konzentrierten. Daher ist es völlig natürlich, dass, als mit der Perestroika die Aufgabe der Wiederherstellung des wahrhaft sozialistischen Charakters der Gesellschaft aktuell wurde, die wichtigsten Maßnahmen zu ihrer Lösung die allseitige Demokratisierung des Landes und die Rückgabe der realen Macht an die Sowjets der Volksdeputierten waren.

So ertönte 1988 erneut die Losung »Alle Macht den Räten«. Gorbatschow sprach sie auf der XIX. Parteikonferenz aus, und damals bedeutete dieser Aufruf, im Unterschied zur vorrevolutionären Situation zu Beginn des 20. Jahrhunderts: Übergabe der Macht aus den Händen des ZK der KPdSU an die Sowjets der Volksdeputierten.

Natürlich wäre die Forderung nach »aller Macht« in der Situation der 80er Jahre noch absolut unannehmbar und letztlich falsch gewesen. Die Losung enthielt jedoch die Hauptsache: Nach und nach wurde den Sowjets neues Leben eingehaucht. Ab 1989 befreiten sie sich von ihren historisch entstandenen Schwächen und

Mängeln. Die Schwierigkeiten ihrer Wiedergeburt und Weiterentwicklung überwindend, wurden sie immer mehr zur realen, effektiven Macht.

Damals glaubten viele Politiker, darunter auch ich, an das ungeheure Potenzial der erneuerten Sowjets. Ich erinnere mich oft an den Auftritt des Volksdeputierten Akademiemitglied Andrei Sacharow auf dem Kongress der Volksdeputierten. Kein guter Redner, mit schlechter Aussprache und immer etwas konfus, aber völlig klar bezüglich der Rolle der Sowjets, die in den Republiken, Gebieten, Bezirken und Dörfern die Macht übernehmen müssten. Als einer der Vorsitzenden der MDG hat er in unserer Gesellschaft eine deutliche Spur hinterlassen.

Ich kannte ihn, ohne eine engere Beziehung zu ihm zu haben, aber unsere politischen Ansichten waren in vieler Hinsicht die gleichen. Und dieser Mensch, der sein Leben der Wissenschaft gewidmet hatte, einer der Schöpfer der Wasserstoffbombe, spielte als Volksdeputierter vom ersten Kongresstag an unübersehbar eine wichtige Rolle. Er, der im Ruf eines »Vaters der Demokratie« stand, verband Letztere ausdrücklich mit der sowjetischen Form des Staatsaufbaus, was sich in seinem Verfassungsentwurf wiederfindet.

Ich besitze eine Kopie dieses Dokuments mit Anmerkungen des Autors. Ich erinnere mich an seine Fotografie auf einem Moskauer Meeting: Hinter dem ehrwürdigen Akademiker, dreifacher Held der Sozialistischen Arbeit, Nobelpreisträger, hängt ein riesiges Plakat, auf dem mit großen Buchstaben geschrieben steht: »Alle Macht den Räten!« Wie soll man da jene verstehen, die sich bis heute vor dem Namen Sacharow verneigen, aber trotzdem die Macht der Räte vernichtet haben?

Ich erinnere nochmals daran, dass die Sowjets in unserem Lande entstanden sind und zum charakteristischen Merkmal seiner politischen Organisation wurden. Auf natürliche Weise erwuchsen sie aus den jahrhundertealten Versammlungs- und kollektivistischen Traditionen des Volkes. In unserer Mentalität dominiert das »Wir« gegenüber dem »Ich«, und gerade das Sowjetsystem festigte diese Besonderheit in der Psyche der Bürger der UdSSR.

Heute führen die herrschenden Kräfte im Lande gewaltsam den Kapitalismus ein. Aber der steht unseren Traditionen entgegen, weil er im Bewusstsein eines jeden Menschen unvermeidlich das ungeheuer hypertrophierte »Ich« an die erste Stelle rückt, welches dem jetzt auf die Hinterhöfe verbannten »Wir« entgegensteht. Aus dieser Sicht ist es nur natürlich, dass gerade die Räte das erste Opfer der einheimischen Götzendiener des ungezügelten Kapitalismus geworden sind.

Zur Frage, wohin die tägliche Missachtung unserer eigenen kollektiven Prinzipien das Land gebracht hat, soll ein Mensch das Wort haben, den man schwerlich des Kommunismus und der Sympathie zu den Sowjets verdächtigen kann – Alexander Solschenizyn:

»Nachdem ich viele Teile Russlands bereist hatte, habe ich durch tausende Briefe den Eindruck bekommen, dass unser Volk entmutigt ist. Die Menschen der unteren Schichten hat man praktisch aus dem Leben ausgeschlossen. Alles, was im Land geschieht, geht an ihnen vorbei. Ihnen bleibt die bescheidene Wahl: entweder eine elende und unterwürfige Existenz fristen, oder sich mit gesetzlosem Gewerbe, Betrügerei und Ähnlichem behelfen.«

Andrei Sacharow starb plötzlich während des Zweiten Kongresses am 15. Dezember 1989. Am 18. Dezember waren wir, einige Politbüromitglieder und ZK-Sekretäre, auf der Trauerfeier für den Gelehrten und Volksdeputierten, die vor dem Gebäude des Präsidiums der Akademie der Wissenschaften stattfand. Nach meiner Ansicht wäre ohne seinen Tod vieles anders gelaufen. Die Opposition verlor ihren intellektuellen und moralischen Führer. Verloren war auch die Möglichkeit, ein funktionierendes parlamentarisches System zu installieren. In der MDG kamen radikale Tendenzen wieder nach oben. Weder Popow noch Sobtschak und schon gar nicht Afanasjew eigneten sich für die Rolle eines neuen charismatischen Führers. Daher bekam sie Jelzin.

Was Jelzin betrifft, werde ich nur einige Fakten aus seiner »Ära« anführen. Die meisten Menschen haben seine clownesken Allüren auf dem Posten des Präsidenten Russlands noch gut im Gedächtnis, den ungeheuerlichen kollektiven Diebstahl derer, die sich »die Familie« des Staatsoberhauptes nannten, und was noch wichtiger ist – die Zerschlagung der Volkswirtschaft, die Ausraubung, Verarmung und das Aussterben der Bevölkerung, den Verfall aller Sphären des geistigen Lebens, das Aufblühen der Kriminalität bis hin zum Massenterror usw. usf. Es brauchte Jahre, bis das Volk gelernt hatte, die Spreu vom Weizen zu trennen. Und es musste dafür teuer bezahlen.

Im Jahr 1989 unternahm Jelzin seine Reise in die USA. Durch bittere Erfahrung konnten sich Millionen Menschen davon überzeugen, dass seine ganze »demokratische« Tätigkeit eine graue Brühe aus dümmlichen, oft betrunkenen Gebärden eines selbstverliebten Provinz-Laienschauspielers war, absolute Demagogie und freche Lügen bei jeder Gelegenheit. Ich werde hier nicht seine eigenen Erzählungen über diese Reise wiedergeben, sondern nur einige Auszüge aus dem bei uns weniger bekannten Artikel des italienischen Journalisten Vittorio Dzukkona*.

---

* Nachdruck aus der italienischen Zeitung *Repubblica* in der *Prawda* vom 18. September 1989.

»Die amerikanische Nacht der Perestroika riecht nach Whiskey, Dollars und wird erhellt vom Scheinwerferlicht. Boris Jelzin, der Volksheld von Moskau, die Kassandra Gorbatschows, der Verkünder von Glasnost, kommt über Amerika wie ein Wirbelwind; seine Worte kommen herausgeflogen und kehren zu ihm zurück. Er hinterlässt eine Spur von Katastrophenwarnungen, wahnsinnigen Ausgaben, von Interviews und besonders den Geruch des berühmten Tennessee-Whiskeys Jack Daniel's mit schwarzem Etikett. Halbliterflaschen trinkt er in einer Nacht allein in seinem Hotelzimmer in Baltimore, wo er auf Einladung der Fakultät für Polytechnische Wissenschaften der John-Hopkins-Universität weilt.

Den erschrockenen Professor, der ihn früh morgens abholen und in den Konferenzsaal der Universität bringen wollte, beglückte Jelzin mit einem sabbernden, betrunkenen Kuss und einer halbgeleerten Flasche Whiskey. ›Trinken wir auf die Freiheit‹, schlug ihm Jelzin morgens um halb sieben vor, das gefüllte Zahnputzglas schwenkend. Aber austrinken musste er es allein …«

Und noch ein kaum bekannter Vorfall, zitiert nach dem Memorandum von D. Harrison, der die USA-Reise von Jelzin koordinierte:

»Als das Flugzeug gelandet war, kam Jelzin die Gangway herunter, aber statt die ihn erwartende Delegation zu begrüßen, begab er sich auf dem Rollfeld zum Flugzeugheck und begann, mit dem Rücken zu uns, gegen die Hinterräder des Flugzeugs zu urinieren. Wir waren entsetzt und wussten nicht, was wir in dieser peinlichen Situation denken sollten. Jelzin kam zurück, sagte kein Wort und drückte den Amtspersonen die Hände, nahm von einer jungen Frau den Blumenstrauß entgegen und stieg in die auf ihn wartende Limousine.«

Offen gesagt bereitet es mir kein Vergnügen, diese Auszüge aus der Presse zu zitieren. Es ist widerwärtig, so etwas über den in Übersee über die Stränge schlagenden Landsmann lesen zu müssen. Dieser von animalischen Instinkten getriebene Mensch sollte zwei Jahre später der »vom ganzen Volk gewählte« Präsident der Russischen Föderation werden!

Wenn wir ausländische Publikationen jener Tage lesen, fällt auf, wie unser künftiger Staatspräsident im Ausland ungezwungen und unzulässig über sein Land sprach. Ich erinnere daran, dass für Politiker das ungeschriebene Gesetz gilt: Über die eigenen, heimatlichen Probleme wird nur zu Hause gesprochen. Als dem Kanzler der BRD Helmut Schmidt bei seinem Besuch in Moskau eine Frage zu seinem politischen Gegner Helmut Kohl gestellt wurde, antwortete er lakonisch und eindeutig: »Ich kam nicht nach Moskau, um mich über Herrn Kohl zu äußern. Das mache ich in Bonn.«

In seinem Buch »Der Präsident Russlands, oder Watergate auf Russisch«* beschreibt Wladimir Gubarew, damals Erster Stellvertreter des Chefredakteurs der *Prawda*, ziemlich genau die Reaktion der Leser und der Öffentlichkeit: »So etwas kann es nicht geben, das ist Verleumdung eines guten Menschen!« Und als im Fernsehen eine Aufzeichnung dieser USA-Reise gebracht wurde, erhob sich ein Aufschrei: Dies sei eine grobe Fälschung, eine spezielle Montage von Wortfetzen usw. Dass das Pult, an dem Jelzin in der Baltimore-Universität reden sollte, normal dasteht, aber der Mensch daneben, gelinde gesagt, eher instabil – auch das soll eine technische Montage sein? Dafür wurde eine Sonderkommission des Obersten Sowjets der UdSSR gebildet, Versammlungen mit wütenden

---

* Originaltitel: »Prezident Rossii, ili Uotergejt po-russki«. Moskau: MNO 1990.

Ausfällen gegen die Führung des Landes wurden abgehalten, alles zur Unterstützung unseres ehrenwerten Volksvertreters Boris Nikolajewitsch Jelzin.

Ja, damals war es schwer, die Menschen umzustimmen. Sie wünschten sich einen Kämpfer für die Gerechtigkeit wie Jelzin – und schufen sich so ihren Abgott. Jede negative Bemerkung über Jelzin wurde zurückgewiesen. An sein »Bad im Sack«* darf man nicht glauben – eine Verleumdung; 1994 verschlief er in seinem in Shannon gelandeten Flugzeug das Treffen mit dem irischen Premier Albert Reynolds – eine Lüge; die Arbeit auf der Datscha »an Dokumenten« – dieser Mensch denkt an uns, an den Staat. Aber als er dann auch noch in ungebührlicher Verfassung vor Fernsehkameras das Berliner Polizeiorchester dirigierte,** verflüchtigten sich schließlich bei vielen die Illusionen.

All das aber war später. Im Herbst 1990 rollten die Massenmeetings durch das Land. Sie waren organisiert durch die Anführer des »Demokratischen Russlands«, die davon ausgingen, dass der parlamentarische Kampf um die Macht sehr lange dauern würde und sein Ausgang nicht vorhersehbar sei. Auf ihre Fahnen schrieben sie daher eine im Vergleich zur normalen Abgeordnetentätigkeit radikalere Variante der Machteroberung durch Meetings, Streiks, Zerstörung des Versorgungssystems usw.

Mit Schaudern erinnere ich mich an jenen Herbst. Die Regale in den Geschäften sind leer. In den Häfen

---

* Anspielung auf eine völlig absurde Schauergeschichte, die Jelzin im September 1989 der Miliz erzählte: Er sei nachts mit der Absicht überfallen worden, ihn mit einem Sack über dem Kopf in die Moskwa zu werfen. Am Ende soll Jelzin die Milizionäre gebeten haben, von dem Vorfall keine Meldung zu machen.
** Anlässlich der Feier zum Abzug der letzten russischen Truppen aus Deutschland am 31. August 1994 vor dem Roten Rathaus in Berlin.

und auf den Bahnhöfen stehen Waggons mit Lebensmitteln und Waren des täglichen Bedarfs, aber diejenigen, die bei der Entladung helfen wollen, bekommen Geld dafür, dass sie nach Hause gehen. Bei den Eisenbahnen bilden sich Staus, welche die Lebensadern des Landes unterbrechen. Auf den Feldern kommen Getreide und Gemüse um, in den Gärten verfault das Obst. Auf unser Land kam alles auf einmal zu: verschiedenste Defizite, Kriminalität, Verschärfung der interethnischen Konflikte, Streiks. Das wirtschaftliche und politische Leben war völlig destabilisiert. Im Ergebnis dessen war die Macht gelähmt.

Wem war das von Nutzen? Jenen, die die Staatsmacht diskreditieren wollten, dabei auf nichts Rücksicht nahmen und selbst nach der Macht strebten. Um im Nachhinein, mehr als anderthalb Jahrzehnte später, die Machtergreifung der »Demokraten« zu rechtfertigen, zeigt man im Fernsehen immer wieder dieselben Szenen: leere Lebensmittelregale. Aber verschämt wird verschwiegen, warum die Läden damals leer waren.

Oft stelle ich mir die Frage: Wenn das alles bei Jelzin oder bei der jetzigen Macht geschehen wäre, was wäre passiert? Wie viele Jahre hätten diese Leute danach im Straflager oder im Gefängnis verbringen müssen, um ihre Köpfe abzukühlen? Meine Antwort ist: viele Jahre! Und das zu Recht – mit dem Schicksal des Volkes und seines Staates spielt man nicht!

Meetings wurden überall praktisch ohne jede Genehmigung durchgeführt. Die Macht im Lande lag in den Händen des Pöbels. Aber wer heizte die ohnehin komplizierte und schwierige Lage weiter an? Wer organisierte die Massendemonstrationen und verwandelte sie in ein Mittel zur Zerstörung der Leitungsstrukturen und damit unseres Staates? Bitte, hier haben Sie eine Liste der Hauptakteure im Spiel mit dem Schicksal ihres Volkes, die sich zum Beispiel auf dem Flugblatt findet, welches zum Meeting auf dem Manegeplatz am 16. September 1990 aufrief: »Es nehmen teil: Juri Afanasjew, Ilja Saslawski, Telman Gdljan, Arkadi Muraschow, Gawril Popow, Anatoli Sobtschak, Sergei Stankewitsch, Gleb Jakunin. Eingeladen: Boris Jelzin.« Nachdem dieses Publikum an die Macht gekommen war, wurde der Manegeplatz schnell umgewühlt und durch ein geschmacklos gestaltetes Einkaufszentrum entstellt, damit jetzt, in der »demokratischen« Zeit, dort niemand mehr Meetings abhalten kann.

Einige dieser Namen geraten schon in Vergessenheit, aber zu Unrecht. Bildeten sie doch die erste Riege derer, die das taten, was Hitler nicht erreichte – sie führten das Land zum größten Bankrott in seiner Geschichte. Hier nur wenige Worte zu einigen von ihnen.

Gawril Charitonowitsch Popow erklärte einmal, dass er die Kommunistische Partei der Sowjetunion vernichtet habe. Wie immer setzte er seine Selbsteinschätzung zu hoch an, aber seinen aktiven Beitrag in diesem für das Land verheerenden Prozess sollte man nicht ignorieren. Später wurde er zwar von seinem Förderer Jelzin enttäuscht, aber bis dahin saß er im Sessel des Moskauer Bürgermeisters und nutzte diesen Posten bestmöglich für seine persönlichen Interessen. Er requirierte ein üppiges Stück vom Partei- und Staatseigentum, mit dem er eine große private Lehreinrichtung – eine internationale Universität mit sich selbst an der Spitze – gründete. Ich lese jetzt oft seine Artikel in wichtigen Zeitungen und erkenne den früheren Popow nicht wieder: Er ist zum Befürworter des Staates geworden, zum Interessenverfechter und Verteidiger des russischen Volkes. Früher oder später kommt jedoch die wahre Natur des Menschen zum Vorschein. Vor kurzem gab er ein kleines Buch heraus, in dem er aus verschiedenen Quellen nur das Übelste über die Rote Armee während des Großen Vaterländischen Kriegs zusammenstellt, über das Verhalten einiger Soldaten und Offiziere in Deutschland. Dabei verliert er kein Wort über das Ungeheuerliche, das die hitlerschen Unmenschen in unserem Land angerichtet haben.

In den Sitzungen des Obersten Sowjets der UdSSR trat in Diskussionen oft der junge, korrekte und wohlgekleidete Abgeordnete Stankewitsch auf. Er und sein Kollege Sobtschak erklärten sich selbst zu »Romantikern« der neuen Demokratie. Stankewitsch nutzte dieses »edle Image« als Moskauer Vizebürgermeister zur persönlichen Bereicherung. Rührende Beziehungen zu kriminellen Strukturen, Schmiergelder, Aneignung der Wohnung des ehemaligen sowjetischen Ministers Nikolai Patolitschew und sonstige »Kunststücke« kennzeichnen diesen »romantischen Demokraten«. Es verwundert nicht, dass er schon in seiner Abgeordnetenzeit in der Ersten Duma durch die Rechtsschutzorgane der Annahme von Schmiergeldern beschuldigt wurde. Damals stimmten die Abgeordneten der Aufhebung seiner Immunität nicht zu. Aber er hatte zu Recht ein schlechtes Gewissen, und in der bis zum Auslauf der Deputiertenvollmacht verbleibenden Zeit reiste unser »Romantiker« still und heimlich mit Diplomatenpass ins Ausland. Er trieb sich in den USA und in Deutschland herum und ging dann nach Polen, wo ihm Interpol auf die Spur kam. Und wieder erhoben die »liberalen« Medien ein Geschrei darüber, dass »dunkle Kräfte« angeblich eine Abrechnung mit diesem »romantischen Demokraten« der ersten Welle inszenieren.

Ähnliches ließe sich über die meisten an der Macht befindlichen »Demokraten« und »Liberalen« sagen. Wenige, beschämend wenige widerstanden der Verführung durch die Macht. Ihre »demokratischen« Überzeugungen erwiesen sich als bloße politische Hülse. Hierzu nur ein Beispiel. Unter den »totalitären« Bedingungen der Sowjetmacht wurden Meetings über alle möglichen Fragen, zu jeder Zeit, an jedem Orten einschließlich dem Moskauer Luschniki-Stadion durchgeführt. Unter der »demokratischen« Macht gab es hierfür jedoch strenge Einschränkungen, administrative Verbote, Gewaltanwendung, provozierte Zusammenstöße von Angehörigen der Rechtsschutzorgane mit Demonstranten. Kürzlich ging ein Strafprozess gegen 39 junge Leute zu Ende, die man mit Handschellen im Gerichtssaal vorführte. Sie waren der Organisierung von Massenunruhen im öffentlichen Empfangsraum der Administration des Präsidenten der Russischen Föderation beschuldigt. Acht von ihnen erhielten Freiheitsstrafen zwischen 1,5 und 3,5 Jahren. Vergleichen wir die Maßstäbe der Handlungen der »Demokraten« jener Jahre und die der jungen Leute im Empfangsraum!

Am 16. Mai 1990 trat im Großen Kremlpalast der Erste Kongress der Volksdeputierten der RSFSR zusammen. Entsprechend der Verfassung eröffnete ihn der Vorsitzende der Zentralen Wahlkommission Wassili Iwanowitsch Kasakow. An jenem Tag wurden 1059 Abgeordnete gewählt, frei blieben neun Mandate. Kasakow teilte mit, dass beim Kongress anwesend waren: Gorbatschow, Ryschkow und Lukjanow, die Mitglieder des Präsidialrates, die Mitglieder und Kandidaten des Politbüros und die Sekretäre des ZK der KPdSU.

Heftiger Streit entbrannte um die Tagesordnung des Kongresses und die Wahl des Vorsitzenden des Obersten Sowjets der RSFSR. Die Abgeordneten unterteilten sich in zwei offen feindliche Lager: eines orientiert auf die KPdSU, das andere auf den Block der gerade entstandenen Bewegung »Demokratisches Russland«. Denkwürdig ist dieser Kongress auch durch den Wahlmarathon des Vorsitzenden des Obersten Sowjets der RSFSR. Erst am 29. Mai wurde Jelzin dazu gewählt, mit 535 Stimmen bei einem erforderlichen Minimum von 531 Stimmen. Vier Stimmen, also ein halbes Prozent der gewählten Abgeordneten des Kongresses, bestimmten letzten Endes sein weiteres politisches Schicksal und damit auch das Schicksal Russlands!

Die Frage der Führung des Obersten Sowjets der RSFSR wurde im Stadium der Kongressvorbereitung mehrfach im Politbüro diskutiert. Aus meiner Sicht hat das Politbüro, besonders die ZK-Sekretäre unter der Führung von Gorbatschow, in dieser hochwichtigen Kaderfrage riesige Fehler zugelassen. Sie empfahlen offensichtlich nicht durchzubringende Kandidaturen – Alexander Wlassow und Iwan Poloskow. Auf einer Sitzung des Politbüros sagte ich deutlich: Das sind keine schlechten Genossen, aber man wird sie auf dem Kongress nicht unterstützen. Wir werden gezwungen sein, diesen Posten Jelzin zu überlassen, der sein Streben nach der Spitze des derzeit höchsten Machtorgans der Republik nicht verbirgt. Ich sagte weiter, dass wir einen der Unionsführer für diesen höchsten Posten Russlands empfehlen sollten – Ryschkow, Ligatschow oder jemand anderen von den Politbüromitgliedern oder ZK-Sekretären. Ein konkreter Beschluss zu dieser Frage wurde aber nicht gefasst.

Gleich zu Beginn des Kongresses wurde die Frage nach der Souveränität der RSFSR laut. Die Diskussion war heiß und ging über drei Tage – den 22., 23. und 24. Mai.

Nach heutiger Durchsicht der Diskussionsstenogramme muss ich feststellen: Die Abgeordneten befassten sich hauptsächlich mit Detailfragen und mit der Formulierung von Verfassungsartikeln. Nicht einer von ihnen erhob prinzipielle Einwände gegen den schicksalhaften Plan, die Gesetze der RSFSR über die der Sowjetunion zu stellen – ein Schritt, der den Boden für den Zerfall der Sowjetunion bereitete.

An der Diskussion beteiligten sich 40 Abgeordnete. Danach arbeitete die Redaktionskommission etwa zweieinhalb Wochen. Unterschiedliche Varianten einer Deklaration über die Staatliche Souveränität der RSFSR mit zahlreichen Korrekturen, vor allem zum Vorrang der Republikgesetze vor Unionsgesetzen, wurden zwei Tage lang diskutiert – am 11. und 12. Juni 1990. Danach stimmten 907 Abgeordnete für die Annahme der Deklaration, 13 dagegen, 9 enthielten sich. Politische Blindheit, die Unfähigkeit, die Folgen eines solchen Schrittes abzuschätzen, erfasste sogar Kommunisten. Die Bilanz zog der dem Kongress bereits vorsitzende Jelzin:

»Der Beschluss ist angenommen. (Stürmischer, andauernder Beifall. Ausrufe: ›Hurra! Hurra!‹) Ich beglückwünsche alle Volksdeputierten und alle Völker der Russischen Föderation. (Beifall).«

So wurde der Erste Kongress der Volksdeputierten Russlands zum Totengräber unserer Großmacht. Und der 12. Juni 1990, den die »Demokraten« auch noch zum großen Feiertag erklärten, wurde zu einem Tag der weltweiten Schande.

Wovon gingen die Deputierten des russischen Kongresses aus, als sie diesen Beschluss fassten? Bedeutet doch Souveränität – und das mussten sie wissen – die vollständige Unabhängigkeit des Staates von anderen Staaten. Folglich erklärte Russland seine Unabhängigkeit von allen anderen Unionsrepubliken, das heißt, es lehnte seine staatsbildende Rolle ab und verurteilte allein damit die UdSSR zum Zerfall.

Nach der sowjetischen Verfassung waren Russland und jede Republik ohnehin prinzipiell souveräne Staaten, die aber einen Teil ihrer Machtfunktionen an die Union abgegeben hatten.

Zur Bemäntelung ihrer wahren Ziele bedienten sich die Autoren der Souveränitätserklärung durchaus »edler Motive« – Sicherung eines »würdigen Lebens, freie Entwicklung und Gebrauch der Muttersprache« für die Bürger Russlands, als wären diese Prinzipien nicht schon in der Unionsverfassung verankert und der Staat nicht bestrebt gewesen, diese und andere Grundsätze zu realisieren.

Hinter schönen Worten standen, wie in der Politik üblich, handfeste Interessen. Diese waren verschieden, aber ihre Träger verband eine gemeinsame Zielsetzung: sich um jeden Preis von der »Vormundschaft« der Zentralmacht lösen – sowohl von der Vormundschaft der Partei als auch von der des Staates. Die Republik Russland sollte dem Unionszentrum entgegengestellt und das sowjetische »Imperium« durch Zerstörung des Zentrums zerschlagen werden. Die Kommunisten, die gerade die neue Partei KP RSFSR gegründet hatten, hatten Bedenken, sich dem entgegenzustellen. Sie fürchteten, die Stimmen der aufgeputschten und desorganisierten Wähler zu verlieren, die dafür vielleicht kein Verständnis aufbringen würden. Hinzu kommt, dass auch die Führung der neuen KP nichts gegen eine faktisch »souveräne« Parteistruktur hatte, damit man sie nicht der automatischen Ausführung von Beschlüssen und Weisungen des ZK der KPdSU bezichtigen konnte.

Vor mir liegt das Stenogramm dieser Sitzungen samt Ergebnisliste der offenen Abstimmung. Es enthält viele bekannte Namen von Genossen, die mit »Ja« gestimmt haben. Einigen von ihnen stellte ich mehrere Jahre später die Frage: Warum habt ihr damals die Deklaration über die Souveränität Russlands unterstützt? Die einheitliche Antwort lautete: Wir haben nicht einmal geahnt, dass dies zur Zerstörung der UdSSR führen könnte.

Aber damit die russische Souveränität die ihr zugedachte Rolle bei der Vernichtung der UdSSR und ihrer Gesellschaftsordnung spielen konnte, musste zu der Idee noch ein Mechanismus kommen. Und der wurde geschaffen in Form der aus Sicht des gesunden Menschenverstands völlig idiotischen These vom Vorrang der russischen Gesetzgebung vor der Gesetzgebung der Union. Mit anderen Worten: Ein Teil wurde über das Ganze gestellt. Das bedeutete, dass organisatorische und damit auch materielle, finanzielle und andere Ressourcen aus der Leitungskompetenz der Union herausfielen, was faktisch ihre weitere Existenz sinnlos machte. Mit Verlaub, das hätte man doch sowohl vor als auch während und nach der Abstimmung unbedingt wissen müssen.

Am frühen Morgen des 13. Juni 1990 brachte ich die Premierministerin Großbritanniens Margaret Thatcher zum Flughafen. Sie befand sich zum Staatsbesuch in Moskau und flog zur Eröffnung einer Schule, die von ihrem Land im erdbebenzerstörten Leninakan (heute Gjumri in Armenien) gebaut wurde. Wir saßen noch nicht im Auto, als sie das Gespräch begann:
»Mr. Ryschkow, ich erfuhr gestern Abend aus Ihrem Fernsehen, dass das russische Parlament ein Gesetz über die Souveränität angenommen hat, vor allem über den Vorrang russischer Gesetze vor den föderalen Gesetzen. Kennen Sie das? Wie denken Sie darüber?«
»Ja, natürlich weiß ich Bescheid«, antwortete ich. »Mit dem Begriff ›Souveränität‹ an sich hätte man einverstanden sein können, hatte doch Russland praktisch weniger Rechte als die anderen Unionsrepubliken. Aber diese Steigerung, besonders der Vorrang der Republikgesetze vor den Unionsgesetzen, ist durch nichts gerechtfertigt. Das ist der Beginn der Zerstörung des einigen Staates. Er kann unter diesen Bedingungen

nicht funktionieren, umso mehr, als nach Russland die anderen Republiken sofort dasselbe tun werden.«

Dieses Gespräch fand einige Stunden nach Annahme des Gesetzes statt. Sogar der Premierministerin war klar: Etwas für die Union Untragbares war geschehen. Sicher übertrug sie diese Ereignisse auf ihr Land und zog die richtigen Schlüsse. Nebenbei hier noch eine eher an einen politischen Witz erinnernde Nuance: Als Thatcher drei Jahre später, schon nicht mehr als Regierungschefin, noch einmal in Russland war, schlug sie zur Beschleunigung der Reformen nicht mehr und nicht weniger vor, als unser Parlament aufzulösen. Würde ich im Gegenzug nach England fahren – unser Status ist ja jetzt derselbe: Wir beide sind Ex-Premiers – und dort vorschlagen, deren Parlament sofort aufzulösen, was würde wohl passieren?

So also wurde für die Zerstückelung des einheitlichen Staates der Punkt auf das »i« gesetzt. Der Erste Kongress der Volksdeputierten Sowjetrusslands besiegelte das Ende der Großmacht, und die neue Führung Russlands übernahm die Rolle eines Trojanischen Pferdes. Wahrhaftig, große Staaten werden von großen Persönlichkeiten geschaffen, aber von Nichtswürdigen zugrunde gerichtet.

3. Das Programm der »500 Tage«

Eine ältere Frau, die mich auf der Straße erkannte, brachte offensichtlich unbewusst die Gedanken vieler zum Ausdruck: »Nikolai Iwanowitsch, warum haben Sie uns damals bloß nicht überzeugt?!«

Es brauchte mehrere schwere und bittere Jahre, bis den Menschen der Schleier von den Augen fiel und sie schließlich sahen und begriffen, wovor man sie gewarnt und wozu man sie aufgerufen hatte in der scheinbar nahen, aber doch schon so fernen Vergangenheit.

In der Ökonomie, also auf dem Gebiet, mit dem ich mich in erster Linie zu beschäftigen hatte, gab es in den Jahren der Perestroika viel Positives, leider aber auch nicht wenige Fehlschläge. Häufig musste ich darauf hinweisen, dass die Wirtschaft immer mehr zur Geisel der Politik wurde. Am Anfang, in den ersten zwei bis drei Jahren der Perestroika, als die Wirtschaft noch nach dem früheren Planungsmodell funktionierte, waren die Wachstumsraten hinreichend hoch und stabil. Jetzt aber fieberte das Wirtschaftsleben im Lande infolge immer neuer Einfälle Gorbatschows. Heute – Beschleunigung, morgen – wissenschaftlichtechnischer Fortschritt, danach – das Dorf, die Metallurgie, Elektronik usw. usf.

Wir versuchten, Gorbatschow zur Vernunft zu bringen und ihm klarzumachen, dass der Versuch, alle Probleme der Wirtschaft auf einmal zu lösen, nur Schaden brächte. Aber es half nichts: »Ihr versteht nicht, dass die Menschen das wollen!«

Das Volk erwartete tatsächlich dringend ernsthafte, radikale Veränderungen im Lande, wenn notwendig auch in mehreren Anläufen. Die Wirtschaft als solche ist aber träge. Jedes Manöver braucht Zeit. Ständig an der Wirtschaft herumzerren – das stört nur ihre Entwicklung. Nach drei bis vier Jahren war das Volk von der Perestroika enttäuscht, und der Staat verlor an Achtung. Die Sache wurde zerredet.

Ich verstand gut, dass das existierende Wirtschaftsmodell, mit dem seinerzeit viele gesamtstaatliche und sozioökonomische Probleme gelöst wurden, praktisch ausgedient hatte. Aber etwas sagen und etwas tun – das ist nicht dasselbe. Die Probleme drängten, und für ihre Lösung brauchten wir Zeit. Im Bewusstsein eines Großteils der Gesellschaft bewegte sich die Regierung allmählich aus der Kategorie »progressive Kräfte« in die Kategorie »Konservative«.

Benötigt wurde also ein neues Modell, das die Entwicklung der Volkswirtschaft stimulierte, ohne radikale Erschütterungen zu verursachen. Nach mehrmonatigen Untersuchungen und sorgfältiger Arbeit brachte unsere Regierung im Mai 1990 ein Programm des Übergangs zur sozialen Marktwirtschaft mit den entsprechenden staatlichen Regelungen in den Obersten Sowjet ein. Wir stellten drei mögliche Varianten des neuen ökonomischen Modells vor.

Zwei dieser Varianten wurden vor allem zur Information darüber vorgelegt, dass sie formal ein Recht auf Existenz hätten, wir sie aber als zu abrupt und mit unvertretbar großen Belastungen der Bevölkerung verbunden nicht empfahlen. Eine von ihnen, und zwar die radikalste, übernahmen übrigens anderthalb Jahre später Jelzin und Gaidar, die im Januar 1992 mit der Verwirklichung radikaler ökonomischer Reformen begannen. Was daraus geworden ist, spürt unser Volk bis zum heutigen Tag.

Wir dagegen schlugen dem Parlament die Variante eines allmählichen, evolutionären, auf sechs bis acht Jahre angelegten Übergangs zur Marktwirtschaft vor. Außerdem machte uns die beginnende Instabilität des Staates hellhörig: Die Beschlüsse der Kongresse der Volksdeputierten, des Obersten Sowjets der UdSSR, des Kongresses der Volksdeputierten der RSFSR – alles das beeinträchtigte die Leitung des Staates. Mit einer schwachen politischen Macht radikale Reformen durchführen – das ist aus meiner Erfahrung eine völlig perspektivlose und dazu extrem gefährliche Sache. Der Oberste Sowjet der UdSSR billigte unser Programm in den Grundzügen und beauftragte die

Regierung, konkrete Vorschläge zu Beginn der Herbst-
sitzung vorzulegen.

In den Tagen des Ersten Kongresses der Volksdeputierten der RSFSR spielte sich, wie bereits geschildert,
ein außergewöhnlich intensiver Kampf um die Posten des Vorsitzenden des Obersten Sowjets Russlands
und des Vorsitzenden der Regierung (Ministerrat)
ab. Für das Amt des Vorsitzenden des Ministerrates
gab es mehrere Kandidaturen, davon zwei aus unserer »Mannschaft« – meine Stellvertreter Lew Woronin
und Iwan Silajew. Wie üblich war auch der bisherige
Vorsitzende des Ministerrates der RSFSR, damals Alexander Wlassow, aufgestellt. Deutlich nach vorn schob
sich der Direktor des Butowo-Ziegelwerkes bei Moskau
Michail Botscharow, der bei den Deputiertenwahlen
sehr viel zur Unterstützung Jelzins beigetragen hatte.
Aber Jelzin verstand sicher auch, dass das Niveau eines
Republikpremiers, milde gesagt, um einiges höher sein
muss als das des Direktors einer Ziegelproduktion. Er
beeilte sich daher nicht, sich ihm mit gleicher Münze
erkenntlich zu zeigen. Da holte Botscharow einen echten Trumpf aus dem Ärmel, indem er erklärte, dass er
über ein eigenes Programm des Übergangs zur Marktwirtschaft in 500 Tagen verfüge.

Diese ökonomische Offenbarung bekam ich erst
später zu lesen. Noch zu Beginn des Frühjahrs 1990
bereitete die Gruppe Leonid Abalkins zur Tagung des
Obersten Sowjets der UdSSR eine Regierungskonzep-
tion für den Übergang zur sozialen Marktwirtschaft
vor. Im Zusammenhang damit machte sie sich mit einer großen Zahl von Projekten bekannt, die von Organisationen wie auch einzelnen Wissenschaftlern in
Eigeninitiative erarbeitet wurden. Zwei junge Ökonomen – Michail Sadornow und Alexei Michailow – hatten ein Programm mit dem Namen »400 Tage« zur

Diskussion gestellt. Ihr Ziel war es, dem im März des Jahres zu wählenden Präsidenten der UdSSR ein Bündel radikaler Maßnahmen vorzuschlagen.

Nach einer der täglichen Abenddiskussionen prinzipieller Fragen der ökonomischen Reform erfuhr ich von der Existenz dieses Dokumentes. Ich nahm es nicht ernst und riet, sich nicht durch zweitrangige Dinge ablenken zu lassen. Das Programm kam jedoch auf irgendeine Weise in die Hände von Botscharow. Dieser leistete seinen »schöpferischen Beitrag«: Er änderte die Zahl 400 in 500, verlängerte jede Realisierungsetappe des Originalprogramms um einige Tage und gab, ohne im Text auch nur ein Wort zu verändern, das Ergebnis als sein eigenes Programm aus. Mehr noch, in einem sibirischen Verlag veröffentlichte er es unter seinem Namen. Fast gleichzeitig erschien das Originalprogramm mit der Zahl 400 in Moskau unter den Namen der beiden schon erwähnte jungen Ökonomen und Grigori Jawlinskis, der zu dieser Zeit in der Kommission des Ministerrates der UdSSR unter Leitung meines Stellvertreters Abalkin arbeitete.

Das Plagiat war also eindeutig. Jawlinski war sogar gezwungen, in einem Interview mit *Moskowskije Nowosti* (Moskauer Neuigkeiten) zu erklären: »Das Programm der ›500 Tage‹, mit dem Botscharow vor dem Obersten Sowjet Russlands (d. h. der RSFSR) auftrat, war ursprünglich als Unionsprogramm gedacht.«

Dieser geistige Diebstahl und der dadurch verursachte Aufruhr waren für Botscharow nicht hilfreich: Premier wurde er nicht. Dafür konnte sich aber Jawlinski, unterstützt von Akademiemitglied Schatalin, Gorbatschow und Jelzin, mit der unrealistischen, ökonomisch illusorischen Theorie seiner beiden jungen Kollegen einen Namen machen. In demselben Interview verglich sich Jawlinski mit erfahrenen Gelehrten: »Nun, dass die Anhänger der ›500 Tage‹ kritische Gutachter in Person so berühmter Ökonomen wie Abalkin, Schatalin und Jewgeni Jassin haben, wird, denke ich, der Sache nur von Nutzen sein.« In den letzten beiden hatte sich Jawlinski geirrt – sie zogen es vor, sich auf die Seite der extremen »500 Tage« zu schlagen, und Schatalin teilte mit Jawlinski auch noch die Autorschaft. Das Programm hieß nun »Schatalin-Jawlinski«. Grigori Alexejewitsch Jawlinski selbst wechselte in den Sessel eines stellvertretenden Vorsitzenden des Ministerrates der RSFSR.

Im Jahr 1991, welches berühmt wurde durch die »500 Tage«, weilte Jawlinski in den USA. Von dort brachte er eine Analyse der ökonomischen Situation in der UdSSR mit. Darin stand schwarz auf weiß, dass nach dem extremen Markt-Ruck nicht weniger als sechs bis acht Jahre bis zu einer Normalisierung erforderlich sein würden, und genannt war auch die von uns ermittelte Frist – bis zum Jahr 1997.

Dabei posaunte die Presse den Ruhm des Programms der »500 Tage« wie auf Bestellung (das »wie« könnte man auch streichen) heraus, ganz und gar vergessend, dass der Oberste Sowjet der UdSSR bereits die auf lange Sicht angelegte Konzeption der Regierung angenommen und die Regierung beauftragt hatte, diese nur zu ergänzen und zu korrigieren. Da ich unsere »vierte Gewalt« (die Medien) gut kannte, hatte ich nicht den geringsten Zweifel, dass diese irgendwann einen Sündenbock benötigen würden, auf den man alle Fehler in der Wirtschaftspolitik abwälzen kann. Aber eigentlich brauchte ihn nicht die Presse, sondern Gorbatschow, der natürlich keinerlei eigene Verfehlung zugeben konnte.

Zur Schande für unsere Wissenschaft, für die Ökonomie besonders, betätigten sich hier viele Leute, die es gut verstanden, längst Bekanntes und Vergessenes zu nutzen und damit für sich sogar wissenschaftliche

Grade und Titel zu erwerben. Die Befähigung zu Intrigen war bisweilen genauso, wenn nicht gar höher geschätzt als die Fähigkeit, etwas Neues zu entdecken. Über viele Jahre meines Lebens war ich mit der Produktion und mit der Wirtschaft verbunden. Ich kenne und schätze hunderte Wissenschaftler – selbstlose Kämpfer auf ihrem Gebiet. Es ist nicht ihre Schuld, wenn ihre Gedanken in vieler Hinsicht ungenutzt blieben. Auch das ist ein maßgeblicher Teil in der Tragödie unseres Landes.

Die Gegnerschaft zwischen Gorbatschow und Jelzin zerriss den Staat buchstäblich in zwei feindliche Lager und beraubte unsere Arbeit ihres Sinns. Ende Juli 1990, vor seinem Urlaub, definierte Gorbatschow deutlich seine Position zum Programm der Regierung zur Umstellung der Wirtschaft auf Marktprinzipien, dem er schon auf dem Präsidialrat im Mai seinen »Segen« gegeben hatte. Anfang August jedoch zeigte sich, dass es zwischen den Führungskadern der UdSSR und Russlands eine Absprache hinter meinem Rücken gegeben haben muss. Worum ging es? Auf diese Frage antwortet ein am 3. August gesendetes Fernsehinterview mit Jelzin. Die nachstehenden Auszüge führen zu dem unstrittigen Schluss, dass der Präsident der UdSSR schon damals auf dem Wege unzulässiger Kompromisse war, die im Weiteren zur Zerstörung des Staates führen sollten.

Ich bringe diesen Teil des Interviews wörtlich, ohne Korrekturen*:

»Frage: Sie haben in unserem Interview schon angesprochen, dass Sie beabsichtigen, dem Zentrum ein Programm Russlands vorzuschlagen. Und Sie haben auch erwähnt, dass

---

* Die deutsche Übersetzung enthält einige zur Herstellung des Verständnisses notwendige Glättungen.

Sie unabhängig davon, ob es ein Zentrum geben wird, ob das Zentrum dieses Programm annimmt oder nicht, darauf bestehen werden, dass Russland sein eigenes ökonomisches Programm hat. Sollte das Zentrum Ihr Programm trotzdem nicht annehmen, was könnten Ihre Schritte in dieser Situation sein?

Jelzin: Ich kann schon heute sagen, dass das Zentrum annehmen wird, weil heute in der *Iswestija* veröffentlicht wurde, dass Gorbatschow und Jelzin beide eine spezielle, nun, wie soll ich sagen, Verabredung unterschrieben haben, nicht wahr, gestützt auf die Konzeption des russischen Programms eine Gruppe zu schaffen, die auf dieser Grundlage ein Unionsprogramm erarbeitet. Aber nicht das Unionsprogramm der Regierung, das in der Kritik steht und das, meine ich, selbstverständlich nicht angenommen wird.

Genau so ist es! Das wird zum Rücktritt der Unionsregierung führen, und das Programm wird eben auf russischer Grundlage, auf der russischen Konzeption beruhen. Wir haben mit Gorbatschow ein solches Dokument unterschrieben, zu einer Zeit, als ich mich noch hier befand [Jelzin war auch im Urlaub – N. R.]. Wir telefonierten einige Male, und dann unterschrieben wir das Dokument.

Ich wendete mich schriftlich mit der Auffassung an ihn, dass es nur den Ausweg gibt, das russische Programm vorzuschlagen, damit wir keine separate Währung bekommen, denn wenn die Union nicht akzeptiert, müssten wir in Russland bei Realisierung dieses Programms unsere eigene Währung einführen. Wir würden das tun.«

Viele Medien, besonders die Zeitung *Iswestija*, zogen sofort weitgehende Schlüsse dahingehend, dass sich eine Union der Autoritäten gebildet hatte – Gorbatschow und Jelzin –, dass ein »imperiales Diktat des Zentrums« ausgeschlossen sein würde, dass das zu schaffende Programm Grundlage des ökonomischen Teils des Unionsvertrages wird, dass diese Verabredung die reale Vereinigung souveräner Republiken fördern wird usw. Zwischen den Zeilen las man: Weg mit der Regierung Ryschkow, sie stört die radikalen Veränderungen im politischen und wirtschaftlichen Leben des Landes.

Mir und meinen Mitstreitern war völlig klar, dass politischer und ökonomischer Extremismus zur Zerstörung des Staates und zu einer Veränderung der Gesellschaftsordnung führen muss. Damit konnten wir uns nicht einverstanden erklären, weil wir verstanden, dass wir es dann mit einer nationalen Katastrophe zu tun haben würden, nicht mehr mit Reformierung des politischen und ökonomischen Systems im Interesse der Menschen, der Gesellschaft und des Staates.

So bildeten sich für die Ausarbeitung des Programms zum Marktübergang im Grunde genommen zwei Zentren. Wir bereiteten unser Programm zum 1. September vor – zu dem uns vom Obersten Sowjet der UdSSR gestellten Termin. Wie früher arbeiteten wir im Erholungsobjekt »Sossny«*. Und in dem anderen Moskauer Regierungsheim »Sossenki«** arbeiteten die Leute von Schatalin. Meines Wissens gab es keinen Journalisten, der über dieses komische Zusammentreffen der Namen »Kiefern« und »Kieferchen« nicht seine Witze gemacht hätte.

Auf Vorschlag von Leonid Abalkin fuhren wir mit ihm nach »Sossenki«, in der Hoffnung auf einen Kompromiss und auf die Konzentration unserer Kräfte für die Lösung der gemeinsamen Aufgabe. Hinzu kam auch der neue Premierminister Russlands Iwan

---

* Wörtlich »die Kiefern«.
** »Die kleinen Kiefern«.

Silajew. Wir setzten uns einander gegenüber, und ich erzählte von unserer Arbeit am Regierungsprogramm, versuchte gemeinsame Punkte der beiden Programme herauszustellen, rief erneut zur Vereinigung der Kräfte auf. Wohin aber hatte es uns verschlagen? Wir waren in das Lager von Feinden geraten, für die unser Erscheinen allein schon höchst unangenehm war. Man unterhielt sich mit uns wie Professoren mit Vorschulkindern, herablassend. Wo nur war die viel gerühmte Intellektualität unserer wissenschaftlichen Elite geblieben? Drei Stunden vergingen auf diese Art sinnlos. Überzeugen kann man nach meinem Dafürhalten nur diejenigen, die hinhören und wahrnehmen können und das auch wollen. Beides war bei unseren Gesprächspartnern nicht gegeben.

Das Treffen ergab also nichts Positives. Im Gegenteil, es zeigte, dass der Abgrund zwischen uns unüberwindbar geworden war. Und man konnte deutlich spüren, dass das taktische Verhalten der Gegenseite aus dem Süden, aus Gorbatschows Urlaubsdomizil, gesteuert wurde.

Jetzt erinnert sich kaum noch jemand daran, dass meine damaligen Gesprächspartner die »radikalen« Marktreformen auslösten. Heute, wo die Sowjetunion nicht mehr existiert und Russland und andere ehemalige Unionsrepubliken eine langjährige sozioökonomische Krise durchmachen, geraten die Namen Schatalin, Jawlinski, Jassin und andere in Vergessenheit, die beiden Letzteren versuchen sich sogar von ihren Taten loszusagen.

Vielleicht fällt es ihnen leicht, das alles im gegenwärtigen Verfall zu »vergessen«. Ich will daher nochmals daran erinnern: Sie haben den Anfang gemacht. Danach wurden ihre Ideen von den neuen Marktradikalen aufgegriffen, von Gaidar, Anatoli Tschubais, Fjodorow und anderen.

Gorbatschow erholte sich wie immer am Schwarzen Meer. Er rief mich kaum an, fragte nicht nach dem Vorankommen der Arbeit, an der er scheinbar nicht mehr interessiert war. Alles das bestätigte ein weiteres Mal, dass er andere Überlegungen hatte und andere Leute, auf die er setzte. Nach dem 20. August 1990 unterbrach der Präsident plötzlich seinen Urlaub, kehrte nach Moskau zurück und traf sich mit den Autoren der »500 Tage«. Keiner aus dem Team der Unionsregierung wurde zu diesem Treffen hinzugebeten. Uns wurde somit unmissverständlich klargemacht, dass von koordinierten ökonomischen Vorschlägen zum Unionsvertrag keine Rede mehr war, dass auf der Tagung des Obersten Sowjets der UdSSR zwei grundsätzlich verschiedene Programme vorgelegt werden sollten.

Um die Probleme des herannahenden Jahres 1991 kümmerte sich niemand. Unterdessen wurde der Ministerrat mit Telegrammen, Telefonanrufen der Führer der Unionsrepubliken und aus den Regionen sowie der Unternehmen bombardiert, die in ihrer Ratlosigkeit anfragten, wie sie arbeiten sollen. Nach welchen Gesetzen und Regeln sollte man leben, wenn der Kampf, ja der Krieg zwischen diesen Gesetzen und Regeln sich schon überall auf dem Territorium der Union entfaltete und alles verflochten war mit dem Kampf für die Souveränität der Republiken?

Vielen Unternehmern hatte Jelzin vorgeschlagen, aus der Unionsunterstellung auszuscheiden und sich unter die Jurisdiktion von Russland zu begeben, wofür er ihnen die Steuern senken würde. Die Wirtschaft des kommenden Jahres drohte zusammenzubrechen, noch bevor eines der Programme wirksam geworden war. Hinzu kam, dass das, was im Programm der »500 Tage« vorgeschlagen wurde, im Widerspruch zu den vom Obersten Sowjet der UdSSR angenommenen Gesetzen stand.

Zwei Tage nach der vorzeitigen Rückkehr des Präsidenten aus dem Urlaub forderte ich auf Vorschlag meiner Stellvertreter von Gorbatschow ein Treffen mit den Präsidiumsmitgliedern des Ministerrats der UdSSR in den nächsten Tagen. Dieses Treffen fand am 23. August statt. Es dauerte sechs Stunden. Ich trat zuerst auf, danach äußerten sich alle Mitglieder des Präsidiums. Das Konzept meines Vortrages habe ich aufgehoben, vielleicht gibt es die Schärfe der von uns angesprochenen Probleme und der allgemeinen Lage im Lande wieder:

»Unsere Bitte um dieses Treffen ist dadurch bedingt, dass zu einer Reihe brennender, unaufschiebbarer Probleme die Notwendigkeit eines offenen Gesprächs zwischen der Regierung und dem Präsidenten des Landes herangereift ist.

Das erste Problem hängt damit zusammen, dass sich die sozialpolitische Lage im Staat insgesamt und in den meisten Unionsrepubliken außerordentlich verschärft hat. Das Land steuert auf unvorhersehbare Prozesse im politischen und wirtschaftlichen Leben zu. Es wird in eine extrem komplizierte politische und ökonomische Krise hineingezogen.

Das zweite Problem, zu dem wir gern unsere Positionen abstimmen würden, ist: Wie werden wir wirtschaftlich im Jahr 1991 leben?

Drittens: das Schicksal der Union als Ganzes.

Ein Nichtlösen dieser Probleme wird heftige Folgen nach sich ziehen: Chaos in der Wirtschaft und eine schwere politische Krise.

Zu einer Zeit, in der die Regierung für alles verantwortlich gemacht wird, wird im gleichen Atemzug alles zu ihrer Entfernung aus der Leitung des Staates getan. Die Regierung ist heute aber die letzte reale Kraft, die dem Anwachsen der destruktiven, destabilisierenden

Faktoren entgegenwirkt. Ein Rücktritt der Regierung würde zum jetzigen Zeitpunkt die Balance der politischen Kräfte im Lande empfindlich stören.

Nicht minder ernst ist der drohende Verlust der Leitungsfähigkeit. Das wäre extrem gefährlich. Er drückt sich vor allem dadurch aus, dass die Beschlüsse der Regierung nicht ausgeführt und Präsidentenerlasse ignoriert werden, der Vorrang von Republikgesetzen gegenüber Unionsgesetzen erklärt wird, Deklarationen über die vollständige staatliche Souveränität der Republiken angenommen werden usw. Wenn bisher in dieser Frage ›nur‹ die baltischen Republiken vorweggingen, so hat das jetzt ernsthafte Formen angenommen – an die Spitze solcher Aktionen treten jetzt Russland und die Ukraine. Gleichzeitig wurde die Verantwortung für alles, bis zum Tabak, der zentralen Führung auferlegt.

Im Zuge der scheinbaren Spontaneität dieser Prozesse zeichnen sich immer deutlicher Formen der absichtlichen Zerstörung der vorhandenen staatlichen und politischen Strukturen ab. Faktisch wird die Existenz der Union als einheitlicher Staat infrage gestellt. Hierum entwickelt sich ein scharfer politischer Kampf. Die Frage lautet zugespitzt: Wird die UdSSR als einiger Staat weiter bestehen, wird sie in der Weltgemeinschaft juristische Person bleiben, oder wird es sie nicht mehr geben und Russland Rechtsnachfolger der UdSSR werden? [Das sagte ich ein Jahr vor der Vereinbarung im Belowescher Wald. – N. R.]

Es gibt Versuche radikaler Veränderungen nicht nur in den wirtschaftlichen Beziehungen zwischen den Republiken und der Union als Ganzes, sondern auch im Staatsaufbau selbst. Neu gestalten will man die grundlegenden politisch-ökonomischen Prinzipien, abgeschafft werden soll das existierende politische System.

Unter diesen Bedingungen verliert die Wirtschaft immer mehr an Lebenskraft. Es begann ein Prozess nicht nur der Abnahme der Produktionsvolumina, sondern auch der Zerstörung des einheitlichen volkswirtschaftlichen Komplexes. Dieser Prozess kann, wenn keine entsprechenden Maßnahmen getroffen werden, in einer Katastrophe enden. Die in vielen Republiken weit verbreitete Praxis der Einschränkung der Unternehmensrechte und der daraus folgende massenhafte Verbindungsabbruch zwischen den Unternehmen, der Verzicht auf den Abschluss von Lieferverträgen sowie das Ignorieren gültiger Gesetze, Besteuerungen und die Bildung verschiedener Budgets (örtlicher, Republiks- und Unionsbudgets) können schon in kürzester Zeit zur Paralysierung der Volkswirtschaft führen. Es hat sich ein geschlossener Kreis gebildet: Die politische Destabilisierung wirkt sich direkt auf die Wirtschaft aus, die ökonomische Destabilisierung wiederum auf die politische Lage.

Ungeachtet der immer stärker werdenden Kritik arbeitet die Regierung während der letzten Monate intensiv in zwei Richtungen. Die Arbeiten am Projekt des Übergangs zu einer regulierten Marktwirtschaft werden abgeschlossen und die Grundparameter der ökonomischen und sozialen Entwicklung des Landes im Jahr 1991 ausgearbeitet. Allerdings ist die Effektivität dieser Arbeit wegen der offenkundigen Nichtbeachtung von Regierungsbeschlüssen und verstärkter Zentrifugalkräfte sehr gering.

Kaum ein Betrieb hat bisher einen Entwicklungsplan für das nächste Jahr. In der Organisation ihrer material-technischen Versorgung, ihrer Ausstattung mit Valuta, in der Preisbildung, in der Besteuerung sind viele Fragen offen. Aus eben diesen Gründen ist in vielen Republiken die Bildung örtlicher Budgets gelähmt. Die vom Obersten Sowjet der UdSSR hierzu angenommenen Gesetze werden von vielen Republiken nicht anerkannt. Die Verfassung wird ignoriert.

Es ist ein Prozess im Gange, bei dem ohne interne Abstimmung alle möglichen Beschlüsse und Verordnungen durch die einzelnen Unionsrepubliken gefasst werden, was letztlich zur Zerstörung des ganzen Staatssystems führen wird. Das ist die reale Situation. Und unabhängig davon, welches Maß an Schuld dafür die Unionsregierung trifft – die Hauptsache ist heute, dass wir alle unsere Anstrengungen vereinen müssen, um ein Chaos in der Volkswirtschaft abzuwenden.

Die Analyse des Vorgehens der Unionsrepubliken bei Ausarbeitung allseits annehmbarer Lösungen zu den Fragen der Wirtschaftsentwicklung, die Konsultationen im Obersten Sowjet der UdSSR, die unmittelbare Arbeit mit Vertretern der Republiken am Programm des Marktüberganges, die erweiterten Sitzungen des Ministerrates der UdSSR unter Teilnahme der Führungen aller Republikregierungen zeigten, dass jedes Programm des Marktüberganges illusorisch und unreal ist, solange kein Unionsvertrag und keine genaue Definition davon existiert, unter welchen staatlichen Bedingungen wir in Zukunft leben werden. Unterdessen ist nicht mehr zu erwarten, dass kurzfristig ein Unionsvertrag abgeschlossen wird. Dieser Prozess ist außerordentlich kompliziert und kann sich lange hinziehen.

Aber wir können das Leben im Lande, die Arbeit am Plan für das Jahr 1991, die Realisierung der bereits beschlossenen großen Sozialprogramme nicht anhalten. Wir können die praktische Wirtschaftstätigkeit der Unternehmen nicht bremsen und die ersten Schritte des Wirtschaftens unter den neuen Bedingungen auch nicht wieder zurücknehmen. Das Präsidium des Ministerrates der UdSSR hat im Detail und allseitig die Situation analysiert und ist zu dem Schluss gekommen, dass der einzig realistische Ausweg aus der entstandenen Lage der Abschluss einer Wirtschaftsvereinbarung zwischen den Republiken und der Union als Ganzes noch vor Annahme des neuen Unionsvertrages ist. Auf dieser Grundlage müsste die Planausarbeitung für 1991 organisiert werden.

Die Wirtschaftsvereinbarung muss enthalten: gegenseitig abgestimmte Prinzipien der Planung in den Unternehmen, die Anwendung der Steuerregelungen, eine für alle Republiken annehmbare neue Preispolitik, das System der material-technischen Versorgung, die Bildung von Valutafonds bei den Unternehmen, Republiken und der Union, wie auch die Lösung anderer prinzipieller Fragen, ohne die im nächsten Jahr kein Wirtschaftszweig und keine Republik überleben kann. Das ist eine der Hauptangelegenheiten, die das Präsidium der Regierung auf diesem Treffen diskutieren möchte.«

Die Präsidiumsmitglieder behandelten in ihren Reden dieselben Fragen detaillierter und noch konkreter.

Das also war unsere Sicht auf die Lage im Land in jener hochkomplizierten Zeit, wir verstanden die über uns schwebende wachsende tödliche Gefahr. Ich denke, der Leser wird die ganze Dramatik dieser Situation spüren. Du siehst, dass man dein Land in den Tod treibt, schlägst praktikable Wege zu seiner Rettung vor und stößt dabei auf eine unüberwindbare Barriere: stumpfe Gleichgültigkeit dem Schicksal der Heimat gegenüber oder direkter Verrat an ihr.

Zur Auswertung unseres Treffens mit Gorbatschow versammelten sich am 30. August im Kreml, im Sitzungssaal des Obersten Sowjets der UdSSR, Vertreter der Republiken, Minister, Volksdeputierte und viele geladene Gäste. Völlig unerwartet hatte die Kanzlei des Präsidenten am späten Vorabend ein 18-seitiges

Material zur Vorbereitung verschickt. Es stammte von der Gruppe Schatalin und stellte eine Art Kurzfassung des Projektes »500 Tage« dar. Von Vorschlägen, nach welchen Regeln wir im nächsten Jahr leben würden, war keine Rede. Das Papier enthielt nur ganz allgemeine Überlegungen zum Übergang zur Marktwirtschaft, zu Rolle und Stellung der Unionsrepubliken.

Es war völlig klar, dass das ein Versuch war, die Konferenz von der Besprechung konkreter Aufgaben abzubringen, um die Unionsrepubliken, egal was mit dem Land in einigen Monaten passieren würde, auf seine Seite zu ziehen. Ich frage mich oft: Wusste der heute bereits nicht mehr lebende Stanislaw Sergejewitsch Schatalin von den Folgen seiner Schritte? Ich denke, er wurde von erfahreneren Politikern für deren Ziele nur benutzt. Trotz unserer guten Beziehungen muss ich offen sagen: Bei der Zerstörung unseres Staates spielte er, davon bin ich überzeugt, nicht die kleinste Rolle.

Die Sitzung dauerte über zwei Tage. Einer nach dem anderen betraten die Redner die Tribüne und sprachen, wie auf den Wink eines Taktstocks, nicht über die tatsächlichen Erfordernisse des Augenblicks, sondern stellten die 18 Seiten den Vorschlägen der Regierung entgegen. Einer der ersten Redner war Jelzin:

»Die Regierung von Ryschkow muss sofort zurücktreten!«

Seine Feindseligkeit gegenüber der Unionsregierung verbarg auch der erste Stellvertreter des Vorsitzenden des Ministerrates der Ukraine Witold Fokin nicht. Eine gehässigere und unverschämtere Rede im Namen dieser Republik habe ich bis heute nicht wieder gehört. Der Mensch zerriss sich förmlich. Für die Aussicht auf ein Linsengericht war er zu allem bereit. Für ihren bisherigen erfahrenen Premier Witali Andrejewitsch Massol hatte die Führung der Ukraine schon keine Verwendung mehr.

Sogar die offiziellen Gewerkschaften in Person ihres Vorsitzenden Wladimir Schtscherbakow blieben nicht außen vor: Auch er goss Schmutz über die Regierung. Interessant wäre zu wissen, was dieser Gewerkschaftsführer heute macht, wo die Preise mit Raketengeschwindigkeit hochschnellen und das Volk, also die Gewerkschaftsmitglieder, verelendet. Warum wohl schweigt er?

Am zweiten Tag wurden die Reden noch schärfer. Die Nacht war zur Formierung der regierungsfeindlichen Kräfte genutzt worden. Die Wirtschaftsvereinbarung stand hintenan, nur wenige Redner erwähnten sie noch. Gegen Ende der Konferenz riss es mich aber noch einmal auf die Tribüne. Diesmal hatte ich keine vorbereiteten Thesen. Es entwickelte sich eine heftige Redeschlacht. Sich an den Verstand dieser Leute zu wenden, kam einem Ruf in der Wüste gleich. Meine Nerven waren bis zum Äußersten gereizt. Ich stürmte auf die Tribüne und warf den Politikern, die das Volk in den Abgrund zogen, wütend meine Anschuldigungen entgegen. »Hätten wir nicht die Verantwortung vor dem Volk«, sagte ich zum Abschluss, »dann würden wir nicht einen Tag lang unter solchen Umständen arbeiten. Nur dies hält uns aufrecht.«

Wie benebelt ging ich von der Tribüne. Zusammen mit meinen Stellvertretern verließ ich die Sitzung. Alle waren niedergeschlagen, ich am meisten: Ich ärgerte mich, dass ich mich zum Schluss nicht zurückhalten konnte. Und trotzdem, uns fehlte es nicht an Kraft und Verstand für die gemeinsame Schlussfolgerung: Rücktritt kommt jetzt nicht infrage. Das war nicht allein unsere persönliche Niederlage. Man muss kämpfen.

Nach Ende der Parlamentsferien im September 1990 wurde auch die Arbeit des Obersten Sowjets der UdSSR wieder aufgenommen. Im Unionsparlament liefen

stürmische Debatten über den Übergang zur Marktwirtschaft ab. Die erforderlichen Materialien erhielten wir unter widrigen Umständen termingerecht zum
1. Dezember. Auch das Programm »500 Tage« stand
zur Diskussion. Auf einer der Sitzungen des Obersten
Sowjet der UdSSR sagte Gorbatschow in seiner Rede
zu den vorläufigen Diskussionsergebnissen, dass ihm
dieses Programm mehr imponierte. Das war das erste
Mal, dass er so etwas öffentlich erklärte.

Ehrlich gesagt, in diesem Moment kam mir erstmals
der Gedanke, dass ein Rücktritt unvermeidlich sei. Auf
der Pressekonferenz am selben Tage sagte ich:

»Wenn hier ein Beschluss gefasst wird, der nicht
mit der Position der Unionsregierung übereinstimmt,
dann wird die Regierung diesen nicht ausführen können. Ich kann meine Funktionen nur dann erfüllen,
wenn ich davon überzeugt bin. Wenn ich aber nicht daran glaube oder sehe, dass daraus ein großer Schaden
entsteht, dann werde ich bei dieser Sache nicht selbst
Hand anlegen.«

Aber vorläufig gab es dazu noch keinen Beschluss
des Obersten Sowjets und des Präsidenten. Nach einer Pause kam der Abgeordnete Burbulis – der, wie
sich der Leser erinnern wird, auf dem Ersten Kongress
Jelzin für den Posten des Vorsitzenden des Obersten
Sowjets der UdSSR vorschlug – aus dem Weißen Haus
herbeigeeilt und teilte mit leuchtenden Augen mit,
dass der Oberste Sowjet der RSFSR um 14 Uhr das
Programm der »500 Tage« angenommen habe. »Die
Russische Föderation ist gebildet«, rief er stolz und gab
zu verstehen: Der Oberste Sowjet kann diskutieren,
was er will – ganz egal, Russland verfährt auf eigene
Weise. Wieder wurde gelärmt und geschrieen, man
prügelte sich um einen Platz an den Saalmikrofonen.
Im Ergebnis wurde ein amorpher Beschluss angenommen, in dem man die Mitteilung des Ministerrates der

UdSSR »zur Kenntnis nahm«, das Durchsehen aller Materialien zu dieser Frage »für zweckmäßig erachtete« und ganz nebenbei anmerkte, dass das Präsidium des Obersten Sowjets diese Frage »unzureichend vorbereitet« habe – eine giftige Bemerkung an die Adresse von Anatoli Lukjanow.

Ja, in diesen Tagen liefen im Kreml ununterbrochen Diskussionen, Streits und auch Handgemenge. Wieder und wieder mussten wir die Position der Regierung darlegen, auch auf Pressekonferenzen. Hier ein Auszug meiner Äußerungen aus dem Stenogramm eines solchen Treffens mit Journalisten:

»Das Land ist in vielem nicht auf den forcierten Übergang zum Markt vorbereitet, unvorbereitet ist auch das gesellschaftliche Bewusstsein. Daher sind wir für die ausgewogene Variante. Die Härte, mit der die Regierung ihre Position verteidigt, lässt sich erklären. Zur Vorbereitung der neuen Vorschläge wurden seriöse wissenschaftliche Kräfte hinzugezogen, wurden die Vorschläge des Parlaments berücksichtigt wie auch die alternativen Reformprojekte. Danach erfolgte eine Modellierung der bevorstehenden Neuerungen, eine mathematische Analyse aller Pros und Kontras. Die Berechnung wurde durchgeführt für zwei Varianten des Marktübergangs: für die radikale, die einige bekannte sowjetische Ökonomen verfechten, und für die gemäßigte, die von der Regierung vertreten wird.

Das Modell der ersten Variante (fast sofortige Freigabe der Preise, praktisch vollständige Beseitigung der Staatsaufträge usw.) zeigt für die ersten Jahre einen jähen Abfall des Produktionsumfangs, der Beschäftigung, des Lebensstandards.

Die Analyse der zweiten Variante zeigt ebenfalls einen Abfall, aber flacher, d. h. langsamer. Eine Absenkung des Lebensniveaus der Bevölkerung wird erfolgen, aber weit weniger stark als nach dem ersten Modell.«

Der stürmische Herbst 1990 begann: Erschöpfende Debatten im Obersten Sowjet der UdSSR, Meetings mit der Forderung nach dem Rücktritt der »Regierung der Armut«, der Beschluss des russischen Parlaments über die Entlassung des Ministerrates der UdSSR (eine Gegenstimme und 16 Enthaltungen), ein Schwall von Kritik in den Medien.

Mit dem Generalangriff auf die Regierung des Landes wurden die Beziehungen der Republiken zum Zentrum immer komplizierter. Die Konfrontationen, in erster Linie Russlands gegenüber der Zentralmacht, nahmen ständig an Schärfe zu. Dabei wurde die Zentralmacht schnell amorph und instabil.

Die wachsende politische Zerstrittenheit wirkte sich schädlich auf die Wirtschaft aus, und deren Verfall verstärkte seinerseits die destruktiven Prozesse im Lande. Wir befanden uns in einem fehlgeleiteten Kreislauf, man könnte sagen: in einen Circulus vitiosus. Aber alle unsere Versuche, diesen zu unterbrechen, trafen auf vehementen Widerstand.

Bis zu meinem Rücktritt von der politischen Bühne blieb noch etwas mehr als ein Monat …

Warum habe ich das bis zu meinem Infarkt hingezogen? Warum bin ich nicht zurückgetreten, als ich darüber mit Gorbatschow sprach oder gleich danach – auf der Pressekonferenz im Anschluss an die für mich so schwere Sitzung? Warum habe ich ertragen, dass alle, mit denen zusammen ich den langen Weg begonnen hatte, einschließlich Gorbatschow, mit aller Wucht auf mich und die Regierung einschlugen? Fehlte es mir vielleicht an Selbstachtung? Oder war mir der Sessel des Premiers so wichtig?

Meine Antwort ist: nein, nicht deswegen. Ich war beherrscht von Pflichtgefühl. Die endgültige Entscheidung zurückzutreten traf ich nach der Novembertagung des Obersten Sowjets. Und ich gab sie Gorbatschow Anfang Dezember bekannt, also noch vor dem Vierten Kongress. Der Infarkt hat das alles nur um ein, zwei Wochen beschleunigt.

Kürzlich stieß ich auf ein Interview, das ich einmal, ich weiß schon nicht mehr wem, gegeben habe, wahrscheinlich einer ausländischen Zeitung. Da gab es folgende Frage: »In letzter Zeit wird Ihre Regierung ständig der Kritik unterzogen, bis hin zur Forderung nach Rücktritt. Sie scheinen nicht zu denen zu gehören, die sich an ihrem Sessel festklammern und alles dem Karrierestreben unterordnen. Was veranlasst Sie dann, Ihre Linie so beharrlich durchzuhalten?«

Meine Antwort:

»Die Sache ist doch einfach die, dass jemandem die politische Linie der Regierung nicht gefällt, unsere feste Position für die Erhaltung unseres Staates, bei der Bekämpfung von Chaos in der Volkswirtschaft, bei der Sicherung sozialer Garantien für diejenigen, die von Gehalt, Renten oder Stipendien abhängen, und die die Schläge der Marktspontaneität nicht aushalten würden, wenn alle oder fast alle Regularien abgeschafft würden. Darauf spekulierend behauptet dieser jemand, dass sich die Regierung nicht vom konservativen Denken befreien könne. Das ist unwahr! Die Regierung ist für alles offen, was hilft, aus der Krise herauszukommen. Aber sie ist dem Volk verantwortlich und hat daher nicht das Recht, jenen zu folgen, die vorschlagen, alle und alles bis zu den Grundmauern niederzureißen, komme, was da wolle. Die Regierung hat jetzt keine wichtigere Aufgabe, als den Übergang zum Markt mit geringsten Belastungen für das Volk zu sichern. Wer die Regierung beschuldigt, das vergessen zu haben, ist entweder inkompetent oder, gelinde gesagt, unanständig. Aber sollte das Volk, sollten seine Vertreter im Obersten Sowjet zu der Auffassung kommen, dass die Regierung zum Schaden des gesellschaftlichen Interesses wirkt, dann sollen sie die Frage über unser Schicksal bitte selbst beantworten.«

Alles, was ich damals gesagt habe, bin ich heute zu wiederholen bereit. Meine Generation war so erzogen: eine Sache zu Ende bringen, nicht nachlassen, an Schwierigkeiten nicht zugrunde gehen, alle Möglichkeiten ausschöpfen – erst danach ist Aufgeben zulässig. Übrigens: an den Tagen, an denen ich zu den Journalisten über meinen möglichen Rücktritt sprach, trafen im Ministerrat eine Menge Telegramme mit der Aufforderung nicht aufzugeben ein! Und das forderten nicht nur meine Altersgenossen, sondern, was mich besonders freute und mir Hoffnung auf eine bessere Zukunft des Landes einflößte, auch ganz junge Leute: Warten Sie ab, werfen Sie das Begonnene nicht hin!

Dennoch mussten wir gehen, gezwungenermaßen.

In der ersten Dezemberwoche fand auf meine Bitte das Vier-Augen-Treffen mit Gorbatschow statt, bei dem ich ihm sagte, dass ich mich endgültig zum Rücktritt vom Posten des Regierungsoberhauptes des Landes entschlossen hatte. Er nahm es ziemlich ruhig, ja sogar erleichtert auf. Wir waren beide gut auf dieses nicht leichte Gespräch vorbereitet. Er bat mich um meine Meinung zum künftigen Nachfolger, und ich teilte sie ihm mit.

Zum Abschluss unseres Treffens sagte ich zu Gorbatschow:

»Denken Sie an meine Worte. Jetzt zwingt man Sie, die Regierung der UdSSR zu beseitigen. Das ist nur das erste Opfer von vielen noch bevorstehenden. Danach kommt der Oberste Sowjet der UdSSR an die Reihe, und danach – auch Sie selbst. Denken Sie an das Schicksal des Landes, solange dazu noch Zeit ist.«

Wie immer wollte er nicht hören, was ihm nicht gefiel. Eine spezifische Art von Taubheit.

Wenn ich heute zurückschaue und das Vorgefallene analysiere, komme ich zu dem eindeutigen Schluss: Wir hatten recht. Man erklärte uns zu Konservativen, aber wir waren einfach vernünftig denkende Menschen, die für die Sache, für das Volk und für das Land leidenschaftlich Partei ergriffen.

Meine Regierung verließ diese Schlacht mit Würde, ungebrochen und mit dem Glauben an ihre Ideale. Die Zeit hat unsere Wahrheit bestätigt.

Am 12. Juni 1991 (Tag der Verkündung der Souveränität Russlands 1990) wurde die Wahl des Präsidenten der RSFSR angekündigt. Schon im April wurde ich mit Anrufen aus den Gebieten, Republiken, Arbeitskollektiven und von vielen gesellschaftlichen und politischen Funktionären überschüttet mit der Bitte um mein Einverständnis zu einer Kandidatur für das Amt des Präsidenten Russlands. Zahlreiche Treffen mit deren Beauftragten endeten ebenso. Ich hatte das moralische Recht, mich mit dem Hinweis auf meine vor nicht allzu langer Zeit überstandene Krankheit zu weigern. Aber dann hätte ich mir bis ans Ende meiner Tage Vorwürfe gemacht, nicht einmal versucht zu haben, den Kampf wieder aufzunehmen.

Die stürmischen Ereignisse jener für das Land furchtbaren Jahre durchdenkend spürte ich, dass der Kulminationspunkt für alle Zweige der Macht in Russland und in der UdSSR erreicht war. Und wenn bei den Wahlen Jelzin gewänne, wäre das Schicksal des Landes besiegelt. Gewänne dagegen ein anderer, zum Beispiel Ryschkow, wäre die Katastrophe noch abwendbar. Mit Hilfe ausgewogener Reformen, entspannter Beziehungen zwischen dem Zentrum und den Republiken ließe sich die Zerstörung des Staates aufhalten und die Lage stabilisieren. Gleichzeitig verstand ich aber auch, dass ein Sieg angesichts der vollständigen Ablehnung Gorbatschows und seiner Politik durch das Volk einerseits und der durch Jelzins Gegnerschaft hervorgerufenen völligen Zerstrittenheit im Lande andererseits schwer sein würde. Viele befanden sich noch in himmlischer Erwartung des 501. Tages, und sie sahen in Jelzin den Retter des Vaterlandes. Meine einzige Hoffnung war, dass meine warnende Stimme gehört würde.

Ich will mich nicht bei all den Wendungen in der Wahlkampagne aufhalten. Da gab es alles: Verleumdung, Tratsch und schmutzige Wäsche. Alles wurde in Szene gesetzt. Und auch mein Name wurde mit Gorbatschow in Verbindung gebracht. Meine Versuche, den Menschen zu erklären, dass das von der Wirklichkeit weit entfernt war, dass unsere Wege sich schon lange getrennt hatten, dass er die Ideale der Perestroika verraten hatte und auch die Leute, mit denen er einmal begonnen hatte, kamen nicht bei allen an. Sie stimmten nicht nur für Jelzin, sondern auch gegen Gorbatschow. Und meine Gegner gaben sich alle Mühe, mich mit Letzterem in Verbindung zu bringen.

Um eine Vorstellung von dieser Zeit und der eingetretenen Situation zu geben, bringe ich Auszüge aus einem Interview mit einem Journalisten der Zeitung *Sowjetskaja Rossija* zwei Wochen vor der Abstimmung. Auf den Seiten dieser kompetenten Zeitung beantwortete ich die kritischsten Fragen, die mir bei meinen Reisen durch das Land gestellt wurden. Der Titel des Interviews »Ich schlage einen anderen Weg vor« spricht für sich selbst.

»Frage: Wie konnten Sie es wagen, sich für den Posten des Präsidenten aufstellen zu lassen? Es ist doch allen klar, dass das Volk Jelzin wählen wird. – Hat Sie Gorbatschow oder das ZK dazu verpflichtet?

Ryschkow: Die Zustimmung zur Kandidatur gab ich aus eigener Entscheidung. Weder das ZK noch Gorbatschow haben mich dazu verpflichtet. In den fünf Jahren als Vorsitzender des Ministerrates des Landes habe ich erfahren, was Macht ist, erlebte ihre Verlockungen, lernte aber auch, was das für eine schwere, oft undankbare Arbeit ist.

Die Lage im Land und in Russland verschlimmert sich jedoch, sie ist kritisch. Und ich bin nicht überzeugt, dass das aktuelle Programm von Jelzin die Lage der Dinge zum Besseren wendet. Im Gegenteil! Daher konnte ich nicht abseits bleiben und teilnahmslos die Entwicklung beobachten. Das also treibt mich an.

Jetzt zu den Programmen des Übergangs zum Markt. Im Sommer vorigen Jahres (1990) gab es, Sie werden sich erinnern, zwei Programme – das Regierungsprogramm und das Programm der ›500 Tage‹. Letzteres nannte man auch das Programm der ›Schocktherapie‹, meine Haltung dazu ist eindeutig. Ich bin davon überzeugt, dass eine Umstellung der Wirtschaft auf neue Gleise unvermeidlich ist, übrigens war ich einer der Ersten, die sagten, dass wir mit dem starren Planungs- und Verteilungssystem unsere Möglichkeiten ausgeschöpft haben, dass wir auf die bisherige Art nicht weiterkommen und es nötig ist, auf elastischere Formen der Wirtschaft überzugehen. Aber unsere Formel war: regulierter Markt, stetiger, allmählicher Übergang zu ihm. Wenn etwas Altes zusammenbricht und gleichzeitig als Ersatz etwas Neues geschaffen wird, muss alles berechnet, müssen Prognosen entwickelt und nicht alles unüberlegt in kurzer Zeit hinweggefegt werden.

Ich bin kategorisch gegen derartige Maßnahmen, gegen eine ›Schocktherapie‹. Ich war und bin der Meinung, dass der Versuch, während einiger Monate auf die neuen Wirtschaftsbeziehungen überzugehen, ein folgenreicher Fehler ist. Um zum freien Markt übergehen zu können, müssen erst die entsprechenden Strukturen geschaffen werden. Aber zu sagen: Schluss, ab Neujahr gibt es keinen Staatsauftrag mehr, wie jetzt vorgeschlagen wird, verlasst euch nur auf euch selbst – das ist unseriös. Heute haben wir es schwer, aber wenn es ab dem neuen Jahr gar keine Regulierung mehr geben wird, dann werden viele Betriebe überhaupt nicht mehr arbeiten können. Besonders die Betriebe des Maschinenbaus, die ungeheuer viele Kooperationsbindungen untereinander haben.

Ein weiterer Punkt: Ich bin für vielfältige Formen des Eigentums. Wir müssen die Formen finden, bei denen der Mensch wirklich Eigentümer seiner Produktionsmittel ist. Und was die Kleinunternehmen angeht – wie Werkstätten, Cafés, kleine Läden usw. –, so wird es bei uns auch Privateigentum geben. Aber ich plädiere dafür, dass dabei die Priorität den Menschen gehören muss, die in diesen Kleinunternehmen arbeiten, damit in erster Linie sie diese Betriebe erwerben können. Mögen sie ihr Schicksal gestalten, aber nicht auf Handelsplätzen und Auktionen, wo immer nur diejenigen Sieger sind, die über das große Geld verfügen.

Was die großen Unternehmen angeht, so wird es hier Aktionärs- und Kollektiveigentum geben, bei dem zum Beispiel jedes arbeitende Kollektivmitglied Mitbesitzer der Produktionsmittel ist und seinen Anteil am Gewinn hat, die sogenannten Volksunternehmen. Man muss auch diesen Weg beschreiten. In der Landwirtschaft bin ich kategorisch gegen das Privateigentum an produktionswichtigem Boden, seinen An- und Verkauf. (Zur Erklärung: darunter verstehe ich natürlich nicht die Hof-, Garten- und Datschengrundstücke.)

Jeder Mensch muss das Recht haben, in der Landwirtschaft zu arbeiten und auszuwählen, was ihm gefällt: Willst du Bauer sein – bitte, bleibe im Kolchos! Ich bin dafür, dass gepachtetes Land vererbt werden kann. Aber verkauft?

Wie denken Sie über die Privatisierung unrentabler Betriebe? Sie sind ein Konservativer, sind gegen die Wohnungsreform, das heißt, Sie bringen uns zurück in die Zeiten der Stagnation.

Ich bin ganz und gar nicht einverstanden mit denen, die dazu aufrufen, sich noch vor Neujahr mit den Verlustunternehmen zu ›befassen‹ und diese gewaltsam zu privatisieren, das heißt sie unter den Hammer kommen zu lassen. Eine solche Hast ist gefährlich.

Nehmen wir die Kohleindustrie – sie erhält vom Staat 23 Milliarden Rubel Subvention. Was würde passieren, wenn die Bergwerke von unseren eigenen oder von ausländischen Geschäftsleuten gekauft werden? Wer hat sich über die Millionen Arbeitslosen Gedanken gemacht? Daher sage ich: Die unrentablen Unternehmen sind wirklich unser Unglück, ein Bleigewicht an den Füßen unserer Wirtschaft, aber die Losung ihrer zwangsweisen Privatisierung auszugeben wäre voreilig. Von unseren Kolchosen arbeiten heute 25 Prozent mit Verlust, sollen wir deswegen die Kollektivierung zurücknehmen? Wäre es nicht besser, jeden einzelnen Fall zu untersuchen, dem Betrieb zu helfen, auf die Beine zu kommen, auch durch die Einführung neuer Eigentumsformen?

Zur Privatisierung der Wohnungen. Vor einem Jahr wurde diese Frage im Präsidialrat behandelt. Es gab den Vorschlag: Lasst uns einen Wohnungsmarkt schaffen, damit jeder Mensch eine Wohnung frei verkaufen und kaufen kann. In der Absicht, die Entstehung dieses Marktes zu beschleunigen, wurde vorgeschlagen, die Mieten stark zu erhöhen, besonders für ›überschüssige‹ Wohnflächen. Das klingt an sich vernünftig. Aber damals trat ich kategorisch dagegen auf. Man kann nicht ohne tiefgehende Untersuchungen an dieses Problem herangehen, ohne dabei ernste Fehler zu machen. Wir haben zum Beispiel heute in der UdSSR 60

Millionen Rentner, von denen nach uns zur Verfügung stehenden Daten 30 Millionen ›überschüssigen‹ Wohnraum haben – der eine fünf, der andere zehn Quadratmeter, manche auch mehr. Das ergab sich so; die Kinder gingen aus dem Haus, der Mann oder die Frau starb. Wie kann man diese Alten aus ihren Nestern reißen? Ein Heim sind doch nicht bloß die vier Wände. Wir haben hier eher ein moralisches, sittliches Problem. Aber auch ein materielles: Bedenken Sie, dass keine Pension reichen würde, wenn für ›überschüssigen‹ Wohnraum nach der vorgeschlagenen ›Kurve‹ bezahlt werden müsste.

Und können sich denn junge und minderbemittelte Familien eine Wohnung kaufen? Ist etwa nicht klar, wohin die Wohnungen dann gehen werden?

Sehen Sie, was für ein Konservativer ich in dieser Frage bin und auch bleiben werde!

Ryschkow – der Urheber von Preiserhöhungen. – Als er zurücktrat, gab er Valentin Pawlow den Rat, die Preise zu erhöhen.

Ja, wir haben ständig davon gesprochen, dass wir bei den Fragen der Preisbildung im Rückstand sind. Eine Regulierung der Preise war notwendig geworden, aber man hätte das schon im Jahr 1988 tun müssen, wo alles mit weniger Verlusten abgelaufen wäre als jetzt.

Nach unseren Berechnungen hätte die Gesamtsumme der im Jahr 1990 notwendigen Preiserhöhungen 160 Milliarden Rubel betragen, wobei für eine Reihe von Positionen vollständige Kompensierung vorgesehen war, das Kindersortiment z. B. wurde praktisch nicht angerührt. Ich bezog jedoch hinreichend Prügel für die ›unpopulären Maßnahmen‹, obwohl damit, dass die Preise neu reguliert werden müssen, fast alle Leitungskader und führenden Ökonomen des Landes einverstanden waren. (Vorausgreifend möchte ich daran erinnern, dass Jelzin und Gaidar ab dem

2.Januar 1992 die Preise praktisch um das Doppelte im Vergleich zu dem, was wir vorgeschlagen hatten, erhöhten, bei vielen Waren sogar um das Dreifache. Bald wuchsen diese Preise jedoch auf das Hundert-, wenn nicht auf das Tausendfache und stießen Millionen Menschen in finstere Armut. Vergessen waren alle lautstarken Erklärungen und selbstverständlich auch die Schienen, auf die sich Jelzin im Falle einer Preiserhöhung zu legen versprochen hatte. Das Ganze war ein schmerzhafter Schlag für das Volk.)

Ihre Beziehungen zu Gorbatschow? Hatten Sie Meinungsverschiedenheiten mit ihm? Wenn man Sie zum Präsidenten Russlands wählt, werden Sie dann mit ihm übereinstimmen? Warum sind Sie zurückgetreten?

Aktuell habe ich keinerlei Beziehungen zu Michail Gorbatschow. Ich nehme an keinen Tagungen teil und bin auch kein Berater.

Früher, etwa bis 1987, hatten wir keine besonderen Meinungsverschiedenheiten. Sie werden sich erinnern, dass die Perestroika damals an Tempo gewann, und die Wirtschaft des Landes war im Aufschwung. Aber ich nahm eine ebenso unabhängige und selbständige Position ein wie heute: Ich hielt es für möglich, mich auch dann prinzipiell zu äußern, wenn ich mit meiner Meinung im Politbüro in der Minderheit blieb. Erinnern wir uns an diese Antialkohol-Kampagne. Ich trat gegen die Methoden auf, mit denen man versuchte, sie zu realisieren.

In letzter Zeit, besonders in den Jahren 1988 bis 1990, hatte ich mit Gorbatschow viele Meinungsverschiedenheiten. Darüber sprach ich immer offen mit ihm – sowohl im Politbüro als auch im Präsidialrat. Zum Beispiel über die Privatisierung der Wohnungen.

Das Programm des Übergangs zum Markt ist ein besonderer Punkt. Das Regierungsprogramm wurde im Präsidialrat zweimal erörtert. Ich stellte es dort vor, es wurde kritisiert, ergänzt, und schließlich sagte man: Gut, Genosse Ryschkow, gehen sie damit in den Obersten Sowjet der UdSSR. Ich war auf scharfe Kritik gefasst, besonders wegen des Preisproblems. Aber wie hätte ich zu dieser Zeit sonst auftreten sollen, wo es doch seit 1988 in jedem Dokument hieß: Sollten wir an eine Reform der Einzelhandelspreise herangehen, dann werden wir uns unbedingt mit dem Volk beraten. Daher betrat ich die Tribüne, sagte ehrlich, wie wir das sehen, und nahm das ganze Feuer auf mich.

Ich war immer aufrichtig in meinen Funktionen. Das Einzige, was ich mir zum Vorwurf mache, ist, dass ich das, worüber ich im Dezember vorigen Jahres (1990) auf dem Vierten Kongress der Volksdeputierten der UdSSR gesprochen habe, ein Jahr eher hätte sagen müssen: dass die Perestroika in der Form, wie wir sie uns 1985 vorgestellt haben, nie stattgefunden hat.

Was meinen Rücktritt betrifft: Der Hauptgrund war, wie ich einige Wochen vorher Gorbatschow mitteilte, dass ich mit der durchzuführenden ökonomischen und politischen Reform nicht einverstanden war.

Aber wie es auch gewesen sein mag, ich bleibe bei meinen Positionen. Ich bin der Meinung, dass die Wende, die heute eingeleitet wird, das Land in eine Schocktherapie führen wird, Und das wird sich auf das Leben des Volkes akut auswirken.

Wir kennen es am Beispiel Polen. Ja, dort sind heute die Regale gefüllt, aber der einfache Mensch hat nicht das Geld, die Waren zu kaufen. Den Markt auf diese Weise zu sättigen, durch Senkung des Verbrauchs, ist keine Kunst, man könnte das in einer Nacht durchziehen: die Preise heftig anheben – prompt herrscht in den Geschäften Überfluss. Ich möchte es aber anders: Es muss ein Gleichgewicht gefunden werden, bei dem es ausreichend Waren gibt, die Menschen sie aber auch kaufen können.

Erst hat er die Wirtschaft des Landes ruiniert, und jetzt will er russischer Präsident werden?

Erinnern wir uns doch, was im Lande über fünf Jahre vor sich ging. Ich denke, dass wir uns in den ersten drei Jahren normal entwickelt haben. Danach setzte ein vollständiges Durcheinander ein: alles gleichzeitig – der Krieg der Gesetze, die Streikbewegungen, die Nichteinhaltung von Vertragsbeziehungen.

Ja, das Land als Ganzes entwickelte sich nicht so, wie es gewollt war, auch von mir. Aber alles erklärt sich bekanntlich im Vergleich. Warten wir ab – und sehen wir, was wird, wenn Jelzin siegt.

Wie stehen Sie zu Boris Nikolajewitsch Jelzin?

Ich kenne ihn seit langem, wir arbeiteten zusammen in Swerdlowsk. Er im Gebietskomitee der Partei, ich im Werk.

Ich bin mit seinem Programm zur sozioökonomischen Entwicklung Russlands nicht einverstanden, worüber ich schon sprach. Auch sein Benehmen, seine Vorgehensweise verstehe ich nicht. Er machte in der KPdSU Karriere, brachte es bis zum Kandidaten im Politbüro, zum Leiter der hauptstädtischen Parteiorganisation, aber dann zertrat er alles, was ihn vorwärts gebracht und was er durch Parteidisziplin in zwei Jahrzehnten erreicht hatte. Was ist das für eine Position? Und sein ›Krieg‹ gegen das Zentrum? Ständig scheint ihn jemand zu stören.

Zum Schluss möchte ich noch sagen: Wenn man mich zum Präsidenten Russlands wählt, werde ich für Russland kämpfen, seine Interessen verteidigen. Dabei wird meine Leitlinie sein, die Sowjetunion zu bewahren.«

Das sagte ich am 30. Mai 1991. Jahre sind vergangen, und der Leser kann meine damalige Ansicht zur Perspektive im Falle von Jelzins Sieg beurteilen. Einiges habe ich vielleicht unterschätzt, aber im Großen und Ganzen hat das Leben meine Befürchtungen für das Schicksal des Volkes und des Staates bestätigt. Von den sechs Kandidaten erreichte ich im Rennen um das Präsidentenamt den zweiten Platz*. Die dabei an den Tag gelegte extreme Eile war Teil des strategischen Konzeptes der Mannschaft des künftigen Präsidenten: dem Volk keine Zeit für langes Überlegen lassen. Hierin waren sie erfolgreich.

4. August 1991

Der August 1991 brach an – der Monat, der zum Kulminationspunkt der Zerstörung der UdSSR wurde. Analysiert man die damaligen Ereignisse, muss man zu dem Schluss kommen, dass die »Putschisten« kein klares programmatisches Ziel hatten. In die Aktionen des Staatlichen Komitees für den Ausnahmezustand (GKTschP) waren organisierte politische Kräfte nicht einbezogen. Das Politbüro wurde überhaupt nicht tätig, es nahm keinerlei Dokumente an, der »Putsch« traf die Partei überraschend.

Am 20. August befanden sich in Moskau etwa zwei Drittel der ZK-Mitglieder, aber das Sekretariat lehnte die Durchführung eines ZK-Plenums ab. Die nach dem August gegen regionale Parteiführer und einige ZK-Sekretäre eingeleiteten Vorgänge wurden wegen vollständiger Nichtbeteiligung dieser Organisationen an den Ereignissen in Moskau eingestellt. Der Großteil des Volk blieb unbeteiligt, was für die allgemeine Meinung spricht, dass es sich um einen politischen Konflikt zwischen kleinen Gruppierungen handelte.

---

* Ergebnisse der Präsidentschaftswahl in Russland am 12. Juni 1991: Boris Jelzin – 57,30 %, Nikolai Ryschkow – 16,85 %, Wladimir Schirinowski – 7,81 %, Aman Tulejew – 6,81 %, Albert Makaschow – 3,74 %, Wadim Bakatin – 3,42 %.

Und sofort holte die siegreiche Seite zum tödlichen Schlag aus – gegen die KPdSU. Der engste Mitkämpfer Jelzins, Gennadi Burbulis, schrieb an Gorbatschow folgende Notiz:

»Im ZK der KPdSU geht die forcierte Vernichtung von Dokumenten vor sich. Erforderlich ist eine dringende Anordnung des Generalsekretärs, zeitweilig die Arbeit im ZK-Gebäude einzustellen. Juri Luschkow hat die Elektroenergie abgeschaltet. Kräfte für die Ausführung der Anordnung des Präsidenten der UdSSR und Generalsekretärs hat Luschkow. Burbulis.«

Und darüber steht als Resolution vom 23. August: »Einverstanden. M. Gorbatschow«.

Der zur Tagung des Obersten Sowjets geladene Gorbatschow wurde Opfer einer unwahrscheinlichen Erniedrigung durch Jelzin, seinen ehemaligen Partei-Mitkämpfer. Dieser wandte sich an ihn wie an einen zu belehrenden Schüler. Mitten im Sitzungsablauf, unter höhnischen Rufen der plötzlich zu Antikommunisten gewordenen Abgeordneten, unterschrieb Jelzin den Erlass zur Auflösung der KPdSU.

Diese ganze Aufführung wurde im Fernsehen gezeigt und vom Radio übertragen. Von jener Minute an gab es keinen Gorbatschow mehr, geblieben war nur seine leere Hülle. Er hatte dieses für unser Land tödliche Spiel verloren. Die sechs Jahre zuvor unter Fanfaren verkündete Perestroika war zerplatzt wie eine Seifenblase.

Am selben Tag fasste das Sekretariat des ZK den Beschluss, dass »das ZK der KPdSU die schwere, aber ehrliche Entscheidung über die Selbstauflösung treffen soll, über das Schicksal der kommunistischen Parteien in den Republiken und der örtlichen Parteiorganisationen bestimmen diese selbst«.

Am nächsten Tag stimmte Gorbatschow dem Verbot der Partei zu und rief, nachdem er seine Vollmachten als Generalsekretär abgegeben hatte, das ZK zur Selbstauflösung auf. So bestattete er die Partei, in der er seit jungen Jahren Mitglied war, die ihn durch das Leben führte und durch die er auf den höchsten Staatsposten kam. Und die Zerschlagung der Partei ebnete den Weg zur ungehinderten Vernichtung unseres Staates.

Kongresspalast des Kreml, 2. September 1991. Um 10 Uhr begann der Fünfte außerordentliche Kongress der Volksdeputierten der UdSSR. Die erste Sitzung dauerte nur zehn Minuten. Bevollmächtigt durch den Präsidenten der UdSSR und die Oberhäupter von zehn Republiken verlas Nursultan Nasarbajew (Regierungschef der Kasachischen SSR) eine spezielle »Erklärung«. Sie enthielt den Vorschlag an alle Republiken, sich, sofern sie es wünschten, darauf vorzubereiten, einen Vertrag über die Union Souveräner Staaten zu unterschreiben und unverzüglich eine ökonomische Union für das reguläre Funktionieren der Volkswirtschaft abzuschließen.

Anstatt des Kongresses der Volksdeputierten und des Obersten Sowjets der UdSSR sollten ein Rat von Vertretern der Volksdeputierten nach dem Prinzip gleicher Vertretung der Republiken gebildet und Staatsräte um den Präsidenten der UdSSR und die höchsten Amtspersonen in den Republiken eingerichtet werden. Zur Koordinierung der Leitung der Volkswirtschaft und Abstimmung ökonomischer Reformen war ein interrepublikanisches Wirtschaftskomitee vorgesehen.

Bereits in diesen Stunden wurde den Deputierten klar, dass die Sowjetunion faktisch ihre Existenz beendet hatte. Alle hatten verstanden, dass dies eine praktisch nicht mehr lebensfähige Konstruktion war, die aus Verlegenheit vorgeschlagen wurde, um wenigstens den Anschein des einheitlichen Staates zu wahren.

Bei mir wie auch bei vielen anderen Abgeordneten bildete sich die feste Meinung, dass dies kein »Kongress der Sieger« war, wie es die auf Sensationen erpichten Medien darstellten. Es war ein »Kongress der Besiegten«, die verstanden hatten, dass das Land beschleunigt den Abhang herunterrutschte und die Deputierten dies durch ihre Tätigkeit in vieler Hinsicht noch unterstützten. Ein großer Teil von ihnen befand sich in einem niedergeschlagenen, ja deprimierten Zustand. Es war, als wären wir auf einem Massenbegräbnis.

Auf diesem ungewöhnlichen Kongress gab es aber auch nützliche Überlegungen. Zum Beispiel machte der Vorsitzende des Obersten Sowjets der Ukrainischen SSR Leonid Krawtschuk (einer der drei Akteure im Belowescher Wald), der die Idee einer Wirtschaftsunion im Wesentlichen unterstützte, den Vorschlag, zur Vermeidung von Wirtschaftschaos unverzüglich ein interrepublikanisches, interstaatliches Organ zu schaffen, einen Rat oder ein Komitee, und dieses mit den nötigen Rechten und Vollmachten auszustatten, um die Lebensfähigkeit aller Zweige der Volkswirtschaft und damit die Versorgung der Menschen zu garantieren. Freilich »vergaß« er zu erwähnen, dass ich genau ein Jahr zuvor von der Tribüne des Obersten Sowjets der UdSSR die Republiken aufgerufen hatte, eine solche Wirtschaftsvereinbarung für das Jahr 1991 zu unterschreiben. Dieser Vorschlag wurde damals, wie sich der Leser erinnern wird, scharf abgelehnt. Aber schon nach kurzer Zeit fühlten Krawtschuk und auch andere Republikoberhäupter die destruktiven Folgen des ökonomischen Chaos, das sie selbst an der Schwelle des Jahres 1991 angerichtet hatten.

Es gab auch andere nüchterne Stimmen, zum Beispiel die von Alexander Orlow. Als Deputierter aus einem Industriegebiet im Südural unterstützte er die

Schaffung eines interrepublikanischen Organs zur Regulierung der Wirtschaftsbeziehungen zwischen den Republiken. Er erklärte:

»Wenn das nicht kommt, wenn der Kongress diesen Beschluss nicht fasst, dann wird irgendeine Republik diese Regulierung übernehmen. Oder die Republiken werden ihre Probleme mit Gewalt lösen, und was das bedeutet, dürfte jedem klar sein. Einzeln können die Republiken ihre wirtschaftliche Unabhängigkeit in den nächsten zehn bis fünfzehn Jahren nicht erreichen.«

Insgesamt war die Atmosphäre des Kongresses durch Besorgnis um das Schicksal der Gesellschaft, durch die wachsende Drohung einer nationalen Katastrophe und das Fehlen realistischer Vorschläge zur Bewahrung unseres gemeinsamen Staates dominiert. In Erinnerung geblieben sind mir zum Beispiel die Worte von A. Schurawljow aus Weißrussland: »Nach den Plänen, die uns mit dem Projekt des Unionsvertrages vorgelegt wurden, ist die Schaffung einer Union als Land nicht möglich. Das wird kein Land, das wird auch kein Staat sein. [...] Ein solches Land, wie es im Projekt des Unionsvertrages vorgesehen ist, gibt es nicht und kann es nicht geben.«

Der Abgeordnete Anatoli Saunin aus dem Donezgebiet warnte: »Die Bürger beunruhigt (wie sie mir schreiben) der Zerfall, die bevorstehende Teilung der Union, die Errichtung von Grenzen und zu erwartende Flüchtlingsströme. Sie sind der Ansicht, dass das zusammen mit der Wirtschaftskrise in die Katastrophe führt, zu neuen nationalen Konflikten mit möglicherweise noch schrecklicheren Folgen.«

Bei der Durchsicht dieses Materials studierte ich noch einmal sorgfältig das Stenogramm des Kongresses. Ich möchte daran erinnern, dass mehr als 80 Prozent der Deputierten Kommunisten waren. Und nur ein bis zwei Prozent der Redner berührten das Problem der KPdSU. Ich gestatte mir, die Worte des Abgeordneten A. Jazenko, Rektor des Nowosibirsker Bauingenieurinstituts, zu zitieren:

»Michail Sergejewitsch Gorbatschow führte nicht nur das Land, sondern er war auch Generalsekretär der Partei. Und er führte so, dass einzelne mit ihm zusammenarbeitende leitende Funktionäre in diesen Putsch verwickelt waren. [...] Was für ein Führer ist man, wenn man nicht weiß und nicht spürt, wer sein Gleichgesinnter ist und wer einen unterstützt! Sie, Michail Sergejewitsch, Generalsekretär der Partei, ihr ›Kapitän‹, Sie verließen die Kapitänsbrücke in für die Partei schwerster Zeit und überließen die einfachen Mitglieder ihrem Schicksal.«

Die obersten Führer der UdSSR und der RSFSR Gorbatschow und Jelzin versuchten auf jede erdenkliche Weise, die Deputierten davon zu überzeugen, dass die Vorschläge in der »Erklärung« dem Geist der Zeit entsprachen, den notwendigen demokratischen Veränderungen.

Der Auftritt Jelzins auf diesem außerordentlichen Parteikongress war die Rede eines vom Erfolg berauschten Siegers. Er erklärte, dass er als Präsident Russlands mit dessen Problemen unbedingt fertig werden würde. Wie es dann darum bestellt war, weiß heute jeder.

In der allerschwierigsten Lage befand sich Gorbatschow. Er musste irgendwie versuchen, das Gesicht zu wahren, und sich vor dem Kongress für das Begangene rechtfertigen – für den Putsch, den Zerfall der KPdSU, die Anarchie im Lande. Es war offensichtlich, dass er sich schon längst mit der bevorstehenden Verwandlung der UdSSR in ein amorphes und unvergleichlich schwächeres Gebilde abgefunden hatte. Er sagte:

»Meine Rede beende ich mit dem Ausdruck der tiefsten Überzeugung, dass jetzt die zentrale, erste Frage, welche unverzüglich der Klärung bedarf, die Frage nach unserer Staatlichkeit ist. Klären wir diese nicht, dann werden wir auch die anderen Fragen nicht lösen: die ökonomischen, politischen, sozialen, wissenschaftlichen, internationalen usw. Davon bin ich überzeugt. Bei dem Referendum haben die Menschen ihren Willen zur Bewahrung und entschiedenen Erneuerung der Union zum Ausdruck gebracht. Im Verlauf des Nowo-Ogarjowo-Prozesses* kamen wir zu der Formel ›Union Souveräner Staaten‹, der jetzt ein neuer Sinn gegeben werden muss. Lasst uns diesen finden!«

In das gleiche Horn bliesen die Helfershelfer, zum Beispiel Iwan Silajew, der gerade Ministerpräsident Russlands geworden war. Noch verwirrt von den Augustereignissen und seiner neuen Rolle, hatte er vorgeschlagen, die Mitglieder des GKTschP ohne Urteil zu erschießen. In seiner Rede erklärte dieser Neubekehrte mit Genugtuung: »Ja, die frühere unitäre Union ist gestorben. Aber Folgendes sollte man denen, die der ›Großmacht‹ nachweinen, sagen: Versuche, den Leichnam des Imperiums zu reanimieren, sind wie heiße Umschläge für einen Toten, wir setzen auf andere Werte und auf andere Ideen.«

Und andere Werte zeigten sich tatsächlich – beim Umverteilen aus den Taschen der Bevölkerung und des Staates in die Privatsafes der neuen Bourgeoisie. Auch neue Ideen kamen auf und verdrängten die bisheri-

---

* Nowo-Ogarjowo ist die Landresidenz der Regierung in der Nähe von Moskau. Am 21. April 1991 unterzeichnete Michail Gorbatschow hier mit den obersten Repräsentanten von neun Republiken (Russland, Ukraine, Weißrussland, Kasachstan, Usbekistan, Kirgisien, Tadschikistan, Turkmenistan, Aserbaidschan) eine gemeinsame Erklärung über den Fortbestand der Sowjetunion. Diese sah die Unterzeichnung eines neuen Unionsvertrages und einer Unionsverfassung vor.

gen: Profit um jeden Preis, das Geld bestimmt alles.

Ernüchternd war auch die Rede des Patriarchen von Moskau und ganz Russland, Alexius II. Gern würde ich die ganze Rede zitieren, beschränke mich aber doch auf einige Ausschnitte:

»Verehrte Brüder und Schwestern, Volksdeputierte! Unermesslich groß ist die Verantwortung unseres gegenwärtigen außerordentlichen Kongresses. Ich rufe euch alle auf, das Gefühl für diese Verantwortung zu verinnerlichen, nicht nur vor der heutigen Generation unserer Mitbürger, die von uns, ihren bevollmächtigten Vertretern, Worte und Beschlüsse erwarten, die Optimismus in die verwirrten Herzen bringen und Hoffnung auf eine gerechte Lösung der vor dem Lande liegenden Probleme, aber auch Verantwortung vor unseren Vorfahren, vor denen, die unser gemeinsames Haus errichtet haben nicht auf dem Sand willkürlicher Spekulationen, nicht auf Demagogie, Herrschsucht, Egoismus und Neid, sondern auf dem Fels des Glaubens, der Treue und opferbereiten Liebe. Zahllos sind die Söhne und Töchter aus allen Völkern unseres Landes, die mit ihren großen Taten, ihrem Leben, ihren Talenten, ihrem Können den Ruhm unseres Vaterlandes schufen.

Groß ist unsere Verantwortung auch vor den kommenden Generationen, deren Leben Richter sein wird für unsere Worte und unser Handeln. Die Grundlagen für die Zukunft werden in der Vergangenheit gelegt. Und die Vergangenheit, das ist unsere historische Gemeinsamkeit. Ohne unseren Willen wurde sie zu einem unverzichtbaren Teil unserer nationalen Traditionen. Das im Durcheinander der Veränderungen zu vernachlässigen, zu verneinen, sich davon loszusagen würde bedeuten, unsere nationale Zukunft in Gefahr zu bringen. Die Geschichte der letzten Jahrzehnte gab uns viele bedauernswerte Beispiele vergessener Traditionen und der traurigen Folgen eines solchen Vergessens.«

Mit diesem Wort unseres orthodoxen geistlichen Oberhaupts beende ich meinen Bericht über den außerordentlichen Kongress der Volksdeputierten. Es war das Totengeläut für die sowjetische Großmacht, die unsere Vorfahren in Jahrhunderten errichtet hatten. Drei Monate später gab es sie nicht mehr, allen Warnungen bedeutender Zeitgenossen zum Trotz.

Zum Abschluss dieses traurigen Themas möchte ich noch die Worte zitieren, die vor einigen Jahrzehnten unser Landsmann, der berühmte Philosoph und Denker, der russische Patriot Iwan Alexandrowitsch Iljin aussprach, dessen Asche vor kurzem in seine Heimat Russland zurückkehrte. Er sagte:

»Russland ist ein Organismus der Natur und des Geistes – und schlecht ergehen wird es dem, der es zerstückelt! […] Er hätte unter den unvermeidlichen und schrecklichen Folgen einer solchen blinden und absurden Eingebung zu leiden, unter deren wirtschaftlichen, strategischen, staatlichen und national-geistigen Konsequenzen. Nicht nur unsere Nachfahren, auch andere Völker werden sich an das einige Russland erinnern und an sich selbst die Folgen seiner vorsätzlichen Zerstückelung spüren.«

Teil III
Agonie

Lange habe ich überlegt, wie ich den Schlussteil meines traurigen Berichtes nennen soll. Handelt es sich doch um die letzten Tage meines großen Vaterlandes. Ich sah in vielen Büchern nach und fand schließlich im »Erklärenden Wörterbuch der lebenden großrussischen Sprache« von Wladimir Dal den zutreffenden Begriff, der umfassender und vollständiger als alles andere den Zustand unseres mächtigen Staates am Vorabend seines tragischen Unterganges beschreibt:

»Agonie (griechisch) – Ringen des Lebens mit dem Tod, in den letzten Zügen liegen, verenden, auf dem Totenbett, die letzte Stunde«.

Der mächtige Staatsorganismus starb an schweren Wunden, die ihm nicht so sehr von äußeren Feinden beigebracht wurden, als vielmehr von Verrätern aus den eigenen Reihen, den Hauptinitiatoren seines Untergangs. Diese Entarteten verhöhnten den Staat, ohne Rücksicht darauf, dass es sich um unsere Heimat, unser aller Mutter handelte. Mit der eigenen Mutter trieben sie ihren Spott und dachten anscheinend nicht daran, dass ihnen das niemals verziehen wird.

Zweifellos gab es sowohl äußere als auch innere Faktoren, die zum Zerfall der UdSSR geführt haben. Aus beiden Richtungen gab es das Bestreben, die UdSSR als attraktives Zentrum für die progressiven Kräfte in der Welt, als politisches, ökonomisches, militärisches und geistiges Gegengewicht gegenüber dem Westen, vor allem den USA, zu liquidieren und dabei alle denkbaren Mittel einzusetzen. Diese Rückwende in der Geschichte unseres Landes begünstigten, freiwillig oder unfreiwillig, jene Kräfte, jene Menschen, die getrieben von Hass gegenüber dem Sozialismus, von ihren nationalistischen Ansichten und Plänen, aber vor allem von ihrer zügellosen Gier nach persönlicher Macht, ein schweres Verbrechen begingen, indem sie den mächtigen Staat und seine gesellschaftlichen Strukturen vernichteten und einen Großteil der Bevölkerung in den Stand von Bettlern versetzten.

Erinnern wir uns, wie das alles war, indem wir aus dem im Buch bereits Gesagten die Schlussfolgerungen ziehen.

1. Krise und Lähmung der Macht

Im vorigen Kapitel schrieb ich darüber, dass durch den Fünften außerordentlichen Kongress der Volksdeputierten der UdSSR im September 1991 Beschlüsse zur Reformierung der Staatsmacht angenommen wurden, welche die Zerstörung der Sowjetunion als einheitlicher Staat auslösten. Der Angriff auf die Zentrale zeitigte Folgen. Die Republiken setzten sich ungeniert über Beschlüsse der zentralen Führung hinweg, die Strukturen der staatlichen Leitung wurden praktisch arbeitsunfähig, der Präsident Gorbatschow und mit ihm auch die Staatsmacht verloren jeden Tag mehr an Autorität.

Im Land geschah das, worauf die destruktiven Kräfte in den letzten zwei, drei Jahren hingearbeitet hatten. All das ging nicht spontan und unerwartet vor sich. Insbesondere mein Ausscheiden Ende 1990 war die unvermeidliche Folge des sich damals herausbildenden Kurses der politischen und ökonomischen Reformen, den die zeitweilig verbrüderten Politiker Gorbatschow und Jelzin nun endgültig einschlugen.

In Voraussicht des Unheils und der tragischen Folgen der Vorgänge im Lande hielt ich am 19. Dezember 1990, weniger als einen Monat vor meinem Rücktritt vom Posten des Ministerratsvorsitzenden der UdSSR, auf dem Vierten Kongress der Volksdeputierten eine Rede. Ich wollte über alles sprechen, was mich damals, in Sorge um die Zukunft des Landes und des Volkes, bewegte. Das war eine qualvolle Rede, sie wurde, ich wiederhole es, zu meinem politischen Vermächtnis. Da sie meine staatsbürgerliche Position zum Ausdruck bringt, übernehme ich hier den leicht gekürzten Text:

»In den letzten Wochen machte ich mir oft Gedanken darüber, was ich auf dieser Tribüne sagen würde, sollte sich dafür die Möglichkeit ergeben. Das Schicksal der Regierung in der Form, wie sie in unserem Staate existierte, ist doch vorherbestimmt. Aufgrund der Änderungen in der Verfassung der UdSSR steht uns eine radikale Reform der obersten exekutiven Macht bevor. Jedoch ist mein Entschluss, vor Ihnen aufzutreten, nicht davon diktiert. Ich habe einfach nicht das Recht zu schweigen, weil ich, wie alle Mitglieder der politischen und staatlichen Führung, enorme Verantwortung für das trage, was im Lande vorgeht. Daher werde ich ganz offen sprechen in der Hoffnung, dass unsere Überlegungen, Einschätzungen, unsere Suche nach einem Ausweg aus der gegenwärtigen Situation doch irgendwie nützlich sein werden.

Beginnen will ich damit, dass die Perestroika in der Art – ich unterstreiche das –, in der sie gedacht war, nicht gelungen ist. Als einer ihrer Initiatoren fühle ich mich natürlich dafür verantwortlich. Und wenn eine Ablösung des Kabinetts die Situation verbessern könnte, dann würde die Regierung noch im Mai dieses Jahres zurücktreten.

Aber alles ist viel ernster. Jene politischen Kräfte, die gegen die Regierung einen geheimen Krieg begannen, haben weitergehende Ziele, und diese Ziele ergeben sich direkt aus ihrer Absicht, die von uns begonnenen Umgestaltungen zu sabotieren. Und ebenso wie dieser Krieg im Mai dieses Jahres nicht zum Sturz der Regierung geführt hat, ist er auch heute nicht direkt gegen den Präsidenten, den Obersten Sowjet oder den Kongress der Volksdeputierten der UdSSR gerichtet. Sein Hauptziel ist, dem Staat, dem gesellschaftlich-politischen System einen Schlag zu versetzen, es endgültig zu zerbrechen. Karte in diesem Spiel ist jetzt nicht mehr nur die Sowjetunion als Ganzes, sondern auch die vielen Republiken sind es – die großen wie die kleinen –, sowie die Staatlichkeit und das Gesellschaftssystem, welche ernsthaft bedroht sind. In dieser Situation kann ich mich nicht darauf beschränken, die Hintertreibung des Umgestaltungsprozesses bloß festzustellen. Notwendig ist eine schonungslose Analyse nicht nur von Details, sondern des gesamten Ursachenkomplexes.

Im Jahr 1985 beschlossen wir die Perestroika, ihr Inhalt und Ziel sollten die Erneuerung des Sozialismus und die Überwindung seiner Deformationen sein. Aber unter dem Einfluss destruktiver Kräfte, von denen viele (wie jetzt ganz offensichtlich ist) auf eine grundlegende Veränderung des Gesellschaftssystems aus sind, hielt die Perestroika nicht stand. Dies geschah unter Ablehnung der sozialistischen Ideologie, aber was danach kam, war die Ablösung einer Ideologie durch eine andere.

[...] Wir schafften es nicht (ich weiß nicht, ob wir es überhaupt hätten schaffen können), gleichzeitig die Reformen zu vertiefen und die Priorität der Ökonomie über die Ideologie und die Politik zu erreichen. So ist nun einmal die Gesellschaft, in der wir leben. Man konnte sie beliebig kritisieren und verspotten, aber außerhalb ihrer Gesetze konnte man nicht in ihr leben, und man konnte sie nicht ändern, ohne ihre Natur, ohne ihr Wesen zu verstehen. Die Priorität der Ideologie vor der Ökonomie – das ist keine Nebensächlichkeit, kein Voluntarismus, keine Dummheit dieses oder jenes Führers. Das ist das Wesensmerkmal des Gesellschaftsmodells, in dem wir bisher lebten, es ist sein Stützpfeiler.

Entsprechend dem Charakter unseres Systems ist die gegenwärtige ökonomische Krise nicht durch Verschärfung der inneren Widersprüche in der Produktionssphäre entstanden, sondern durch die offensichtliche Krise im Bereich von Politik, Ideologie und der Führung. Wir versuchen nicht, die Krankheit zu heilen, sondern nur ihre äußeren Symptome. Auch jetzt ist unübersehbar, dass die Ideologie (jetzt allerdings eine andere) wieder über der ökonomischen Umgestaltung steht. Unter der Flagge des Marktes entfaltete sich ein politischer Kampf. Dieser hat keinen echten ökonomischen Hintergrund. So gesehen sind unsere sogenannten linken Radikalen in der Wirtschaft ebensolche Ideologen und Propagandisten, nur ist ihr Inneres nach außen gekehrt. Das Ergebnis sind uferlose Kritik, Zerstörung der Exekutive, Populismus und Inkompetenz.

Innerhalb von fünf Jahren hat sich alles grundlegend verändert: Vom Enthusiasmus sind wir abgeglitten zu Unglauben und Skeptizismus. In vielem erklärt sich das aus der Verschwommenheit der Ziele und aus den Illusionen über schnell zu erlangenden Wohlstand. Im Grunde genommen haben wir keine Zukunftsmodelle entwickelt, den sozialen Preis nicht benannt, der für den Umbruch zu zahlen ist, und auch nicht gesagt, wer ihn bezahlen muss. Dabei zeigt die weltweite Erfahrung, dass für jede Umgestaltung Kosten anfallen und für die Schaffung neuer Strukturen vor allem Zeit notwendig ist.

Ein vernünftiger Übergang unter unseren Bedingungen ist nur möglich, wenn er von ausgewogenen Reformen des Systems begleitet wird. Die immense Ausdehnung des Landes und der Komplex der in Jahrzehnten entstandenen Gesetzmäßigkeiten gestattet hier keine Schocktherapie. Ein unvorsichtiger Schritt genügt, um der Gesellschaft ihre sozialen Garantien zu entziehen – und das kann zu einer sozialen Explosion führen. Die Regierung konnte das nicht außer Acht lassen, wofür man uns bis heute des Konservatismus bezichtigt. Immer ausgehend von der realen Situation, unterbreiteten wir unsere Vorschläge zur Gesundung der Wirtschaft und für den Übergang zum Markt. Jedes Projekt hat seine eigene Logik. Das Reformieren verpflichtet uns gegenüber der Gesellschaft, kein Vakuum zuzulassen und beseitigte Strukturen sofort durch neue zu ersetzen. Aber was geschah in Wirklichkeit?

Die Perestroika beseitigte viele erstarrte Strukturen – sowohl staatliche als auch Strukturen in der Partei. Als Ersatz wurde zunächst nichts Reales und Effektives geschaffen. Das wirkte sich direkt auf die Wirtschaft aus, wo es bis heute weder Plan noch Markt gibt. Die Kompensation auf neuer demokratischer Grundlage bei Schwächung des Machtmechanismus ist immer noch nicht gelungen. Abgesehen von der Einführung des Präsidentenamtes in das System unserer Staatsmacht gab es keine spürbaren Veränderungen im Lande. Mehr noch, im fraglichen Zeitraum verloren viele Organe der Exekutive ihre Funktion. Hier liegt die Wurzel jener Hauptübel, die sich in letzter Zeit verstärkt in der Wirtschaft, in der Rechtsordnung, in den zwischennationalen Beziehungen und im moralischen Zustand der Gesellschaft bemerkbar machten.

All das ließ den Nährboden für Kriminalität und Zügellosigkeit wachsen. Vor dem Hintergrund tatsächlich notwendiger Maßnahmen zur Festigung der Judikative wurde eine Kampagne zur Kompromittierung und Diskreditierung ehrlich ihre Pflicht tuender Mitarbeiter der Miliz und der Staatsanwaltschaft in Gang gesetzt. Auf Letztere konnte das nicht ohne Einfluss bleiben, es flößte ihnen Apathie und Zweifel an der Gerechtigkeit ein. Wenn wir dieses Schwungrad nicht anhalten, kann es eine Welle der Kriminalität erzeugen, die alle Anstrengungen im Kampf gegen sie hinwegfegt. Zielgerichteter Diskrimierung war auch die Armee ausgesetzt. Es gibt Bestrebungen, die Truppen auf die Republiken aufzuteilen. Die Geschichte lehrt aber, dass unser Staat so lange schwach war, wie er seine bewaffneten Kräfte nicht vereinigt hatte. Zur Armee hatten wir immer ein besonderes achtungsvolles Verhältnis. Hier ist keinerlei Diskriminierung zulässig!

Schläge der politischen und ökonomischen Krise gehen auch auf unsere Kultur nieder. Die Regale in den Geschäften werden sich schließlich wieder füllen. Aber unsere Seelen, werden die dann nicht leer bleiben?

Ich sehe die Lage im Lande verständlicherweise durch das Prisma der Wirtschaft. Bekanntlich ist der Ministerrat der UdSSR das Glied in der staatlichen Leitung, in dem alle Informationsströme zusammenlaufen. Nicht durch besondere Scharfsinnigkeit, sondern durch ihre Stellung im System der Informationsgewinnung ist die Regierung in der Lage, ein ganzheitliches Bild der Entwicklung und ihrer möglichen Folgen zu gewinnen. Alles, was in dieser Zeit im Lande passierte, hatte direkte Auswirkungen auf die Wirtschaft. Die politischen Zyklen rufen entsprechende Zyklen in der Wirtschaft hervor.

Ein anschauliches Zeugnis hierfür ist der Unterschied zwischen den Planergebnissen der ersten drei Jahre des Fünfjahrplans und den Ergebnissen der letzten zwei Jahre. Es gelang uns, ein stabiles Tempo des ökonomischen Wachstums zu erreichen und bei der Lösung so dringender Probleme wie dem Bau von Wohnungen, Schulen, Krankenhäusern wesentlich voranzukommen. Auch der Konsumgütermarkt sah schon besser aus, trotz aller Kosten im Zusammenhang mit der schlecht durchdachten Antialkoholkampagne.

Im Jahr 1989 zeichnete sich ein massiver Einbruch ab. In die Wirtschaft drangen gleichzeitig zwei Faktoren: einerseits der umfassende, aber unzureichend vorbereitete Übergang zu neuen Prinzipien des Wirtschaftens – d. h. Hast, Fehler bei der Wahl ökonomischer Leitungsinstrumente – und andererseits das starke Anwachsen der politischen und sozialen Instabilität im Staat. Die Wirtschaft hielt das nicht aus und reagierte mit Rezession. Im Ergebnis war es uns also nicht nur nicht gelungen, aus der Situation der Vorkrise herauszukommen, sondern wir waren konfrontiert mit einer unerhörten Absenkung der Produktion. Bis heute konnten die Unternehmen des Landes Lieferverträge nur für 60 Prozent der Produktion abschließen. Für Wirtschaftskenner bedarf diese Zahl keines besonderen Kommentars. Sie bedeutet ernstzunehmende Schäden in den Wirtschaftsverbindungen mit starkem Rückgang der Produktion und allen sich daraus ergebenden Konsequenzen.

Wenn nicht sofort entsprechende Maßnahmen ergriffen werden, führt die gegenwärtige Lage aus meiner Sicht zu einem weiteren Anstieg der sozialen Spannungen. Die vor uns liegenden Schwierigkeiten sind vielfältig. Sie erfordern, dass wir uns ganz genau über die weitere Taktik klar werden. Die Situation verlangt, dass wir in einigen Bereichen einhalten und die

Kräfte umgruppieren, um in anderen Bereichen entschlossener vorangehen zu können. Als Erstes müssen Beschlüsse zur Abwendung eines unionsweiten Bevölkerungsnotstandes gefasst werden. Ich sage es rundheraus: Wir haben den Moment, wo wir uns direkt mit Stabilisierung hätten befassen können, heute bereits verpasst. Jetzt können wir nur noch versuchen, die wuchernde Krise einzudämmen, und dürfen dabei entstehende Kosten nicht scheuen. Andernfalls werden die Kosten später unermesslich größer sein.

Selbstverständlich ist das ein harter Schritt, mit dem aber absehbares Unheil vermieden werden kann. Blockiert werden müssen vor allem die vielen Gesetze, die der Verfassung der UdSSR widersprechen. Wir müssen uns lösen von der prinzipiellen Vorrangigkeit der russischen Gesetze vor jenen der Union. Wir müssen Moratorien einführen für Streikbewegungen, für alle Handlungen, die zur Störung des einheitlichen Verkehrssystems im Lande führen, für nicht allseitig geprüfte Produktionseinstellungen aus ökologischen Gründen, für die Errichtung innerer Zollschranken. Es ist Zeit zu verstehen, was das Leben uns längst gelehrt hat: was geschehen kann, wenn der für alle schädliche Verfall der Lieferdisziplin nicht gestoppt wird. Die Verantwortung dafür liegt in erster Linie bei denen, die solche Beschlüsse fassen. Konkrete Vorschläge gibt es viele. Wir müssen aber aufhören, uns gegenseitig immer nur überreden zu wollen, sondern müssen einvernehmliche Lösungen vorlegen und den politischen Willen zu ihrer Realisierung aufbringen. Nach meiner Ansicht ist das jetzt der einzige Ausweg.

Besonders verweilen möchte ich bei den Aufgaben für das Jahr 1991. Ohne Verwirklichung der genannten Maßnahmen können wir nicht realistisch von Plan und Budget für das nächste Jahr reden und können diese auch nicht im Obersten Sowjet der UdSSR annehmen. Von prinzipieller Bedeutung ist hier die ökonomische Abstimmung zwischen den Republiken für das kommende Jahr, wodurch das weitere Anwachsen der Krise blockiert werden kann. Nur auf dieser Grundlage werden wir untereinander Verständnis erreichen und gemeinsame Lösungen zur Unterstützung der Lebenskraft der Gesellschaft finden. Das werden zeitweilige Übereinkommen sein. Sie sehen die Bewahrung der entstandenen wirtschaftlichen Verbindungen, die Einführung einheitlicher Prinzipien der Finanz- und Steuerpolitik sowie koordinierte Handlungen zur Reform der Preisbildung und des sozialen Schutzes der Bevölkerung vor, dem wir unter diesen Bedingungen erstrangige Bedeutung beimessen.

Diese Übereinkommen müssen unbedingt die konstruktiven Vorschläge unseres Kongresses enthalten. Bis Ende Dezember bleiben nur noch wenige Tage, und wir dürfen nicht in das neue Jahr gehen, ohne dass diese Fragen beantwortet sind. Wir hoffen, dass in den ersten Januartagen der Oberste Sowjet der UdSSR den Plan- und Haushaltsbeschluss annimmt und damit die Möglichkeit für schnelles Handeln sowohl der Republiken als auch der Regierungsorgane der Union schafft.

Der Ministerrat der UdSSR musste, entsprechend seiner Verantwortung für das Funktionieren der Wirtschaft und der sozialen Versorgung, besondere Beschlüsse fassen, die mit dem Funktionieren der Volkswirtschaft im ersten Quartal des nächsten Jahres zusammenhängen. Diese Beschlüsse haben das Ziel, dass den Werktätigen ihre Löhne auch vor Bestätigung von Haushalt und Plan gezahlt werden können und nicht in einzelnen Unternehmen der Betrieb eingestellt werden muss.

Der entstandenen Situation entsprechend wurden auch außerordentliche Vorkehrungen zum Ankauf von Lebensmitteln, Medikamenten und einer Reihe anderer Waren und Materialien im Ausland getroffen, worüber es einen entsprechenden Beschluss des Unions-Republiken-Valutakomitees gibt.

Natürlich könnte man auch diese Beschlüsse der Regierung als eine Verletzung der bestehenden Ordnung kritisieren. Aber darf man aus der heutigen Sicht einen solchen Schritt etwa nicht gehen, wo die Arbeit und das tägliche Leben der Menschen unmittelbar davon abhängen?

Diese und andere Maßnahmen gegen die Krise sollten uns den Übergang zu einer stabilen Volkswirtschaft erleichtern. Natürlich verstehe ich, dass diese Vorschläge eine Reihe harter Maßnahmen beinhalten – im Finanzbereich, beim Geldumlauf, bei Investitionen und materiell-technischen Ressourcenströmen. Aber das musste man als von den Umständen diktiert in Kauf nehmen. Ich denke, dass jedes, auch ein anders zusammengesetztes Regierungskabinett in dieser oder jener Form an ihre Verwirklichung gehen wird.

Zweifellos lässt sich alles, worüber ich soeben gesprochen habe, verwirklichen, wenn es seitens der Unionsrepubliken Vertrauen in ein gemeinsames Wirtschaftsabkommen gibt. Aber ich wiederhole, dieses Abkommen kann nur eine zeitweilige Maßnahme sein. Die Arbeit am Unionsvertrag ist beharrlich fortzusetzen. Seine Annahme darf nicht hinausgezögert werden, in keinem Falle. Ein Aufschieben würde bedeuten, dass wir uns von der Möglichkeit des inneren Friedens und der Eintracht immer weiter entfernen. Natürlich sehe ich das Bestreben von Vertretern bestimmter politischer Strömungen, die Unterschrift unter den Unionsvertrag hinauszuzögern, ihn in Diskussionen zu ›zerreden‹ und damit den Druck auf das Parlament des Landes und die Obersten Sowjets der Republiken zu erhöhen. Sie haben erkannt, dass der neue Unionsvertrag vor allem ein Schlag gegen die destruktiven Kräfte sein kann und zur Überwindung der zwischennationalen Zwistigkeiten, zur Bewahrung der Unversehrtheit unseres Staates und zur Sicherung von innerem Frieden und Eintracht beitragen wird.

In letzter Zeit wird der Regierung Unverständnis für das Streben der Republiken nach Souveränität und Unabhängigkeit vorgeworfen. Einen solchen Vorwurf weise ich kategorisch zurück und erkläre entschieden, dass der Ministerrat immer Achtung vor den Republiken und ihren Souveränitätsdeklarationen hatte, dass er stets im Wohlergehen der Republiken die Grundlage für die Festigung ihrer politischen und wirtschaftlichen Unabhängigkeit sah, sofern die Souveränität der Union als Ganzes unbeschädigt bleibt. Das wird bestätigt durch das praktische Handeln der Regierung. Gleichzeitig waren wir immer für den Erhalt der territorialen Unversehrtheit der sowjetischen Föderation, für die Bewahrung ihres sozialen Systems, des einigen Wirtschaftsraumes, für die Einhaltung aller Rechte der Bürger und Völker auf dem ganzen Territorium der Union.

Wir meinen, dass das Eingehen auf solche Forderungen politische, ökonomische und soziale Erschütterungen verhindern kann. Hier ist eine klare Linie vonnöten. Wir hätten diese eher zeigen sollen, als der Brand der zwischennationalen Feindschaft in einigen Regionen aufzuflackern begann. Jetzt, wo das Ausmaß dieser Volkskatastrophen immer mehr zunimmt und das Leben unschuldiger Menschen bedroht ist, kann resolutes Vorgehen notwendig werden, besonders gegen solche Personen und Organisationen, die bereit sind, aufs Ganze zu gehen.

Noch ist es möglich einzuhalten, noch ist das Problem lösbar – mittels des Unionsvertrags. Ich wiederhole daher: dessen Diskussion und Annahme weiter hinauszuzögern ist unmoralisch, ja verbrecherisch.

Angesichts der Schärfe der Probleme in den inner-sowjetischen Beziehungen ist eine sofortige Lösung unbedingt erforderlich. Diese Sorge ist allumfassend, sie berührt die Interessen aller Republiken. Daher ist es nötig, hier den Einfluss des Föderationsrates als kollektives Organ zu erhöhen.

[...] Bei diesem folgenschweren Schritt müssen wir berücksichtigen, dass es noch keinen Unionsvertrag gibt und die Lage im Lande katastrophal ist. Hier gilt es, zehnmal abzuwägen, welche Wendung eine so radikale Reform der zentralen Macht nehmen könnte. Würden wir damit nicht den vorbereiteten Unionsvertrag überholen, der die Machtbefugnisse und Verantwortlichkeiten der Unionsrepubliken und des Zentrums zur allseitigen Zufriedenheit regeln soll?

Ich bin nicht für die Konservierung der gegenwärtigen Leitungsstrukturen der Wirtschaft, aber die bevorstehenden Neuerungen dürfen sich nicht von den realen Verhältnissen entfernen.

Besonders verweise ich auf das Verhältnis zwischen gesetzgebender und ausführender Macht, auf die Notwendigkeit, ihre Funktionen klar voneinander abzugrenzen. Wie das vergangene Jahr gezeigt hat, nimmt die Schärfe dieses Problems weiter zu. Werden Funktionen vermischt, ist die Exekutive faktisch auf allen Ebenen der Möglichkeit beraubt, schnell und energisch zu handeln. Ständig beschuldigte man die Regierung der Unentschlossenheit, mangelnder Härte und Konsequenz. Aber konnten wir denn im Rahmen unserer Vollmachten effektiv handeln, wenn wir mit Bedingungen konfrontiert waren, bei denen man sich sogar in operativen Fragen ständig nach den Komitees und Kommissionen des Obersten Sowjets zu richten hatte? Falls eine solche Situation auch für das neue Ministerkabinett entsteht, wird dieses kaum den Ansprüchen gerecht werden können.

Das Programm zur Abwendung einer Katastrophe in unserem Land muss frei von Ideologie und Machtkalkül sein. Ideologische Rechnungen werden wir uns gegenseitig erst dann präsentieren können, wenn wir uns vom Rande des Abgrundes entfernt haben. Die Hauptsache heute ist, alles zu tun, um die Lebensfähigkeit der Volkswirtschaft zu unterstützen und damit die Menschen vor den sozialen Erschütterungen zu bewahren, die uns drohen. Nur so ist das Überleben der Gesellschaft möglich. Wir alle müssen einig handeln. Tun wir das nicht, bleiben ›Blockierung der destruktiven Prozesse‹ und ›Stabilisierung der Wirtschaft‹ leeres Gerede.

Als Bilanz aus dem Gesagten möchte ich noch einmal unterstreichen: Das Land braucht jetzt Ordnung, zumindest eine Art Pause. Erreicht werden kann und darf das nicht durch Gewalt, Drohungen und Zwang, sondern durch konkrete Arbeit, die ungewöhnlich kompliziert und schwer sein wird. Es wird ungeheure Willenskraft und schonungslose Wahrheit in der Bewertung der Ergebnisse erfordern. Nur dann wird das Volk uns verstehen und unterstützen, nur dann wird es Resultate geben. Die Menschen erwarten viel von uns, also lasst uns ihre Hoffnungen rechtfertigen!«

Das also war mein Referat neun Monate vor dem Fünften außerordentlichen Kongress der Volksdeputierten der UdSSR. Anhand dieses Vortrags kann man über meine damalige politische Position urteilen. Die von mir geführte Unionsregierung sah das Unheil im Lande, und unsere Aufgabe bestand darin, nochmals vor der herannahenden Katastrophe zu warnen. Ich hatte aber den Eindruck, dass meine Rede ins Leere lief – ein Teil der Abgeordneten war auf einer ganz anderen Welle, und die Mehrheit fürchtete sich bereits vor der schreienden und aggressiven Minderheit. Aus dem Saal tönten Rufe: »Wozu machst du uns Angst?«,

»Du wolltest den Brotpreis erhöhen!« usw. Meine letzten Worte auf diesem wie elektrisierten, ja besessenen und feindseligen Kongress lauteten:

»Heute schreit ihr über meinen Vorschlag, den Brotpreis um einige Kopeken zu steigern, bei vollständiger Kompensation, aber an das weitere Schicksal des Landes denkt ihr nicht.«

Bevor ich das Rednerpult verließ, rief ich: »Ihr werdet euch noch erinnern an diese Regierung!«

Man erinnerte sich noch viele Male, als man die Bürden des Jelzinschen »paradiesischen Lebens« zu spüren bekam. Mehr noch, man machte mir sogar Vorwürfe: Warum habe ich sie damals nicht überzeugt? War mein Vortrag etwa nicht überzeugend genug?

Der Fünfte außerordentliche Kongress der Volksdeputierten der UdSSR billigte die Vorschläge aus der gemeinsamen Erklärung der Präsidenten mehrerer Unionsrepubliken und aus dem Beschluss des Obersten Sowjets der UdSSR über die im Lande im Zusammenhang mit dem Staatsstreich entstandene Situation. Es wurde eine Übergangsperiode verkündet – die »Periode der Herausbildung eines neuen Systems staatlicher Beziehungen, gegründet auf der Willensäußerung der Republiken und den Interessen der Völker«.

Durch gemeinsamen Beschluss wurde eine neue, der entstandenen Situation angepasste Rechtsnorm eingeführt, mit der die Ablehnung des Eintritts in die erneuerte Union geregelt wurde. Hierfür war ein Referendum oder ein entsprechender Beschluss des Republikparlaments vorgesehen. Tatsächlich gefordert wurde aber nur eines: Zu dem gesamten Komplex von Fragen, die mit einem solchen staatlichen Akt verbunden sind, musste mit der UdSSR verhandelt werden.

In der neuen UdSSR war für die Übergangszeit als höchstes Organ der Staatsmacht ein Oberster Sowjet vorgesehen, der sich von seinem Vorgänger wesentlich unterschied. Er bestand aus zwei Kammern: Sowjet der Republiken und Unionssowjet. Der Erste wurde durch Delegierung aus den Unionsrepubliken sowohl von Volksdeputierten der UdSSR als auch von Deputierten aus den regionalen Parlamenten gebildet. Zur Gewährleistung der Gleichberechtigung zwischen den Republiken hatte jede Republik in diesem Parlament nur eine Stimme. Der Unionssowjet setzte sich zusammen aus Volksdeputierten der UdSSR, deren Anzahl sich aus bestehenden Quoten und in Abstimmung mit den höchsten Machtorganen der Republiken ergab.

Der Kongress der Volksdeputierten der UdSSR – das vormalige höchste Organ der Staatsmacht – war durch den Fünften außerordentlichen Kongress aufgelöst worden. Die höchsten Organe der Staatsmacht in den Unionsrepubliken erhielten das Recht, in ihrem Territorium die Gültigkeit von Gesetzen, die der Oberste Sowjet der UdSSR angenommen hatte, auszusetzen. Dieses Prinzip hatte eindeutig föderativen Charakter.

Geschaffen wurde zudem ein neues oberstes Exekutivorgan der Union – der Staatsrat, bestehend aus dem Präsidenten der UdSSR und den obersten Amtspersonen der Unionsrepubliken. Die Kompetenzen dieses Organs waren sehr weitreichend, aber unklar formuliert. Dadurch verfügte der Staatsrat über fast unbegrenzte Macht, was die Rolle des obersten Repräsentativorgans – des Obersten Sowjets der UdSSR – einschränkte.

Um die Leitung der Staatswirtschaft und die Durchführung ökonomischer Reformen zu koordinieren, wurde auf paritätischer Grundlage das Interrepublikanische Ökonomische Komitee (MEK) gebildet. Sein Vorsitzender war durch den Präsidenten der UdSSR in Abstimmung mit dem Staatsrat zu ernennen. Dieses Komitee war Nachfolger des Komitees für Operative

Leitung der Volkswirtschaft der UdSSR, das durch Erlass des Präsidenten Gorbatschow am 24. August 1991 geschaffen worden war. Leiter des MEK war Iwan Silajew, sein Stellvertreter Arkadi Wolski, Mitglieder des Komitees waren Juri Luschkow und Grigori Jawlinski.

Nach dem Kongress gelang es Gorbatschow doch noch, den eingefrorenen Nowo-Ogarjowo-Prozess wieder in Gang zu bringen. Aber anders als bei den vorangegangenen Diskussionen ergriffen nun die Führer aus den Republiken die Initiative, und der Präsident der UdSSR sah sich in eine Verteidigungsposition gedrängt.

Wie sich Jelzin in seinen »Aufzeichnungen des Präsidenten«* erinnert, »ließ sich Gorbatschow auf Zugeständnisse ein, die vor dem August undenkbar gewesen wären. So stimmte er zu, dass die künftige Union ein konföderativer Staat sein sollte. Für Gorbatschow war es ein schwerer Schlag, dass einige frühere Unionsrepubliken nach und nach aus dem Prozess von Nowo-Ogarjowo ausschieden. Den Anfang machten die drei baltischen Republiken. [...] Ihnen folgten Georgien, Moldawien, Armenien und Aserbaidschan. Auch die Atmosphäre bei den Sitzungen in Nowo-Ogarjowo war im Oktober und November völlig anders als vor dem Putsch. Während früher die überwiegende Mehrheit der Teilnehmer nicht gewagt hatte, dem Präsidenten der UdSSR zu widersprechen, und mich sogar zuweilen des übertriebenen Radikalismus bezichtigt hatte, wiesen sie nun die von ihm vorgelegten Argumente heftig zurück und kritisierten Gorbatschow, bevor ich selber auch nur den Mund aufgetan hatte.«

Am 25. November 1991 sollte in Nowo-Ogarjowo die

* »Zapiski prezidenta«, Moskau 1994. Die dt. Ausgabe erschien unter dem Titel »Auf des Messers Schneide: Tagebuch des Präsidenten« bei Siedler, Berlin 1994.

Sitzung der Regierungschefs der Republiken zur Unterzeichnung des Unionsvertrages stattfinden. Aber zu diesem Treffen erschienen weder der Repräsentant der Ukraine Leonid Krawtschuk noch der Repräsentant von Aserbaidschan Ajas Mutalibow.

In den Jelzinschen »Aufzeichnungen« heißt es weiter: »Gorbatschows Erklärung von der bevorstehenden Paraphierung war für die Führer der Republiken der Anlass, weitere wesentliche Korrekturen des Vertragstextes vorzunehmen. Diese betrafen vor allem die Übergabe der verbliebenen Rechte des Zentrums an die Republiken. Gorbatschow verlegte sich zunächst auf seine Überredungskünste, reagierte dann aber immer nervöser und gereizter. Doch seine Worte nützten nichts, die Führer der Republiken forderten hartnäckig immer größere Unabhängigkeit vom Zentrum. Weder Milde noch Beharrlichkeit oder Härte Gorbatschows halfen, nachdem sie einmal auf den Geschmack der eigenen Machtvollkommenheit gekommen waren. Als er weiter auf seiner Formulierung des Unionsvertrages bestand, diese aber von den anderen Teilnehmern geschlossen abgelehnt wurde, riss ihm der Geduldsfaden. Er sprang auf und lief aus dem Saal. [...] In diesem Augenblick, als plötzlich schwere, drückende Stille auf uns lastete, wurde uns schlagartig bewusst, dass wir das letzte Mal an diesem Ort beisammen saßen. Der Versuch von Nowo-Ogarjowo war gescheitert. Auch in dieser Richtung gab es kein Weiterkommen mehr. Wir mussten einen anderen Ausweg finden.«

Zwei Jahre danach beleuchtet Gorbatschow diese Ereignisse in einer russischen Zeitung so:

»In Nowo-Ogarjowo, wo die Frage nach der Konföderation aufkam, stand ich auf und sagte: Bis zu diesem Punkt bin ich bei euch; wenn ihr weitergeht – bis zur Ablehnung des Unionsvertrages –, dann verlasse ich euch, und ihr müsst selbst entscheiden, welche Union ihr haben wollt, und nehmt dann die ganze Verantwortung auf euch. Ich ging weg, in mein Arbeitszimmer. Sie feilschten und feilschten – und kamen danach zu mir: Jelzin und Stanislaw Schuschkewitsch. Zustande kam eine konföderative Variante, aber immerhin noch ein Staat – der Unionsstaat war erhalten geblieben. Hierin sah ich eine Grundvoraussetzung für das Überleben des Landes.«

Ende 1991 gab es eine noch weitreichendere Kompromissvariante für das Projekt Unionsvertrag, den Vertrag über die Union Souveräner Staaten (USS) – die Teilnehmer hießen nun also »Souveräne Staaten«. Die USS sollte ein »konföderativer demokratischer Staat sein, der die Macht in den Grenzen von Mandaten ausübt, die ihm freiwillig von den Vertragsteilnehmern zugeteilt werden«. Ebenso ungereimt war, dass sich die USS – obwohl sie über ein Territorium, eine Staatsbürgerschaft, Organe der Gesetzgebung, der vollziehenden und gerichtlichen Gewalt verfügte – nur in den internationalen Beziehungen für souverän erklärte.

Dieses Projekt enthielt noch viel mehr Unsinn: Die USS als solche hatte kein Eigentum, es wurde ihr durch Vollmachten der Republiken zugeteilt; die Finanzierung der Unionsorgane wurde durch besondere Vereinbarungen geregelt usw. Völlig außerhalb jeder Logik war, dass der geplante Staat keine eigene Verfassung hatte.

Aus heutiger Sicht kann man kaum glauben, dass gewisse Repräsentanten der Union und in den Unionsrepubliken sehr gut verstanden, dass sie durch das »Kastrieren« der Vertragsprojekte peu à peu die Zerstörung ihres eigenen Staates vorbereiteten. Das geschah zur Tarnung ihres eigentlichen Ziels – um jeden Preis die UdSSR zu desorganisieren, um völlig

selbständig zu werden. Für den Drang nach uneinge-
schränkter Herrschaft in ihren Republiken waren sie
zu Staatsverbrechen bereit. Aber sie begriffen nicht,
dass Ähnliches auch mit ihren künftigen souveränen
Staaten geschehen konnte. Übrigens kam das alles erst
durch Jelzins Aufforderung richtig in Gang: »Nehmt
euch Souveränität, so viel ihr verschlingen könnt.« Es
brauchte viele Jahre für die Neutralisierung dieses regionalen »Verschlingens«, mit Mühe und Not wurde
Russland vor seiner Vernichtung bewahrt.

Wie konnte sich Gorbatschow nur auf einen solchen, für
das Land mörderischen Kompromiss einlassen? Heute
erklärt er überall, dass er für die Einheit des Landes,
egal in welcher Form, gekämpft habe. Ich meine, dass
das nicht aufrichtig ist. Ein so naiver Politiker ist er
nicht, dass er bei seiner Vorbereitung einer Übergangs-
Union deren Existenz für tatsächlich möglich gehalten
hätte. Das Beispiel Jugoslawiens mit ähnlichen Machtstrukturen und Formen der gegenseitigen Beziehungen
zwischen den Republiken war mehr als anschaulich.
Was nur trieb unsere damaligen Führer an? Das Bestreben, wenigstens nominell die Position des Staatsoberhauptes zu bewahren? Oder waren es nicht nur eigen-
nützige, sondern wirklich auch politische Motive und
Absichten? Eine überzeugende Antwort habe ich nicht.

Wie auch immer, das Ergebnis war eine Lähmung
der Staatsmacht. Politische Führer aller Ebenen zer-
störten das Land, schlugen sich um Posten, ohne auch
nur im Geringsten an das Volk, an sein täglich Brot zu
denken. Die Lage war vollständig destabilisiert, der
Staat unlenkbar, wovor ich im Dezember 1990 in meiner Rede auf dem Vierten Kongress der Volksdeputierten der UdSSR eindringlich gewarnt hatte.

In dieser Situation, am 3. Dezember 1991, verschickte
Gorbatschow seinen Appell an die Parlamentarier des

Landes*. Er rief zur Zustimmung zum Vertrag über die Union Souveräner Staaten auf und schrieb:

»Bei diesem Dokument handelt es sich um das Produkt einer sehr seriösen Analyse langwieriger Verhandlungen und sorgfältigen Durcharbeitung unter Mitwirkung von Vertretern der Souveränen Staaten. Wiederholt haben sich auch – gemeinsam und einzeln – die maßgeblichen Repräsentanten der Souveränen Staaten oder Republiken damit befasst. Es wurde mehrere Male grundlegend überarbeitet, und zwar im Hinblick auf eine Erweiterung der konföderativen und demokratischen Grundsätze.

[...] Meine Position steht eindeutig fest. Ich bin für eine neue Union, die Union Souveräner Staaten, einen konföderativen demokratischen Staat. Ich will, dass am Vorabend Ihrer Entscheidung diese meine Position allen bekannt ist. Wir dürfen nicht länger zögern! Die nötige Zeit kann unwiderruflich verloren gehen.«

Aber die Zeit war schon verloren. Bis zu den Beschlüssen im Belowescher Wald blieben nur noch fünf Tage.

2. Die Nacht im Rausch und ein diesiger Morgen

Am 8. Dezember 1991 fassten neben dem wenig bekannten weißrussischen Dorf Wiskuli im Belowescher Wald, tief im Verborgenen, drei Kilometer von der polnischen Grenze entfernt, der Präsident der RSFSR Boris Jelzin, der Präsident der Ukraine Leonid Krawtschuk und der Vorsitzende des Obersten Sowjets der

---

* Zitiert nach der Biografie: Michail Gorbatschow, Erinnerungen. Siedler Verlag 1995 , S. 1146 –1148.

Republik Weißrussland, Stanislaw Schuschkewitsch, den Beschluss zur Auflösung der UdSSR und zur Schaffung der Gemeinschaft Unabhängiger Staaten.

»Wir, die Republik Weißrussland, die Russische Föderation (RSFSR), die Ukraine als Staat – die Gründer der UdSSR und Unterzeichner des Unionsvertrages von 1922, im Weiteren als die Hohen Übereinkommenden bezeichnet«, so hieß es in der Vereinbarung, »stellen fest, dass die Union der Sozialistischen Sowjetrepubliken als Subjekt des internationalen Rechts und als geopolitische Realität ihre Existenz einstellt.«

Was ging diesem aus meiner Sicht in der Geschichte einmaligen Verbrechen voraus, wie ging es vonstatten?

Den Sprengstoff zur Vernichtung der UdSSR hatten die Belowescher Verschwörer nach Terroristenart schon im Vorfeld platziert. Die Hauptrolle dabei spielte zweifellos Jelzin. Sein persönlicher Hass auf Gorbatschow verwandelte sich schnell in Hass auf das Unionszentrum. Stillen konnte er diesen Hass nur durch den Sturz Gorbatschows und der Unionsmacht. Dazu war es nötig, den Staat UdSSR zu zerstören, an dessen Spitze Jelzin mit seinen politischen und menschlichen Qualitäten niemals, unter keinen Umständen hätte gelangen können. Ich denke, das hatte er trotz seiner pathologischen Eigenliebe und ungezügelten Machtgier auch selbst begriffen. Die vom Kongress der Volksdeputierten der UdSSR gebildete Verfassungskommission mit Jelzin an der Spitze stellte schon im September/Oktober 1990 einen Entwurf der neuen Verfassung der RSFSR vor, in dem die Union der Sowjetischen Sozialistischen Republiken keinerlei Erwähnung mehr fand. Das war über ein Jahr vor Vernichtung der UdSSR. Zufällig pflegen solche Dinge nicht zu sein.

In diesem Zusammenhang kann ich mein letztes offizielles Treffen mit Jelzin, Ruslan Chasbulatow und

meinem damaligen Stellvertreter Silajew nicht uner-
wähnt lassen. In der Folge warf das Leben mich und
Gorbatschow in verschiedene, ja entgegengesetzte
Richtungen. Damals, am 11. November 1990, rief
mich Gorbatschow an und teilte mir mit, dass er am
Nachmittag als Präsident der UdSSR ein Treffen mit
der Führung von Russland hätte. Zunächst würde ein
Vier-Augen-Gespräch mit Jelzin stattfinden, zu dem
die anderen Führungsmitglieder später dazustoßen
sollten. Ich hatte den Eindruck, dass dieses Treffen, so
wie es organisiert war, eher an einen diplomatischen
Vorgang zwischen führenden Repräsentanten unabhängiger Staaten erinnerte. Ich war nicht dagegen,
weil ich jede Möglichkeit, eine gemeinsame Sprache
mit diesen Funktionären zu finden, nutzen wollte.
Noch gab es die schwache Hoffnung, dass sie sich vielleicht doch nicht persönlicher politischer Ziele wegen
auf eine Zerstörung der Wirtschaftseinheit des Landes
mit unvermeidbar schweren Folgen einlassen würden.

Das Treffen fand im Arbeitszimmer des Präsidenten
der UdSSR im dritten Stock des Regierungsgebäudes
im Kreml statt. Dieses Arbeitszimmer, der Sitzungssaal
des Politbüros und mehrere Zimmer für Mitarbeiter
des Partei- und Regierungsapparates waren seinerzeit
für Breschnew eingerichtet worden. In der zweiten
Hälfte der 70er Jahre, als Breschnew körperlich schon
abbaute und die Führung von Partei und Regierung
faktisch nicht mehr voll ausübte, wählte er diesen
Raum endgültig zu seinem Arbeitsplatz.

Um fünf Uhr ging ich also auf die dritte Etage. Im
Empfangsraum des Präsidenten waren bereits Chasbulatow, Silajew und Burbulis. Letzteren kannte ich
praktisch nicht. Ich wusste nur, dass er aus Swerdlowsk
kam und ein besonderer Vertrauter von Jelzin war. Ich
sah diesen Menschen auf den Kongressen der Volksdeputierten und auf Sitzungen des Obersten Sowjets der

UdSSR. Hier traf ich nun erstmalig in kleiner Runde auf denjenigen, der später eine verhängnisvolle Rolle im Leben unseres Landes spielen sollte. Es kommt die Zeit, und es wird sich ein interessierter Historiker finden, der unvoreingenommen sein Porträt zeichnet. Nun, vorläufig stand vor mir – richtiger: antichambrierte – ein Mensch, dessen Blick unruhig umherirrte. Ich weiß nicht, warum er sich zu diesem Zeitpunkt im Empfangsraum des Präsidenten aufhielt, denn zu dem Treffen im erweiterten Kreis war er nicht eingeladen.

Das Arbeitszimmer des Präsidenten und Generalsekretärs des ZK der KPdSU war im Sommer verändert worden. An die Stelle der bisherigen traditionellen Einrichtung der Diensträume waren Möbel im modernen Stil getreten. An der Wand prangte das Wappen der UdSSR, in einer Ecke, hinter dem Schreibtisch, die Flagge des Landes. An einem einzelnen kleinen Tisch, einer Art Teetisch, saßen an einer Seite Jelzin, Chasbulatow, Silajew und an der anderen Seite Gorbatschow und ich. Lukjanow war wegen dringender Angelegenheiten nicht anwesend.

Gorbatschow informierte die neu Hinzugekommenen darüber, dass er und Jelzin Fragen der Einheit des Landes, der Reformierung des Zentrums, der Gefahr separatistischer Handlungen autonomer Republiken Russlands (das Beispiel einiger Unionsrepubliken hatten wir vor uns!), der Teilnahme der Unionsrepubliken an der Arbeit der Zentralregierung sowie ökonomische Fragen der RSFSR diskutiert hatten. Die Liste der diskutierten Themen hatte ich gewohnheitsgemäß in meinem Notizblock festgehalten.

Besonders in Erinnerung geblieben ist mir die Atmosphäre dieser Sitzung. Die Teilnehmer waren nicht einig bei der Lösung gesamtstaatlicher Aufgaben, es waren Leute mit offensichtlich unvereinbaren Ansichten und Bestrebungen. Jelzin redete hochmütig wie ein Sieger zu Besiegten. Gesten und Mimik, das ganze Verhalten des obersten Repräsentanten von Russland ließen keinen Zweifel daran, dass er dieses Treffen nicht nutzen wollte, um eine gemeinsame Sprache in den Beziehungen zwischen den großen Republiken und der Zentralmacht zu finden, sondern nur der Zentralmacht seine Bedingungen diktieren wollte. Chasbulatow nahm eine eher neutrale Position ein, weil er als Ökonom die Absurdität der Jelzinschen Forderungen durchschaute. Silajew dagegen suchte liebedienerisch den Blick seines neuen Chefs und erklärte sich mit allem einverstanden, was dieser sagte.

Man begann mit dem System und der Höhe der Föderations- und Republikenbesteuerung. Die russische Führung bestand auf dem sogenannten Einkanalsystem, bei dem alle Steuern in den Republiken eingenommen werden und dem Zentrum nur ein kleiner Teil davon für die Finanzierung von Gesamtunionsaufgaben zufließt. Was das für Aufgaben sein sollten, konnte keiner so richtig sagen. Vorgreifend sei hier vermerkt, dass kurze Zeit später die autonomen Republiken Russlands dieses für jede Föderation zerstörerische Prinzip selbst auf die Rüstung anwendeten. Mit welchem Fanatismus von Jelzin und seiner Mannschaft alle Einwände zurückgewiesen wurden! Aber zu jenem Zeitpunkt, Ende 1990, verfolgten sie ihr wichtigstes Ziel – Vernichtung der UdSSR. Was danach kommen würde, kümmerte sie offenbar wenig.

Meine Einwände, dass bei der vorhandenen Verteilungsstruktur der Machtbefugnisse von Union und Republiken derartige Finanzbeziehungen unrealistisch seien und Chaos in der Führung des Staates hervorrufen würden, wurden ignoriert.

Aber es kam noch besser. Es gab Forderungen, dass die Erträge aus dem Außenhandel ganz bei den Republiken verbleiben, dass Russland 50 Tonnen Gold zur

Verfügung erhält, dass es eigenständig Lizenzen für den Export von Rohstoffen, Materialien und anderen Industrieprodukten ausgeben darf. Auf Fragen wie: Werden wir Lebensmittel, Getreide, wichtige Rohstoffe besonders für die Leichtindustrie für alle Unionsrepubliken zentral einkaufen?, oder: Wer wird die zu den Zahlungsfristen fälligen Außenschulden begleichen?, gab es keine überzeugenden Antworten. Auch der Vorschlag, dass diese Probleme und eine Neuverteilung der Kompetenzen zwischen Zentrum und Republiken bei der Unterzeichnung des neuen Unionsvertrages diskutiert werden sollten, blieb unberücksichtigt.

Die Reaktionen auf mein Ansinnen, den begonnenen Krieg zwischen den Banken, die Zerstörung des einheitlichen Finanzsystems des Landes, einzustellen, bewegten sich auf dem Niveau von Losungen: Russland hat seine Souveränität und seine oberste Zuständigkeit für die republikanische Gesetzgebung erklärt – alle Forderungen werden in seine neue Rolle integriert.

Man diskutierte noch einige zweitrangige Fragen und bildete zum Abschluss, wie bei solchen Situationen üblich, eine Kommission zweier Ministerräte – der UdSSR und der RSFSR. Diese erhielt den Auftrag, Fragen der Aufteilung des Eigentums, der Organisation des Steuer- und Bankensystems und der Außenwirtschaft zu untersuchen.

Dieses Treffen hinterließ bei mir einen extrem peinlichen Eindruck. Über die für das Land im nächsten Jahr 1991 und auch danach bestimmenden Hauptfragen gab es nach wie vor prinzipielle Meinungsverschiedenheiten. Es war offensichtlich, dass unsere Gesprächspartner sich die Aufgabe gestellt hatten, die Union wirtschaftlich zu sprengen, im Volk noch mehr Unzufriedenheit gegenüber der Zentralmacht zu schüren und auf dieser Welle ihre politischen Positionen zu festigen. Die Konfrontation Russlands mit dem Zentrum nahm an Schärfe ständig zu. Das Land wurde katastrophal schnell amorph und brüchig. Die Versuche Gorbatschows und seiner Umgebung, die Lage wenigstens irgendwie zu stabilisieren, wurden durch offene Sabotage und direkten Widerstand seitens der Vertreter Russlands und der anderen Republiken paralysiert. So ging das fast über das ganze Jahr 1991.

Schließlich verabredete Michail Gorbatschow doch noch ein Treffen mit Boris Jelzin, Leonid Krawtschuk, Nursultan Nasarbajew und Stanislaw Schuschkewitsch für den 9. Dezember, auf dem der neue Unionsvertrag unterschrieben und die Termine der Unterzeichnung durch die anderen Republiken, die sich dem Vertrag anschließen wollten, festgelegt werden sollten.

Nach meiner Ansicht war schon die Vorbereitung für diesen Vertrag über die Schaffung einer Union Souveräner Staaten dürftig, gemessen an Lenins Brester Unionsvertrag von 1922. Aber seine »drohende« Unterzeichnung wurde zur Zündschnur für den späteren Beschluss über die Auflösung der UdSSR. Zu Anfang freilich sah alles ziemlich harmlos aus. Schuschkewitsch hatte, entsprechend dem Rat des Regierungschefs von Weißrussland Wjatscheslaw Kebitsch, den Präsidenten Russlands offiziell zum Staatsbesuch (inoffiziell zur Jagd im Belowescher Wald) eingeladen, sicher auch in der Absicht, angesichts des herannahenden Winters Jelzin zur Lieferung von mehr Energieträgern – Gas und Erdöl – zu bewegen.

Vor Jelzins Abreise gab es nach Gorbatschows Erinnerungen zwischen ihnen das folgende Gespräch:

»Ich frage Jelzin: Worüber werden sie in Weißrussland reden? Er antwortet: ›Ich habe allgemeine Fragen an die Weißrussen. Die will ich klären. Gleichzeitig will ich mit den Ukrainern verhandeln. Krawtschuk will nicht zu uns kommen, aber dorthin zu fahren ist er bereit.‹

Ich erinnere ihn: ›Wir wollten uns doch am Montag treffen und sollten Krawtschuk dazu einladen.‹ Er antwortet: ›Wir werden mit den Weißrussen reden, uns Krawtschuk anhören usw.‹ Darauf ich: ›Na los, Boris Nikolajewitsch, dann verabreden wir doch, dass Sie bei dem Treffen mit den Weißrussen nicht den Rahmen dessen überschreiten, was im Unionsvertrag steht.‹ Jelzin antwortet: ›Aber Krawtschuk wird sich dem Vertrag vielleicht nicht anschließen – er ist unabhängig, schon jetzt.‹ – ›Dann schlagen Sie ihm doch vor, assoziiertes Mitglied zu werden‹, sage ich. Jelzin bemerkt: ›Aber es kann sein, dass er darauf nicht eingeht.‹ – ›In diesem Fall werden wir am Montag alles hier in Moskau entscheiden‹, ziehe ich Bilanz.

Ein solch vertrauliches Gespräch gab es also, von dem sich auch Jelzin selbst nicht distanziert.«

Krawtschuk war zu diesem Zeitpunkt die entscheidende Figur, gerade von ihm hing das Schicksal der Großmacht ab. Einige Monate später bestätigte er das in einem Interview: »Hätte ich gesagt, dass die Ukraine den Unionsvertrag unterschreiben wird, dann hätte Jelzin ihn auch unterschrieben.« Aber in Wiskuli gewannen nationaler Eifer und ehrgeizige Ambitionen die Oberhand, der Wunsch, als erster Präsident einer souveränen Ukraine in die Geschichte einzugehen. Die Positionen des ukrainischen und des russischen Präsidenten glichen sich in ihrer destruktiven Konzeption, und sie spielten eine fatale Rolle im Schicksal der Union.

Das Treffen im Belowescher Wald verlief streng vertraulich, und vieles, was dort ablief, wurde erst viel später bekannt.

Das Flugzeug mit den Totengräbern der UdSSR startete am 7. Dezember um 17.40 Uhr nach Minsk. Als sie am Abend Wiskuli erreichten, war Krawtschuk schon dort – er hatte sich, ohne auf Jelzin zu warten, mit seinem Gefolge zur Jagd begeben. Nach Jelzins Ankunft wurde aufgefahren. Angefeuert durch Hochprozentiges unternahm dann die ganze Troika einen gemeinsamen Jagdausflug, nach dessen Beendigung die Verschwörer ihre Untergebenen beauftragten, in der Nacht ein Dokument mit den politischen Beschlüssen über das Schicksal der UdSSR »auszubrüten«.

Von russischer Seite arbeiteten an diesem Dokument (merkt euch ihre Namen!) Gennadi Burbulis, Sergei Schachrai, Jegor Gaidar, Andrei Kosyrew und Viktor W. Iljuschin.

Das unrühmliche Ende unseres Landes begann »auf einem weißen Blatt«, vorbereitetes Material hatte niemand. Ich bringe hier einige bezeichnende Details nach dem Buch von Andrei D. Schutow »Auf den Ruinen einer Großmacht«[*].

»Der Text der im Kollektiv gemeinsam abgefassten russisch-ukrainisch-weißrussischen Belowescher Vereinbarung wurde von dem in juristischen Dingen beschlagenen Sergei Schachrai von Hand verfasst, danach aber wegen dessen ›krakeliger‹ Handschrift von Gaidar noch einmal abgeschrieben. Bei keinem dieser Verfasser regte sich dabei das staatsbürgerliche Gewissen, niemandem kamen die Verteidiger der Brester Festung in den Sinn, obwohl sie ganz in der Nähe lag. Weder Schachrai noch der Enkel des legendären Arkadi Gaidar erhoben sich in zornigem Protest, sie verteidigten die Heimat nicht ein einziges Mal. Statt als Helden in die Geschichte einzugehen, bedeckten sie sich und ihre Angehörigen durch ihre Mittäterschaft an einer unverzeihlichen Sünde mit Schande.

Das Dokument entstand in einer Atmosphäre von Zynismus und kalter Gleichgültigkeit gegenüber dem

---

[*] »Na ruinach velikoi dershawy ili Agonija vlasti«, Moskau: Wetsche 2004.

ablaufenden Drama. Was soll man beispielsweise von der nach Fertigstellung des Schriftstücks geführten Diskussion der ›rituellen‹ Frage halten, wie man toasten soll – mit einem einzigen Trinkspruch auf den ganzen Vertrag, auf jede Seite einzeln oder auf jede Zeile?* Gegen vier Uhr morgens schickte man dann Kosyrew, damit er den fertigen Text unter die Tür des Zimmers schob, in dem die Stenotypistin schlief. Aber der Herr Minister verwechselte die Zimmer und schob die Papiere unter die Tür von Jelzins Leibwächter. Nachdem dieser das Schriftstück fand, drehte er es in Händen und versuchte zu verstehen, was das solle. Er kam zu dem Ergebnis, dass es sich wohl um Unsinn handelte, zerknüllte das Dokument, ging zur Toilette und warf es in den Korb für benutztes Toilettenpapier. Die Verfasser begannen am Morgen in großer Aufregung, das verloren gegangene Dokument zu suchen. War das vielleicht ein Streich verdächtiger Kräfte oder, schlimmer noch, des KGB? Die Stenotypistin versicherte, dass unter ihrer Tür nichts gelegen habe. Sie suchten in allen Ecken, krochen unter das Bett – nichts. Danach fand sich das ›epochale‹ Dokument doch noch an, man zog es aus dem Papierkorb und übergab es unter Zeugen der Stenotypistin. So also vollzog sich das den Gang der Weltgeschichte verändernde Ereignis.

Am Morgen des 8. Dezembers, einem Sonntag, machten sich die Präsidenten mit dem Text vertraut, nahmen danach auf billigen Hockern an zwei zusammengeschobenen einfachen Tischen aus dem Speisesaal Platz und stellten ihren jeweiligen Staatswimpel vor sich auf. Um 14.17 Uhr besiegelten sie mit gelangweilten, mürrischen Gesichtern handschriftlich den

---

* An diese einmalige Diskussion erinnerte Wladimir Schirinowski in seiner Rede auf der Sitzung der Duma am 15. März 1996 bei der Beratung über die Ungültigkeitserklärung der Belowescher Vereinbarungen – *Anm. d. Autors.*

Maschinentext des historischen Dokuments, mit dem sie der Welt verkündeten, dass ›die Union als Subjekt des internationalen Rechts und als geopolitische Realität ihre Existenz beendet‹ hat.

Bei der Ausführung dieses Staatsverbrechens empfanden die Verschwörer, die ihre Verhaftung befürchten mussten, höllische Angst, die sie auch durch beträchtlichen Alkoholkonsum nicht betäuben konnten. ›Wir sind Todeskandidaten‹, sagte Jelzin besorgt. ›Gelingt es nicht, dann müssen wir zurücktreten.‹«

Die Oberste Macht hatte noch die Gesetzes- und auch die reale Kraft, diesen separatistischen Fehltritt entschlossen und schnell zu neutralisieren und, die Situation nutzend, das Steuer zur Wiederherstellung der politischen Stabilität herumzureißen. Die Völker der UdSSR hätten eine solche Reaktion unterstützt. Nur die nationalistisch eingestellten Oberschichten einiger Unionsrepubliken und die bis ins Mark käuflichen »Einflussagenten« des Westens wollten den Untergang der UdSSR.

Die Angst um die eigene Haut veranlasste die Separatisten als Erstes zu einem Anruf beim Verteidigungsminister der UdSSR, Jewgeni Schaposchnikow. Um sich abzusichern, verkündete Jelzin, unter Zustimmung von Krawtschuk und Schuschkewitsch, die Ernennung Schaposchnikows zum Oberbefehlshaber der vereinten Streitkräfte der GUS.

Danach unterrichtete Jelzin, der im »Fall des Falles« mit Unterstützung von außen rechnete, den amerikanischen Präsidenten George Bush sr. telefonisch über das Vorgefallene. »Heute fand ein sehr wichtiges Ereignis statt, und ich möchte Sie darüber persönlich informieren, bevor Sie es aus den Zeitungen erfahren«, sagte Jelzin feierlich. Jelzin betonte, schreibt Bush in seinen Memoiren, dass »Gorbatschow dieses Ergebnis noch nicht kennt«. Jelzin beendete das Gespräch liebedienerisch: »Verehrter George, ich mache jetzt Schluss. Das ist außerordentlich, außerordentlich wichtig. Angesichts der zwischen uns bestehenden Verbundenheit wollte ich mit diesem Anruf nicht einmal zehn Minuten warten.«

Dieses Gespräch reflektiert die ganze Nichtswürdigkeit Jelzins – als Mensch und Staatsfunktionär, der für seine persönlichen Interessen zu jeder Niedertracht, jeder Intrige und jedem Verrat bereit war.

Fünfzehn Jahre später behauptete Schuschkewitsch, dass es in Belowesch kein Trinkgelage gegeben habe. Dazu ein weiterer Auszug aus dem Buch von Andrei Schutow:

»Danach gab es ein festliches Essen. Währenddessen ließ sich Jelzin, ermuntert durch die Worte, die ihm Bush am Telefon gesagt hatte (ihm gefiel die Idee eines ›panslawistischen Staates‹), so volllaufen, dass von der auf 17 Uhr angesetzten Pressekonferenz keine Rede mehr sein konnte. Sie fand erst um zwei Uhr nachts statt, wobei Jelzin nicht gleich zu Bewusstsein gebracht werden konnte. Dann folgte das Bankett, auf dem Jelzin wieder schnell ›Kondition gewann‹, auf dem Teppich hinfiel und sich dabei übergab.«

Die ganz und gar nicht heilige »Dreieinigkeit« beeilte sich, im Nachhinein ihr kollektives Verbrechen in einer offiziellen Erklärung zu rechtfertigen. Sie verkündeten, dass die Vorbereitungen des neuen Unionsvertrages in eine Sackgasse geraten wären, ohne freilich zu erwähnen, dass sie selbst dafür verantwortlich waren. Und natürlich fügten sie hinzu, dass die wenig weitsichtige Politik des Zentrums zu einer Wirtschaftskrise geführt habe, zum Verfall der Produktion, zur katastrophalen Absenkung des Lebensniveaus der Bevölkerung. In Wirklichkeit hatte sich das Land bis 1989 dynamisch entwickelt. Erst danach begannen die destruktiven Handlungen derer, die den Gesellschaftsaufbau ändern und den Staat aufteilen wollen, immer mehr Wirkung zu entfalten.

Ich durchlebte diese Jahre als Regierungschef der UdSSR und kann sagen, dass sich die bewusste Vernichtung der Wirtschaft des Landes vor meinen Augen abspielte. Die Senkung des Lebensniveaus des Volkes erfolgte vor allem, um das Volk gegen die Zentralmacht aufzubringen. Alles geschah nach dem Prinzip »je schlechter – desto besser«, weil sich diese Leute nur davon den Weg zur ersehnten politischen Macht versprachen. Aus der Erklärung der Troika der Totengräber konnte man den Eindruck gewinnen, dass die höchsten Leitungsorgane und die Führer der Republiken abseits standen und an den subversiven Aktionen keinen Anteil hatten. »Vergessen« waren auch die von ihnen verkündete Priorität der Republikgesetze vor den Unionsgesetzen, die Einführung eines Ausfuhrverbots von Waren aus den Republiken und die versprochene fallweise Preisregulierung. Durch solche separatistischen Entscheidungen der Führer der Republiken wurde der einheitliche Wirtschaftsraum aufgeweicht.

Während sie bei dem Saufgelage in aller Eile ihr Dokument unterschrieben, erdreisteten sich die Führer der drei Republiken, das Zentrum auch für die interethnischen Konflikte verantwortlich zu machen! Hier, wie in vielen anderen Situationen, stieß sie das Leben mit der Nase in ihre Hinterlassenschaft. Die Zerstörung der Vielvölkerfamilie und die nationale Separierung ihrer Mitglieder verschärften die Spannungen. Es gab Streit um die Grenzen zwischen den ehemaligen Unionsrepubliken und auch in ihrem Innern: Grusinien/Georgien – Abchasien und Südossetien; Moldawien – Pridnestrowje (Transnistrien); die Ukraine – Krim; Russland – Tschetschenien. Das sind nur einige Beispiele für die langlebigen, schweren, ja sogar blutigen Konflikte, unter denen die Bevölkerung der nunmehr autonomen Staaten zu leiden hat.

Jelzin hatte es so eilig, Gorbatschow aus dem Sessel zu stoßen, dass er viele für Russland lebenswichtige Fragen gar nicht erst an sich heranließ. Die halblegale Situation und der Zeitfaktor, genauer: der Überraschungsfaktor, waren wenig förderlich. Hätte sich die Unterzeichnung ihrer Dokumente hingezogen, dann wäre das Zentrum möglicherweise unruhig geworden und die ganze Verschwörung aufgeflogen. Ich fürchte jedoch, dass Gorbatschows Entschlusskraft auch dann nicht ausgereicht hätte. Wie dem auch sei, vollständig ungeschützt blieben zum Beispiel die Rechte der russischsprachigen Bevölkerung in den ehemaligen Unionsrepubliken. Umgangen wurde auch das Problem der Auslandsschulden der Sowjetunion, die zu dieser Zeit 70 Milliarden Dollar betrugen. Diese schwere Last bürdete Jelzin allein dem geschwächten Russland auf, ungeachtet dessen, dass diese Kredite von allen Republiken genutzt wurden. Und die Frage der Krim konnte nur einem Betrunkenen oder im Kopf nicht ganz Klaren aus dem Blickfeld geraten.

Hierzu äußerte sich Krawtschuk acht Jahre später, beim Empfang einer Auszeichnung dafür, dass er in Belowesch »die Krim für die Ukraine gesichert« habe. Nach seinen Worten war das ganz leicht: »Jelzin hasste Gorbatschow zu sehr und wäre, um ihn loszuwerden, bereit gewesen, halb Russland abzugeben, nicht nur die Krim.« Wie wir heute wissen, gab es bei der ukrainischen Delegation auf ihrem Wege zum Belowescher Wald keinen Zweifel: Russland würde versuchen, die Stadt Sewastopol zu behalten. Sie waren bereit zuzustimmen, dass auch die Krim zu Russland kommt. Wie groß aber war ihr Erstaunen, als Jelzin die Worte »Sewastopol« und »Krim« nicht einmal erwähnte. Dazu, wie akut dieses Problem für Russland und für die

Mehrheit der Krimbewohner bis heute und in Zukunft ist, muss man kaum etwas sagen.

Die Probleme, die bei der Vernichtung des in Jahrhunderten geschaffenen Staates mit seinen Besonderheiten, seinen politischen und ökonomischen Beziehungen, seinen Traditionen entstanden, sind zahllos.

Der Staatsstreich war jedenfalls vollzogen.

Vier Tage nach den Ereignissen im Belowescher Wald, am 12. Dezember 1991, reagierte das Komitee für Verfassungsaufsicht der UdSSR auf die Deklaration der drei Staatsoberhäupter und die Vereinbarung zur Auflösung der UdSSR. Es wies darauf hin, dass nach dem Unionsvertrag von 1922 Weißrussland, die RSFSR und die Ukraine als drei Gründungsmitglieder der UdSSR keinen besonderen Status und keinerlei zusätzliche Rechte gegenüber den übrigen Unionsrepubliken hatten. In der Gesetzgebung der UdSSR galt von Anfang an das Prinzip der Gleichberechtigung der Unionsrepubliken. Folglich sind Weißrussland, die RSFSR und die Ukraine nicht befugt, allein über Fragen zu entscheiden, die auch die Rechte und Interessen anderer Sowjetrepubliken berühren, und das umso weniger, wenn Letztere die überwiegende Mehrheit bilden. Das Komitee zog den Schluss, dass die Beschlüsse von Belowesch keine verbindliche Rechtskraft besaßen.

Außerdem betonte das Komitee, dass die Artikel der in Belowesch angenommenen Vereinbarung zur Untergrabung der Rechtsordnung führen könnten, zur Unregierbarkeit der Gesellschaft und zur Anarchie. Nach Meinung des Komitees konnten die Beschlüsse nur als politische Bewertung der aktuellen Lage angesehen werden, natürlich ohne Rechtskraft.

Aber weder diese Feststellung noch die mehrfachen offiziellen Erklärungen des Präsidenten Gorbatschow zeigten irgendeine Wirkung. Die Zerstörung des einheitlichen Staates ging weiter und wurde bald »erfolg-reich« zu Ende geführt.

Da die Belowescher Vereinbarung also für die ge-setzliche Fixierung der »Liquidierung der UdSSR« mit allen politisch-rechtlichen Konsequenzen nicht genügte, war eine rechtsgültige Bestätigung durch die obersten gesetzgebenden Organe der Staatsmacht Russlands, Weißrusslands und der Ukraine erforder-lich. Ohne diese Ratifizierungen hatten die Doku-mente keine politische Kraft. In der Eile hatten die Autoren und Unterzeichner die Notwendigkeit einer solchen Bestätigung nicht bedacht und auch nicht festgelegt, in welcher Form sie zu erfolgen hätte. Alles hing davon ab, als was die Belowescher Vereinbarung angesehen wurde: als Vertrag zwischen drei Repu-bliken der alten UdSSR, als »internationaler« Vertrag zwischen zwei sich bereits für »unabhängig« erklären-den Staaten (der Ukraine und Weißrussland) einer-seits und einem Unionssubjekt, welches Russland zu diesem Zeitpunkt noch war – oder als internationaler Vertrag zwischen drei souveränen Staaten.

Die Führung der Ukraine begann als erste mit der Ratifizierung der Belowescher Vereinbarung. Am 10. Dezember 1991 wurde diese Frage in die Tagesord-nung des Obersten Sowjets der Ukraine aufgenom-men. Obwohl man am frühen Morgen begann, wurde dieser Tagesordnungspunkt von Stunde zu Stunde verschoben – seitens der ständigen Deputierten-kommissionen gab es eine Menge Bemerkungen zum Vertragstext. Diese mussten mit den Führungen Weiß-russlands und Russlands diskutiert werden. Erst zur Abendsitzung des Parlaments konnte Krawtschuk seine allseits abgesegneten Ausführungen vortragen.

Seine Rede dauerte etwa eine halbe Stunde. Er beschuldigte das Zentrum der Zerrüttung des Lan-des und der Absicht, die zentrale Macht wieder in die

Hand zu bekommen. »Jemand möchte uns gern belehren«, so Krawtschuk, »und sorgt sich um unser Volk mehr, als es unser Volk selbst tut.«

Der Oberste Sowjet der Ukraine ratifizierte die Vereinbarung ohne Diskussion, aber mit Vorbehalten und 288 Gegenstimmen. Die Vorbehalte bestanden aus zwölf Korrekturpunkten zu vielen Artikeln des Dokumentes. Zum Beispiel wurde die »Offenheit der Grenzen« enger gefasst und mit einem Verweis auf zukünftige Akte versehen. Die Belowescher (man nennt sie auch Minsker) Vereinbarung sah eine »Koordinierung der außenpolitischen Aktivitäten« vor, die Kiewer Variante aber nur »Konsultationen auf dem Gebiet der Außenpolitik«. Eine wesentliche Ergänzung gab es bei den Formulierungen über die Streitkräfte. Das Parlament der Ukraine fügte hinzu: »Die Mitgliedsstaaten der Gemeinschaft reformieren die auf ihren Territorien stationierten Gruppierungen der Streitkräfte der ehemaligen UdSSR und werden, indem sie auf deren Basis eigene Streitkräfte aufbauen, bei der Gewährleistung des internationalen Friedens und der Sicherheit kooperieren.« Die Rede war also von einer Aufteilung der Streitkräfte der UdSSR unter den Republiken. Ausgehend davon erklärte sich Krawtschuk zum Oberbefehlshaber der Streitkräfte der nationalen Republik, genauer gesagt von drei Militärbezirken und der Schwarzmeerflotte. Unter zentralem Kommando beließ er nur die strategischen Streitkräfte.

Weißrussland befand sich, juristisch gesehen, mit der Ratifizierung der Minsker Vereinbarung in einer komplizierteren Lage. Im Unterschied zur Ukraine hatte kein Referendum über die Unabhängigkeit stattgefunden, was die Republik vom Rechtsstandpunkt her leichter angreifbar machte.

Am 10. Dezember fand eine Sitzung des Obersten Sowjets von Weißrussland statt. Nach kurzer Mitteilung des Vorsitzenden Schuschkewitsch über die Arbeitsergebnisse aus Belowesch meldeten im Parlament sowohl die Linken als auch die Rechten unerwartet und unterschiedlich begründet ihre Zweifel an. Die Linken befürchteten eine Falle, die ihrer Meinung nach unvermeidlich die Gemeinschaft wieder in den alten Einheitsstaat führen würde. Die Rechten dagegen hatten umgekehrt die Befürchtung, die Gemeinschaft der Unabhängigen Staaten bedeute den endgültigen Ruin der Union und würde ein großes Chaos hervorrufen. Einige Abgeordnete machten Schuschkewitsch zum Vorwurf, dass er mit seiner Unterschrift unter die Vereinbarung Machtmissbrauch begangen habe. Trotzdem, und obwohl ursprünglich nur die Rede von Billigung der GUS-Konzeption war, forderten viele Abgeordnete die sofortige Ratifizierung der Minsker Vereinbarung. Diese Position siegte mit 263 Ja-Stimmen bei einer Gegenstimme und zwei Enthaltungen.

Der Oberste Sowjet der Republik erklärte auch den Unionsvertrag von 1922 für ungültig und nahm ein Gesetz über entsprechende Maßnahmen an.

In der kompliziertesten Rechtslage befand sich aber die RSFSR, deren Behörden zur Bestätigung des von Jelzin und Burbulis in Wiskuli unterschriebenen Dokumentes über keinerlei gesetzgeberische Grundlage verfügten. Das einzige Organ, das einen gesetzlichen Beschluss zum neuen Vertrag wie auch zur Aufkündigung des Unionsvertrages von 1922 fassen konnte, war der Kongress der Volksdeputierten der RSFSR, das höchste Machtorgan der Republik. Dazu war ein Beschluss zur Änderung und Ergänzung der Verfassung der RSFSR notwendig. Diese Variante war jedoch für die Anhänger der Liquidierung der UdSSR unannehmbar, weil sie unter den Volksdeputierten der RSFSR keine deutliche Mehrheit hatten. Daher stellte man die Belowescher Vereinbarung als »internationalen Vertrag der RSFSR« dar, dessen Ratifizierung laut Verfassung in die Kompetenz des Obersten Sowjets der Republik fiel. Auf gleiche Art behandelten sie den Unionsvertrag von 1922, was dann auch dessen Aufkündigung ermöglichte. Beide Vorgänge fanden auf der Sitzung des Obersten Sowjets der RSFSR am 12. Dezember 1991 statt.

Am selben Tag hielt Jelzin seine Rede. Die Verhandlungen in Weißrussland bezeichnete er als »gesetzmäßige Folge jener Prozesse, die sich in letzter Zeit entwickelten«. Schon vor zwei Jahren, sagte er, wurde klar, dass »die Unionsstrukturen zur radikalen Erneuerung nicht fähig sind. Im Gegenteil, seine letzten Lebenskräfte warf das Kommandosystem auf die Erhaltung seiner Allmacht, es wurde so zum Haupthindernis für Reformen.«

Jelzin unterzog alle Entwürfe des Unionsvertrages der Kritik. »Durch sie zog sich im Prinzip immer das gleiche Modell einer Union mit starkem Zentrum. Das Prinzip der Souveränität erschien nur als dekorative Verzierung. [...] Erst im April in Nowo-Ogarjowo erfolgte endlich ein Schritt in die richtige Richtung, die Republiken waren bereit zum Kompromiss und zum Unterzeichnen des Unionsvertrages. [...] Nach dem August trat der Zerfall der UdSSR in sein letztes Stadium, es begann die Agonie. [...] Und in dieser Zeit versanken wir buchstäblich in endlosen Verhandlungen und Abstimmungen, in Diskussionen und Konsultationen verschiedenster Bandbreite. Alles das nahm den Charakter einer fatalen Gesetzmäßigkeit an. [...]

Die drei Gründerrepubliken der UdSSR stoppten diesen Prozess des spontanen, anarchischen Zerfalls. Gefunden wurde die einzig mögliche Formel für das gemeinsame Leben unter den neuen Bedingungen – die Gemeinschaft Unabhängiger Staaten, und nicht ein Staat, in dem es keine Unabhängigkeit gibt.«

Jelzin kritisierte die Behauptung, dass im Belowescher Wald die Führer der drei Republiken »die UdSSR liquidiert haben«. Er sagte:

»Die Union ist schon nicht mehr in der Lage, bezüglich ihrer ehemaligen Mitglieder eine positive Rolle zu spielen. Die Weltgemeinschaft beginnt, sie als bankrott anzusehen. [...] Nur die Gemeinschaft Unabhängiger Staaten ist fähig, die Bewahrung des in Jahrhunderten entstandenen, aber heute fast eingebüßten Rechts- und Wirtschaftsraumes zu garantieren. [...] Dem Haupthindernis wurde ein Ende bereitet – dem Unionszentrum, das sich als unfähig erwies, sich von den Traditionen des früheren Systems zu befreien, vor allem von dem angemaßten Recht, die Völker zu kommandieren und die Selbständigkeit der Republiken in Ketten zu legen.«

Kritische Stimmen zu der Vereinbarung waren auf dieser Sitzung selten. Der Saal war beherrscht vom Rausch der grenzenlosen Souveränität. Die Ergebnisse der offenen Abstimmung über die Ratifizierung der Belowescher Vereinbarung waren: 188 Ja-Stimmen, 6 Nein-Stimmen, 7 Enthaltungen. Nach Bekanntgabe des Abstimmungsergebnisses wurde im Stenogramm der Sitzung festgehalten: »Stürmischer Beifall. Alle stehen auf.« So wurde der Staatsstreich »legitimiert« und unser großer Staat zerstört.

Natürlich könnte man jeden Punkt der Rede Jelzins kritisch analysieren. Aber die beste Einschätzung der Äußerungen Jelzins und seiner Helfer und des Schadens, den sie anrichteten, gibt die Geschichte selbst: Nach Vernichtung der UdSSR brach in allen Republiken, ohne Ausnahme, politisches und ökonomisches Chaos aus. Millionen und Abermillionen Menschen bezahlten und bezahlen noch heute einen ungeheuerlichen Preis für die Verbrechen ihrer Führer und für ihre eigene politische Blindheit und Leichtgläubigkeit.

Im März 1996 wurde für die Tagesordnung der turnus-mäßigen Sitzung der russischen Duma die Frage der Aufkündigung der Belowescher Vereinbarung zur Er-örterung vorgeschlagen. Den Entwurf eines gemeinsa-men Beschlusses zu dieser Frage hatten die Fraktionen der KPRF und zwei Abgeordnete der Deputiertengrup-pen »Narodowlastije« (Volksmacht) und »Agrarnaja« (Agrarpolitik) eingebracht. Bei der Diskussion der Ta-gesordnung traten wie zu erwarten jene gegen eine Erörterung auf, die einige Jahre zuvor Jelzin und sei-nen ruinösen Kurs unterstützt hatten. Unter ihnen waren der Führer der Fraktion »Jabloko« (Apfel) Gri-gori Jawlinski, der Führer der Pro-Regierungsfraktion »Unser Haus Russland« S. Below, die Abgeordneten Galina Starowoitowa und Sergei Juschenkow. Für die Aufnahme dieser Frage in die Tagesordnung stimmten trotzdem 57 Prozent der Abgeordneten.

Zu dieser Zeit leitete ich die Deputiertengruppe »Volksmacht« und hielt es natürlich für notwendig, zu dieser wichtigen politischen Frage im Parlament zu sprechen – nicht nur, damit meine staatsbürger-liche Position klar wurde, sondern auch, um auf die Annahme dieses dringend notwendigen Beschlusses hinzuwirken. Einen Teil meiner Rede möchte ich der Aufmerksamkeit des Lesers empfehlen:

»Bei aller Bedeutsamkeit der Fragen, die unser Parla-ment bereits erörtert hat und noch erörtern wird, gibt es nichts Wichtigeres und Verantwortungsvolleres als die Frage der Einheit der Völker der Sowjetunion. Der Zerfall unseres großen Staates peinigt weiter Millionen Menschen, und ohne Übertreibung kann festgestellt werden, dass die Folgen das Schicksal unseres Lan-des noch lange bestimmen werden. Heute ist, nicht nur aufgrund unserer Prognosen von 1990, sondern ausgehend von den bitteren Erfahrungen der letzten

Jahre, unübersehbar, dass der Zusammenbruch der UdSSR zu einer echten Tragödie nicht nur für Russland, sondern für alle Völker der Union geworden ist. Die Euphorie der Souveränität verflüchtigt sich unter dem Druck der Lebenswirklichkeit. Mit dem Zerfall des Landes wurde die Situation in Wirtschaft und Politik extrem instabil und in sich widersprüchlich.

Wesentlich verschlechtert hat sich auch die geopolitische Lage Russlands, das sich nach Osten verschoben vorfindet. Mehr als die Hälfte unserer Seehäfen, um die Russland über Jahrhunderte gekämpft hat, haben wir verloren. Peter I., Katharina II. (beide »Große«) und auch andere würden sich im Grabe umdrehen, erführen sie von unseren Taten. Die Bildung der Gemeinschaft Unabhängiger Staaten, der Abschluss eines Vertrages über die Wirtschaftsunion und zahlreiche Abkommen* zur Bewahrung des gemeinsamen Wirtschaftsraumes und durchlässiger Grenzen zwischen den Republiken, die Absage an Handelsbarrieren, die Wiederherstellung der Wirtschaftsverbindungen waren de facto leeres Getöse. Alle Beteuerungen der ›Väter von Belowesch‹ erwiesen sich als unverhüllter Betrug, und dabei half mancher der hier Anwesenden.

Manchmal müssen wir uns anhören, dass der Zerfall der UdSSR ein zwingender Prozess gewesen sei, dass alle Imperien einmal zerfielen. Die These vom sogenannten Imperium, das früher oder später zusammenbrechen muss, lehnen wir aber ab. Gibt es in der Geschichte denn ein Beispiel dafür, dass ein ›Imperium‹ gezielt seine Randgebiete auf Kosten der Bevölkerung in der zentralen Metropole fördert?! Ich will gar nicht davon sprechen, dass sich die überwiegende Mehrheit der Völker freiwillig an Russland an-

---

*Die Rede ist hier von Dokumenten, die später, nach Belowesch, angenommen wurden. – Anm. d. Autors.

geschlossen hat, vor allem, um das eigene Überleben zu sichern. Wir waren also überhaupt kein Imperium im eigentlichen Sinne. Wir waren ein großes Land! Wir waren ein großes Volk! Bei der Entscheidung einer so wichtigen Frage wie der Integration ehemaliger Republiken der UdSSR dürfen wir uns nicht von Emotionen leiten lassen, sondern müssen auf den Kern der Frage schauen und dabei vor allem von den Interessen Russlands, von der Förderung des Wohlstands seiner Bevölkerung ausgehen.

Die Integration wird nicht nur für Russland von Nutzen sein, sondern auch für alle Bruderländer. Vor allem geht es natürlich um die Wirtschaft. Unser in der Menschheitsgeschichte einmaliger Wirtschaftskomplex sicherte das Überleben unserer Völker unter extremen Bedingungen. Hätten die von Hitler unterworfenen Völker der Ukraine, Weißrusslands, Lettlands, Litauens, Estlands eigenständig ihre Unabhängigkeit bewahren und ihre zerstörte Wirtschaft ohne die einige Sowjetunion wiederaufbauen können?!

[...] Unbestreitbar bleibt die wichtigste Tatsache: Das Leben ausnahmslos aller Völker, die früher die UdSSR bildeten, ist nicht besser geworden, sondern hat sich wesentlich verschlechtert. Und es gibt keinerlei Anzeichen dafür, dass jemand allein, auf sich selbst gestellt, aus dem Sumpf herausfindet, in dem wir alle langsam, aber sicher versinken. Ich habe keinen Zweifel, dass auch die Gegner aus dem rechten Flügel, die gegen den vorgeschlagenen Beschlussentwurf aufgetreten sind und dagegen stimmen werden, in der Tiefe ihres Herzens die historische Notwendigkeit und Unvermeidbarkeit der Wiederherstellung der Einheit unserer Völker verstehen.

Heute ist nicht die Zeit für taktische Manöver im Ringen um das Schicksal unserer Völker. Wir kennen die Einstellung unserer Bevölkerung gut. Die Entscheidung des ersten Referendums in der Geschichte unseres Landes, in dem sich vor genau fünf Jahren unsere Mitbürger für die Union aussprachen, bewahrt ihre moralische und juristische Kraft bis heute. Niemand ist berechtigt, dieses Votum für ungültig zu erklären. Es handelt sich um eine Äußerung wahrer Demokratie. Keinerlei Bezugnahme auf eine revolutionäre Notwendigkeit kann die Verletzung des Volkswillens rechtfertigen, und vergeblich sind die Versuche des Präsidenten und seiner Helfer, die hier Hand angelegt hatten, sich der Verantwortung für ihr Tun zu entziehen.

Auch dürfen wir nicht die Augen davor verschließen, dass in Russland und in anderen Republiken die Tendenzen zur Umorientierung der ökonomischen Beziehungen auf das entfernte Ausland zunehmen. Vor diesem Hintergrund wird das Anwachsen politisch-ökonomischer Aktivitäten bestimmter Staaten im Weltmaßstab deutlich. Ihre Handlungen werden zu einem Faktor der Entfremdung unter den neuen, souveränen Staaten, sie führen zur Schwächung des Einflusses Russlands. Wir dürfen nicht allein für den heutigen Tag leben. Die NATO steht vor unserer Schwelle. Es fragt sich: warum?

Wirklich interessiert an der Beibehaltung unseres gegenwärtigen Zerfallsprozesses sind nur die Kräfte des Westens. Sie träumen von der endgültigen Erfüllung ihrer Jahrhundertaufgabe, der Liquidierung des großen Staates und der Schwächung der eigenständigen russländischen Zivilisation, die sich nicht in die in fremden Metropolen geschaffene neue Weltordnung einfügt. Ganz und gar nicht russische Interessen vertreten diejenigen, die heute wollen, dass Russland seine Brudervölker von sich stößt und sich auf die Maße eines Moskauer Fürstentums reduziert, aber natürlich mit Kontrolle der Erdöl- und Gashähne.

Wir brauchen eine entschlossene Rückbesinnung

auf die praktischen Fragen. Unsere wirtschaftlichen und politischen Schwierigkeiten auf dem Gebiet der Integration sind unübersehbar. Allzu viel ist schon durch Hast und Leichtfertigkeit zerbrochen, absichtlich und irreparabel zerstört im Interesse äußerer Kräfte oder winziger Gruppen Gewinnsüchtiger, die von unser aller Leiden reich werden. Aber gerade deshalb braucht es neue kühne Schritte, und diese Schritte muss Russland gehen. Hierin besteht unsere historische Verpflichtung und Verantwortung. Zukünftige Geschlechter werden uns nicht verzeihen, wenn wir das nicht tun.«

Einen Eindruck von der sich anschließenden Diskussion vermittelt auch die Rede Wladimir Schirinowskis:
»Im Zusammenhang damit hätte ich gern, dass ein gemeinsamer Beschluss angenommen wird, in dem die Verantwortung von Personen, die an der Vorbereitung des Entwurfs der Belowescher Vereinbarungen beteiligt waren, Thema ist. Es handelt sich um Abgeordnete des heutigen Parlaments. Burbulis, wo ist er? Nicht im Saal – er hat wohl Angst, ist schon gegangen. Er wusste, dass ich Handschellen dabeihabe. Das ist es, was ihn erwartet! (Bewegung im Saal.) Sie haben Russland Handschellen angelegt, wir werden diese den Initiatoren dieser Belowescher Vereinbarung anlegen! Der Abgeordnete Schachrai ist hier – er kann gleich im Saal festgenommen werden, hier auf der Tagung der Duma. Der Abgeordnete Kosyrew – nicht anwesend. Der Abgeordnete Gaidar ist schon verschwunden – er ist schon kein Abgeordneter mehr. Das sind die vier – diese Menschen haben alles organisiert.«
Als Ganzes wurde der Beschluss über die Aufhebung der Belowescher Vereinbarung am 15. März 1996 mit 252 Stimmen oder 56 Prozent der Duma-Abgeordneten angenommen. Ich erinnere daran, dass am

12. Dezember 1991 für die Ratifizierung der Belowescher Vereinbarung mehr als 90 Prozent der Deputierten des Obersten Sowjets der RSFSR gestimmt hatten.

So lehrt das Leben die Menschen. Die Menschen, aber nicht die Vaterlandsverräter, wenn sich Letztere an der Macht befinden. Und wie zu erwarten: Mit Jelzin an ihrer Spitze dachten sie nicht daran, den Beschluss des Landesparlamentes auszuführen.

Die Geschichte des parlamentarischen Kampfes für die Annullierung der Belowescher Vereinbarung führt die Gedanken wieder und wieder zurück zu den schicksalhaften Tagen des Dezembers 1991.

Nach der Bildung des GKTschP im August 1991 wurden durch den Fünften außerordentlichen Kongress der Volksdeputierten die Organe des Staates zerstört, seine Macht gelähmt, woraufhin die Sowjetmacht bereits im Dezember in Agonie verfiel. In der Erinnerung sucht man unwillkürlich nach Antwort auf die Fragen: Warum nahm Gorbatschow als Präsident der UdSSR in den Tagen nach Belowesch keine prinzipielle Kampfposition ein, warum kämpfte er nicht bis zum Letzten für die Unversehrtheit seines Staates?

Es ist schwer, einem Menschen in sein Innerstes zu schauen und seine wahren Absichten zu erkennen. Aber daran, dass Gorbatschow sich seit langem mit dem Gedanken trug, die kommunistische Partei, die ihn groß gemacht hat, und die sozialistische Gesellschaft, in der er aufwuchs, zu beseitigen, kann kein Zweifel bestehen. Er selbst sprach darüber nach dem Jahr 1991.

Natürlich hatten ihn die Belowescher Verschwörer in eine schwierige Lage gebracht. Hierzu Gorbatschows Bericht:

»Nach Jelzins Abreise vergeht der nächste Tag – keiner weiß etwas, keiner teilt mir etwas mit. Ich rufe die Minister an, auch sie wissen nichts. Dann rufe ich Jewgeni Schaposchnikow an – er weiß etwas. Es stellt sich heraus, dass sie schon ein Gespräch mit ihm geführt hatten. Ich denke: Was geht hier eigentlich vor? Offensichtlich hatte Schaposchnikow sofort nach Weißrussland zurückgerufen und gesagt, dass Gorbatschow vor Wut tobt. Dann ruft mich Schuschkewitsch an: ›Michail Sergejewitsch, ich rufe Sie im Auftrag aller an.‹ Ich frage: ›Und warum rufst du mich an?‹ Er antwortet: ›Im Auftrag von Jelzin und Krawtschuk. Boris Nikolajewitsch hat mit Bush gesprochen, ihm berichtet, und mir haben sie aufgetragen, das mit Ihnen durchzusprechen.‹ Ich sage: ›Das ist doch eine Riesensauerei. Ihr ruft den amerikanischen Präsidenten an, umgeht den Präsidenten der Union und verhandelt hinter meinem Rücken. Wo ist Boris Nikolajewitsch? Übergeben Sie ihm den Hörer.‹ Jelzin übernahm den Hörer und begann etwas zu nuscheln, meinem Eindruck nach mit schwerer Zunge.«

Übrigens, der erste Anruf beim Präsidenten der USA – das war nicht nur der Bericht von Liebedienern an ihren faktischen Gebieter, sondern auch die Chance, sich gegebenenfalls hinter dessen Rücken verstecken zu können.

Was aber konnte der Präsident der UdSSR in dieser Situation tun und wozu war er verpflichtet? Beim Erhalt einer solchen Information hätte er sofort alle ihm zur Verfügung stehenden Mittel nutzen müssen. Nach Auskunft von Anatoli Lukjanow, dem letzten Vorsitzenden des Obersten Sowjets der UdSSR, warteten die Führer der drei Republiken – die Teilnehmer des Belowescher Treffens – voll Unruhe darauf, wie Gorbatschow reagieren würde:

»Er war immer noch der Oberste Befehlshaber, und es genügte ein Wort des Präsidenten, damit von den Unterzeichnern und ihren Dokumenten keine Spur geblieben wäre. Ging es doch um das Schicksal einer

Weltmacht, um ein Dreihundertmillionenvolk, um das globale Kräftegleichgewicht. Aber der Mann, der geschworen hatte, die Union zu schützen und zu verteidigen, brachte dieses Machtwort nicht zustande.«

Auch ich war und bin der Meinung, dass Gorbatschow im entscheidenden Moment seine gesetzlichen Verpflichtungen nicht erfüllt hat. Er hätte unverzüglich die UNO, den Sicherheitsrat, den Kongress der Volksdeputierten der UdSSR, den Obersten Sowjet informieren und gegen die Belowescher Vereinbarung Einspruch erheben müssen. Und vor dem Kongress hätte folgende Frage ganz scharf gestellt werden müssen: Laufen wir auseinander, oder erhalten wir die Union? Nein, am Ende des Jahres 1991 wurde gegen alle Gesetze verstoßen, gegen die Unionsgesetze, gegen internationale Gesetze und, wie es so schön heißt, gegen die Gesetze Gottes und der Menschen.

Der Präsident des Landes, der anderthalb Jahre zuvor auf die Verfassung der UdSSR geschworen hatte, die Einheit des Staates zu bewahren, war verpflichtet – ich betone, bedingungslos verpflichtet! –, sein Wort zu halten. Und wenn er dabei unterlegen wäre – in die Geschichte wäre er als ein Führer eingegangen, der bis ans Ende für die Unversehrtheit seines Landes gekämpft hat. Leider ist es dazu nicht gekommen, und jetzt wird er von seinem Volk verachtet und verflucht.

Anstelle konkreter Taten wählte Gorbatschow einen anderen Weg. Es folgte ein Schwall von Erklärungen und Pressekonferenzen. Am 9. Dezember definierte er seine Position: Veröffentlicht wurde der Appell des Präsidenten, den man, freundlich formuliert, als »gelassen« bezeichnen kann. In diesem werden sogar gewisse positive Momente der Belowescher Vereinbarung erwähnt. Aber immerhin meinte das Oberhaupt der Union, das Dokument würde so tief die Interessen der Völker unseres Landes und der ganzen Weltgemeinschaft berühren, dass es einer allseitigen politischen und rechtlichen Bewertung bedürfe:

»In der entstandenen Situation ist es nach meiner tiefen Überzeugung notwendig, dass alle Obersten Sowjets der Republiken und der Oberste Sowjet der UdSSR sowohl den Entwurf des Vertrages über die Union Souveräner Staaten als auch die in Minsk getroffene Vereinbarung diskutieren. Da in der Vereinbarung eine andere Formel der Staatlichkeit vorgeschlagen wird, was in die Kompetenz des Kongresses der Volksdeputierten fällt, muss dieser Kongress einberufen werden. [...] Außerdem würde ich auch die Durchführung eines unionsweiten Referendums zu dieser Frage nicht ausschließen.«

Gorbatschow hatte offenbar »vergessen«, dass er auf dem Fünften außerordentlichen Kongress der Volksdeputierten, zusammen mit den Führern der Unionsrepubliken, eigenhändig den Kongress der Volksdeputierten der UdSSR als höchstes Organ der Staatsmacht des Landes beseitigt und dessen Macht dem Obersten Sowjet der UdSSR übertragen hatte. Die Volksdeputierten der UdSSR, die nicht dem Obersten Sowjet angehörten, hatten nunmehr nur noch das Recht, sich an dessen Arbeit zu beteiligen.

Und trotzdem konnten sich viele von ihnen nicht mit der Zerstörung des Landes abfinden. Am 9. Dezember 1991 teilte man mir telefonisch mit, dass sich eine Deputierten-Initiativgruppe für die erneute Einberufung des Volksdeputiertenkongresses der UdSSR gebildet hatte. Schon am 10. Dezember fand im 20. Stock des Abgeordnetengebäudes auf der Moskauer Prachtstraße Neuer Arbat eine Unterschriftensammlung der Anhänger einer Einberufung des Sechsten außerordentlichen Kongresses der Volksdeputierten der UdSSR statt. Auch ich ging hin und unterschrieb diesen Aufruf.

Genau zu jener Zeit erhielt der Organisator der Unterschriftensammlung, der Abgeordnete Wladimir Samarin, einen Anruf von Gorbatschow. Samarin informierte in unserer Anwesenheit den Präsidenten darüber, dass bereits genügend Unterschriften für die Einberufung des Kongresses zusammengekommen waren. Dann nahm er die Listen mit den Unterschriften und fuhr zu Gorbatschow. Ich weiß, dass er Gorbatschow diese Listen und mehr als 500 Telegramme mit Unterschriften ausgehändigt hat und dabei das persönliche Versprechen des Präsidenten erhielt, dass der Kongress einberufen wird.

Zwei Tage nach diesem Treffen veröffentlichte die Zeitung *Iswestija* auf der ersten Seite einen Artikel mit der auffälligen Überschrift: »Ryschkow und Tschebrikow wollen Einberufung des Kongresses«. Aber nicht nur diese Zeitung, das ehemalige Presseorgan des Obersten Sowjet der UdSSR, sondern auch andere, noch vor kurzem vom ZK der KPdSU herausgegebene Zeitungen brachten ihre negative Haltung zu diesem Vorschlag zum Ausdruck. Im Ganzen nahmen sie eine Pro-Jelzin-Position ein.

Aus welchen Gründen Gorbatschow den außerordentlichen Kongress nicht einberief, ist mir nicht bekannt. Schwer zu sagen, was hier die Hauptrolle gespielt hat: War es der Wunsch, Brücken nicht abzubrechen oder sich in die neuen Machtstrukturen einzubinden, war es elementare Feigheit, oder wollte er seinen Verrat konsequent zu Ende bringen?

Am 12. Dezember 1991, am Tag der Ratifizierung der Belowescher Vereinbarung im Obersten Sowjet der UdSSR, begann in Aschchabat die Konferenz der Oberhäupter der Republiken Mittelasiens und Kasachstans. Die Initiative hierfür lag beim Präsidenten Turkmenistans, Saparmurad Nijasow.

Nach langen Debatten beschlossen die Präsidenten dieser Republiken ihren Eintritt in die GUS, aber nicht als »assoziierte Mitglieder«, sondern als »gleichberechtigte Gründungsmitglieder«. Aus der Aschchabader Erklärung geht hervor, dass die asiatischen Republiken die GUS als noch nicht gegründet ansahen. In dem Dokument hieß es unumwunden, dass »zur Bildung der Gemeinschaft Unabhängiger Staaten eine Koordinierung der Anstrengungen notwendig ist« und dass »die gleichberechtigte Teilnahme der Subjekte der ehemaligen Union im Prozess der Erarbeitung von Beschlüssen und Dokumenten über die Gemeinschaft Unabhängiger Staaten gewährleistet sein muss; dabei sind alle die Gemeinschaft bildenden Staaten als Gründungsmitglieder anzuerkennen«. Hieraus ergab sich auch die praktische Schlussfolgerung, dass Fragen der Bildung der Gemeinschaft »auf Konferenzen der Oberhäupter der souveränen Staaten zu behandeln sind«, das heißt, die Belowescher Vereinbarung wurde nur als Ausgangspunkt für weitere Schritte zur Schaffung der GUS in einem größeren Kreis von Teilnehmern anerkannt.

Auf der Aschchabader Konferenz wurde die Durchführung eines Treffens der Staatsoberhäupter von Kasachstan, Kirgisien, Tadschikistan, Turkmenistan und Usbekistan beschlossen, »zu dem die Präsidenten von Weißrussland, Russland und der Ukraine eingeladen werden«.

Am 21. Dezember 1991 trafen sich in Alma-Ata die Führer von elf ehemaligen Unionsrepubliken (d. h. alle außer den baltischen Republiken und Grusinien/ Georgien, die sich nicht als Nachfolgestaaten der Sowjetunion betrachteten). Auf diesem Treffen der Staatsoberhäupter wurde der Vorschlag zur Schaffung einer Konföderation gemacht. Das rief jedoch absolutes Missfallen bei Krawtschuk hervor. Er erklärte, dass die Ukraine als souveräner Staat bei den geringsten Ansätzen zu überrepublikanischen Organen nicht der Gemeinschaft beitreten würde. Offensichtlich mit Rücksicht darauf wurde in die in Alma-Ata angenommene Deklaration die Feststellung aufgenommen, dass die Gemeinschaft Unabhängiger Staaten »weder ein Staat noch ein überstaatliches Gebilde ist«.

Diese Position führte zu enormen Schwierigkeiten, mit denen es die Mitglieder der GUS in ihren gegenseitigen Beziehungen ständig zu tun haben sollten.

Im Ergebnis des Treffens gab es eine Überprüfung der Belowescher Vereinbarung, und im Grunde genommen wurden neue Dokumente unterzeichnet, auch von den Führern der ersten drei Republiken: die Alma-Ata-Deklaration vom 21. Dezember 1991 und eine Reihe zusätzlicher Vereinbarungen und Protokolle.

Aufgenommen wurde die das Schicksal der Sowjetunion exakter beschreibende Formulierung: »Mit der Bildung der Gemeinschaft Unabhängiger Staaten stellt die Union der Sozialistischen Sowjetrepubliken ihre Existenz ein.« Die Führer der elf souveränen Republiken, welche die Gemeinschaft Unabhängiger Staaten bilden, beschlossen eine Botschaft an Gorbatschow, mit der sie ihn von der Auflösung der Sowjetunion und der Abschaffung des entsprechenden Präsidentenamtes in Kenntnis setzten. In dieser Botschaft dankten die Oberhäupter der unabhängigen Staaten dem Unionspräsidenten Gorbatschow für seinen großen positiven Beitrag.

Die Ergebnisse des Alma-Ata-Treffens ließen Gorbatschow keine Hoffnung, und am 25. Dezember 1991 um 19 Uhr Moskauer Zeit hörte das Land seine letzte Rede als Präsident der bereits nicht mehr existierenden Sowjetunion.

Während dieser Rede glitt das riesige Fahnentuch über der Kuppel des Kremlpalastes – die Staatsflagge

der Sowjetunion – nach unten. Sie wurde vom Haupt-
initiator und Organisator des Staatsstreiches Burbulis
eingeholt, offenbar als eine Art Zeichen der Anerkennung für den begangenen Verrat. Minuten später stieg
am Fahnenmast des Kremls die russische Trikolore
auf.

So also endete das menschheitsgeschichtliche Kapitel einer Supermacht – der Union der Sozialistischen
Sowjetrepubliken.

3. Dämmerung überfiel unser Land

Auf einem Sechstel der Erde entstanden also anstelle
des einheitlichen föderativen Staates UdSSR fünfzehn
souveräne Staaten. Das geschah unter den Fanfaren
von machtbesessenen »Führern« und unter Einlullung
der betrogenen Massen. Aber diese Euphorie hielt
nicht lange vor. Bald begann die qualvolle Ernüchte-
rung.

Die Lage in Russland war über lange Zeit derart
kompliziert und unvorhersehbar und für die Mehrheit
der Bevölkerung so belastend, dass im Jahr 1998 eine
Initiativgruppe der Duma – mit 218 Abgeordneten,
unter ihnen auch der Buchautor – vorschlug, gegen
den Präsidenten der Russischen Föderation Jelzin ein
Amtsenthebungsverfahren einzuleiten.

Juristische Basis für die Anklage war der Artikel 93
der Verfassung der Russischen Föderation, in dem festgelegt ist, dass der Präsident des Landes durch den Föderationsrat von seinem Amt enthoben werden kann,
aber nur aufgrund einer von der Duma erhobenen
Anklage wegen Hochverrats oder Begehung eines anderen schweren Verbrechens.

In der Duma wurde eine Sonderkommission zur

Untersuchung dieser Verbrechen Jelzins gebildet. Die Anklage wurde in fünf Punkten formuliert:

Erstens. Im Dezember 1991 beging der Präsident Russlands Jelzin Hochverrat, indem er die Belowescher Vereinbarung, welche die Sowjetunion endgültig zerstörte, vorbereitete und abschloss.

Zweitens. Im September / Oktober 1993 beging der Präsident Jelzin, indem er einen Staatsstreich organisierte und aktiv an dessen Verwirklichung mitwirkte, Verbrechen, für die im Strafgesetzbuch der Russischen Föderation entsprechende Artikel vorgesehen sind.

Drittens. Am 30. November 1994 erließ der Präsident Jelzin die Verordnung Nr. 2137 »Über Maßnahmen zur Wiederherstellung der verfassungsmäßigen Gesetzlichkeit und Rechtsordnung auf dem Territorium der Tschetschenischen Republik und in der ossetisch-inguschischen Konfliktzone« und gab den Befehl zum Militäreinsatz in der Tschetschenischen Republik, womit er ein Verbrechen beging.

Viertens. Als Oberster Befehlshaber der Streitkräfte der Russischen Föderation hat der Präsident Jelzin in der Zeit seiner Amtsausübung der Verteidigungsfähigkeit und Sicherheit der Russischen Föderation ernsthaften Schaden zugefügt.

Fünftens. Die der Politik von Jelzin und seiner Umgebung zugrundeliegenden »Reformen« führten Russland in eine sozioökonomische Krise, verbunden mit der Vernichtung grundlegender Zweige der Volkswirtschaft, zunehmender Spaltung in der Gesellschaft, dem Verlust der Sicherheit des Landes, einem heftigen Absinken des Lebensstandards und einem Ausdünnen der Bevölkerung.

An der Arbeit der Sonderkommission nahm eine große Zahl von Abgeordneten und Spezialisten teil, Aussagen vieler staatlicher Amtsträger wurden angehört.

Die Kommissionssitzungen verliefen in ausgesprochen demokratischem Geist. Die Auseinandersetzungen und Diskussionen wurden sehr hart geführt, angehört wurden nicht nur die Anhänger des Amtsenthebungsverfahrens, sondern auch die Gegner. Die Kommission verfügte über fundierte Unterlagen, welche die infolge der Zerstörung der Sowjetunion eingetretene Lage im Land objektiv beleuchteten.

Das heißt, man konnte sich bei der Diskussion auf der Plenartagung der Duma auf zuverlässiges Material stützen. Auch ich werde es hier benutzen, um möglichst konkret über diese wichtige Episode unserer jüngsten Geschichte zu berichten.*

Hervorheben möchte ich, dass sich alle mitgeteilten Fakten und Lagecharakteristiken auf das Jahr 1998 beziehen. Ich wollte diese Angaben nicht aktualisieren, sie nicht dem heutigen Tag anpassen. Hier wird über die Ergebnisse der Regierung Jelzin Bilanz gezogen. So gesehen dürften diese Aussagen von erheblichem historischen Wert sein.

Alle fünf Anklagepunkte ergeben sich direkt aus den Handlungen zur verbrecherischen Zerstörung des Staates. Weiter oben wurde schon gesagt, dass sich in den Tagen von und nach Belowesch Funktionäre unterschiedlichen Zuschnitts fanden, die Jelzin verteidigten. Sie behaupteten, dass er, wie auch die anderen Teilnehmer des Belowescher Treffens, die Sowjetunion nicht zerstört, sondern nur ihren Zerfall fixiert hätte, und dass durch die Ratifizierung der Vereinbarungen im Obersten Sowjet der RSFSR jede Schuld von Jelzin

---

* Dieser Abschnitt des Buches entstand auf der Grundlage besagter Dokumente der Sonderkommission der Duma, darunter Aussagen und Reden von Igor Nikolajewitsch Rodionow, Viktor I. Iljuchin, Dimitri Wenediktow u. a., sowie von Untersuchungen des Akademiemitgliedes Gennadi Wassiljewitsch Ossipow und des korrespondierenden Mitgliedes der RAN W.N. Kusnezow. – Anm. d. Autors.

genommen wäre. Die Sonderkommission der Duma kam jedoch zu anderen Schlussfolgerungen.

Zu Erstens. Absolut ungesetzlich ist die Außerkraftsetzung des Unionsvertrages von 1922. Er war zunächst von sechs Republiken unterschrieben worden: Russland, Ukraine, Weißrussland und den in der Transkaukasischen Föderation zusammengefassten Republiken Aserbaidschan, Armenien und Grusinien. Später kamen neun weitere Republiken hinzu, die dann die UdSSR bildeten. Hinzukommt, dass dieser Vertrag vollständig zum Bestandteil der Verfassung der UdSSR von 1924 wurde. Später wurden seine Grundthesen in die Verfassungen der UdSSR von 1936 und 1977 sowie in die Verfassungen aller Unionsrepubliken (zum Beispiel der RSFSR in den Jahren 1925, 1937 und 1977) aufgenommen.

Im Unionsvertrag von 1922 und in den entsprechenden Verfassungsnormen war kein Passus zur Aufkündigung enthalten, da es sich um ein Dokument mit Gründungscharakter handelte. Also etwas ganz anderes als ein internationaler Vertrag! Ein neuer Staat wurde geschaffen. Im Unionsvertrag und danach auch in den Verfassungen der Republiken war aber für jede der Unionsrepubliken das Recht auf freien Austritt aus der UdSSR vorgesehen. Der Ablauf des Austritts war geregelt durch ein Gesetz der UdSSR vom 3. April 1990. Erst nach Durchlaufen aller in diesem Gesetz vorgesehenen Prozeduren konnte über die Frage des Austritts durch den Kongress der Volksdeputierten der UdSSR entschieden werden.

Zu Zweitens. Ein Verbrechen der Autoren der Belowescher Vereinbarung (ein Schwerstverbrechen, meiner Meinung nach) war die faktische Annullierung der Ergebnisse des Allunionsreferendums. Ich erinnere, dass der Kongress der Volksdeputierten der UdSSR am 24. Dezember 1990 den Beschluss über die Durchführung des unionsweiten Referendums zur Frage der Erhaltung einer erneuerten Sowjetunion gefasst hatte. Das Referendum fand am 17. März 1991 statt. Von 185,6 Millionen stimmberechtigten Bürgern der UdSSR nahmen 148,5 Millionen am Referendum teil, d. h. 80 Prozent. Von diesen stimmten 113,5 Millionen oder 76,4 Prozent für die Erhaltung der UdSSR. Nach dem Gesetz über das Referendum war dessen Entscheidung verbindlich für das ganze Territorium der Sowjetunion und konnte nur durch ein erneutes Referendum aufgehoben oder verändert werden. Kein Einzelner konnte diese Entscheidung aufheben. Das Gesetz verpflichtete alle Staatsorgane, Organisationen und alle Amtspersonen ohne Ausnahme zur Erfüllung des Referendumsbeschlusses.

Zu Drittens. Mit seiner Unterschrift unter die Belowescher Vereinbarung verletzte Jelzin die verfassungsmäßigen Rechte aller Bürger der Russischen Föderation. Entsprechend der damals gültigen Verfassungen der UdSSR und der RSFSR war jeder Bürger Sowjetrusslands gleichzeitig Staatsbürger der UdSSR. Mehr als 70 Prozent der Bürger der RSFSR bekundeten am 17. März ihren Wunsch, Staatsbürger der UdSSR zu bleiben. Belowesch untergrub eines der Hauptfundamente des Persönlichkeitsrechtes – die Staatsbürgerschaft: 25 Millionen Russen wurden über Nacht zu Ausländern auf eigenem Territorium.

Es vergingen anderthalb Jahrzehnte, aber das Problem der Staatsbürgerschaft, der Flüchtlinge und ihrer Unterbringung an einem neuen Wohnort ist unverändert akut. Infolge des Zerfalls des einheitlichen Staates, des in einzelnen souveränen Ländern gegenüber den Russen durchgeführten Staatsbürgerschaftsentzugs und unerträglicher Lebensbedingungen sind sie gezwungen, in ihre historische Heimat zu »emigrieren«.

Die Migration aus den Ländern der GUS und des Baltikums nach Russland betrug in der ersten Hälfte des vergangenen Jahrzehnts mehr als eine Million Menschen pro Jahr, im Mittel über die ganzen 90er Jahre 380 000 jährlich. Praktisch für jeden von ihnen war die Migration ein radikaler Einschnitt, begleitet von einer Menge extrem komplizierter Probleme und, gelinde ausgedrückt, riesiger Schwierigkeiten.

Aber in jener durchzechten Belowescher Nacht ging es den Unterzeichnern nicht um irgendwelche Menschenschicksale. Sie verwirklichten ihr Hauptziel: den einheitlichen Staat einreißen, um an die ersehnte Macht zu kommen.

Jelzin und seine Komplizen taten das, nachdem im Verlauf der Jahrhunderte viele Feinde versucht hatten, unseren Staat zu zerstören, ihn zu vernichten. Wem sie damit in die Hände spielten, ist unschwer zu erraten. So betonte der Präsident der Vereinigten Staaten von Amerika George Bush sr. in seiner Erklärung am 25. Dezember 1991: »Die Vereinigten Staaten begrüßen und unterstützen die historische Wahl zugunsten der Freiheit der neuen Staaten der Gemeinschaft. […] Ungeachtet der potenziellen Möglichkeit von Instabilität und Chaos entsprechen diese Ereignisse unverkennbar unserem nationalen Interesse.«

Schon vor dem Belowescher Komplott schmiedete die Umgebung von Jelzin, nach Anleitung ihrer überseeischen Freunde, Pläne zur Aufteilung der UdSSR. Diese Leute prägten über lange Zeit die Politik von Jelzin, was sich zweifellos auf die Annahme des Beschlusses vom 8. Dezember 1991 auswirkte. Beispielsweise beinhaltete ein von Gawril Popow vorgeschlagener und von den »Demorussen« gebilligter Plan Folgendes: Die UdSSR sollte in sieben Teile zerlegt werden, die Ukraine in drei Teile, so dass aus den Überresten der UdSSR 17 souveräne Staaten entstanden wären.

Gawril Charitonowitsch Popow übertraf damit noch Hitlers und Alfred Rosenbergs Plan von 1941 nach dem Überfall auf die UdSSR, zehn dem Reich unterstellte Territorien zu schaffen.

Oder ein anderer Plan, der sich schon auf das heutige Russland bezieht: Die CIA schlug vor, Russland in acht selbständige Staaten aufzuteilen. Um dem Leser eine Vorstellung zu geben, in welchem dieser Staaten zu leben ihm hätte bevorstehen können, bringe ich deren vollständige Aufstellung (mit den Namen der jeweiligen Hauptstädte):

Russische Republik (Moskau); Nord-West-Republik (Sankt Petersburg); Wolga-Republik (Saratow); Kosaken-Republik (Stawropol); Ural-Republik (Jekaterinburg); Westsibirische Republik (Krasnojarsk); Demokratische Republik Sacha (Jakutsk); Fernöstliche Republik (Wladiwostok).

Schlechte Beispiele sind ansteckend – umso mehr, wenn das gewünscht ist. Und heute ist es gewünscht von unseren »Erzfreunden« hinter dem Kordon. Nach Ansicht einiger Mittäter bei den Jelzinschen Verbrechen, neoliberaler Reformer und ähnlicher Helfershelfer, ist Russland wegen seiner unfassbaren Weiten ein unregierbares Land. Deshalb müssen angeblich anstelle des einigen Staates eine Menge unabhängiger »Fürstentümer« geschaffen werden.

Nicht weniger »patriotisch« sind auch die Träume und Reflexionen »liberal-demokratischer« Politiker, die russische Territorien im Norden der Halbinsel Kola an Finnland abtreten wollen. Unsere hausgemachten »Patrioten« können es nicht erwarten, dass Russland sich zur Übergabe der Kurileninseln an Japan entschließt, und danach, wenn nicht schon eher, zur Rückgabe von Kaliningrad an Deutschland. Sie argumentieren etwa so: Jelzin hat doch die Krim mit

Sewastopol an die Ukraine abgegeben, und Gorbatschow übereilt russisches Gebiet mit der Stadt Narva an Estland.

Oft frage ich mich, was würde wohl in ähnlichen Fällen mit Führern anderer demokratischer Staaten geschehen? Man stelle sich vor, dass der amerikanische Präsident Alaska an Russland zurückgibt, dass er in einem Anfall von Gewissensbissen Texas dem wirklichen Eigentümer Mexiko übergibt oder dass er plötzlich die USA auflöst und den einzelnen Staaten volle Souveränität gewährt. Andere mögliche Beispiele: Der Präsident Frankreichs träfe plötzlich die Entscheidung, die Forderungen der Nationalextremisten zu erfüllen und der Normandie Souveränität zu gewähren, oder der Premierminister Großbritanniens gäbe nach einer Entschuldigung die Falklandinseln an Argentinien zurück und verkündet endlich die Unabhängigkeit von Nordirland. Oder die Führungen von Kanada und Spanien hätten es plötzlich eilig mit der Verkündung der Selbständigkeit von Quebec beziehungsweise der Baskenregion. Was mit diesen Politikern geschehen würde, ist wohl klar, auch ohne viele Worte. Dann aber drängt sich die Schlussfolgerung auf: Was dem gesunden Menschenverstand im Westen widerspricht, ist vom Standpunkt unserer russischen Westanbeter nicht nur möglich, sondern sogar erwünscht. Das ist der wahre Kern ihres »Patriotismus«.

Im Dezember 1991 fügte Jelzin durch seinen Hochverrat an der UdSSR auch der Föderativen Republik Russland gewaltigen Schaden zu. Tatsächlich betrifft das alle Seiten des Lebens: die Autorität und die Rolle unseres Staates in der Weltgemeinschaft, die Wirtschaft, die Verteidigungsfähigkeit, die Entwicklung von Wissenschaft, Produktion und Kultur, den Lebensstandard der Bevölkerung usw.

Ich bringe hier nur einige der vielen überzeugenden Fakten aus den Materialien der Sonderkommission der Duma und wiederhole, dass all das aus dem Jahr 1998 stammt.

Auf dem Gebiet der Wirtschaft

Die anfangs von Jelzins Mitstreitern formulierten, von Jelzin einstudierten und dann ständig wiederholten Ziele und Aufgaben klangen in den Ohren des Volkes überaus solide. Auf der Grundlage der Demokratisierung und Liberalisierung des ökonomischen und politischen Lebens des Landes sollten Lebensniveau und -qualität der Bevölkerung gehoben werden. Jedoch war – das ist heute mit bloßem Auge erkennbar – nicht nur das verkündete Ziel unerreichbar, sondern die Existenzbedingungen der Menschen verschlechterten sich extrem. Die Zerstörung des sowjetischen ökonomischen und sozialpolitischen Systems kostete beispiellose Opfer. Dutzende Millionen von Menschen hatten tagtäglich, ja stündlich um ihr Überleben zu kämpfen.

Und das passierte in Russland – dem einzigen autarken Staat in der Welt. Russland nimmt 10 Prozent des Weltterritoriums ein, mit 2,4 Prozent der Weltbevölkerung. Mit seinen gigantischen, vielfältigen Rohstoffvorräten, seinem riesigen intellektuellen, sozialen und Arbeitskräftepotenzial hat Russland alle Voraussetzungen, beim Lebensstandard der Bevölkerung einen der ersten Plätze in der Welt einzunehmen. Jedoch vertieft sich die Kluft zwischen diesen Möglichkeiten und dem realen Lebensniveau des Volkes beständig.

In den Jahren der Jelzinschen Regierung verschlechterte sich die Lage Russlands in mehreren Referenzfaktoren katastrophal – im Vergleich zu den USA wie auch anderen ökonomisch entwickelten Ländern.

Es sei nur erwähnt, dass im Jahr 1998 die Ausgaben des Staatshaushaltes pro Kopf der Bevölkerung bei uns 34 Mal geringer waren als in den USA und 43 Mal geringer als in Finnland.

Russland, das in den 30er Jahren zur zweiten Macht in Europa aufgestiegen war und in der Mitte des 20. Jahrhunderts neben den USA Supermacht im Weltmaßstab wurde, ist heute auf das Niveau einer peripheren industriellen Entwicklung zurückgeworfen. Während der Zeit der Reformen sank das Gesamtvolumen seiner Industrieproduktion auf weniger als die Hälfte. In einzelnen Wirtschaftszweigen gab es einen umfassenden, katastrophalen Produktionsrückgang. Der Produktionsausstoß des Maschinenbaus ging um 60 und mehr Prozent zurück. Der Produktionsrückgang in der Leicht- und Textilindustrie war höher als 80 Prozent. Einzelne Betriebe, darunter auch solche, die ganze neue Städte begründeten, stellten ihre Produktion praktisch ein, die Arbeiter und das ingenieurtechnische Personal blieben ohne Existenzgrundlage.

Vernichtet wurden ganze Wirtschaftszweige, insbesondere der Werkzeugmaschinenbau, die Produktion von Bau- und Landwirtschaftsmaschinen, die elektronische Industrie und der Apparatebau, viele Betriebe der Rüstungsindustrie, wissenschaftliche Forschungseinrichtungen. Nach all dem kann von einer Unabhängigkeit Russlands vom Westen keine Rede mehr sein.

Nach Zerbrechen der Sowjetmacht wurde kein Kraftwerk, nicht ein größeres Industriewerk neu gebaut. In dieser Zeit wurden tausende Betriebe (nicht zu sprechen von Schulen, medizinischen Einrichtungen, Clubhäusern und Bibliotheken, Pionierlagern und Kindergärten) geschlossen und ausgeplündert, was auf Deindustrialisierung des Landes hinweist. Das bezeugen nicht nur die quantitativen, sondern auch qualitative Kennziffern: der außerordentlich geringe

Umfang moderner Produktion, die abnehmende Konkurrenzfähigkeit in den meisten Wirtschaftszweigen, das zunehmende Veraltern der Grundfonds im Technikbereich – ihr Verschleiß schwankt zwischen 60 und 80 Prozent.

Ins Auge fällt die festgeschriebene Konservierung vornehmlich der Brenn- und Rohstoffstruktur des russischen Exports. Ausgeführt werden 78 Prozent des produzierten Aluminiums, 82 Prozent des Nickels, 71 Prozent des Kupfers, 78 Prozent des Mineraldüngers, 30 Prozent des Erdgases, 40 Prozent des Erdöls, große Mengen von Bauelementen aus seltenen Erden. Dabei wurde in Russland nicht eine neue Fundstätte für Bodenschätze eröffnet, der geologische Dienst wurde abgeschafft. Das Land lebt von den sowjetischen Reserven.

In Wissenschaft und Technik

In noch nicht allzu ferner Vergangenheit gehörte die Sowjetunion weltweit zu den Vorreitern des wissenschaftlich-technischen Fortschritts und verfügte über ein sehr großes wissenschaftliches Potenzial. Ein Drittel aller großen wissenschaftlichen Endeckungen des 20. Jahrhunderts stammt von Gelehrten der ehemaligen UdSSR. Heute nähert sich unser Land rasant dem Status eines Kolonialstaates. Russlands Anteil am Export von Hochtechnologie beträgt gerade mal ein Prozent. Das führt zum raschen Verlust der früheren Positionen in der wissenschaftlich-technischen Entwicklung. Gleichzeitig bleiben innerhalb des Landes mehr als 80 Prozent der Entwicklungen neuer Technik und neuester Technologien ungenutzt. Hunderttausende Forscher und Techniker verlassen die Wissenschaft. Auf diese Weise verspielt das Land seine Zukunft und die Möglichkeit, ein würdiges Leben für alle Mitbürger zu organisieren. Die Finanzierung der Wissenschaft in Russland wird in jedem Jahr gekürzt, sie beträgt derzeit weniger als 0,5 Prozent des Bruttoinlandprodukts, und selbst diese erbärmlichen Summen kommen nicht alle bei der Wissenschaft an.

In der Landwirtschaft

Extrem hohen Schaden erlitt auch die Landwirtschaft. Die Bruttoproduktion aller Bereiche zusammengenommen sank um mehr als 35 Prozent. Um die Hälfte fiel die Getreideernte. Auch die Fleischproduktion sank um die Hälfte, die Milchproduktion um mehr als 30 Prozent. Der Viehbestand an Rindern, Schafen und Geflügel ging um mehr als die Hälfte zurück. Um den Stand von 1990 wieder zu erreichen, braucht es viele Jahre, wie auch für die Wiederherstellung des russischen Ackerlandes, das um mehr als 20 Millionen Hektar verkleinert wurde.

Es besteht der Verdacht, dass eine zielgerichtete Zerstörung der heimatlichen Landwirtschaft vor sich geht, natürlich zum Nutzen westlicher Produzenten. Nach weltweit gängigen Kriterien sind 30 Prozent Einfuhr von Lebensmitteln die kritische Marke – hier beginnt die strategische Abhängigkeit von den Lieferanten. Russland, das sich bisher stabil mit hochqualitativen und dabei preiswerten Lebensmitteln selbst versorgte, importiert jetzt fast 45 Prozent der erforderlichen Nahrungsmittel, wobei unsere Großstädte bereits mit 70 bis 80 Prozent vom Lebensmittelimport abhängen.

Die Zerstörung des einheitlichen Wirtschaftsraumes der UdSSR-Volkswirtschaft und auch in der Wissenschaft hatte ein Millionenheer von Arbeitslosen zur

Folge, die elementarer Garantien des physischen Überlebens beraubt wurden. Ihre Zahl schwankte nach der offiziellen Statistik zwischen 6 und 7 Millionen, das sind 10 Prozent der arbeitenden Bevölkerung. Die reale Zahl der Arbeitslosen überstieg 1998 allerdings 25 Millionen, von denen nur ein kleiner Teil das Glück hatte, Arbeitslosenunterstützung zu bekommen, und auch die nicht regelmäßig.

Im Interesse einer sehr schmalen Bevölkerungsschicht privatisierten Jelzin und seine Regierung das volkseigene Staatseigentum in Russland. Als Ergebnis entfiel im Jahr 1998 auf 20 Prozent relativ wohlhabender Russen mehr als die Hälfte des Gesamtumfangs der Einkommen, und den Hauptteil davon eigneten sich die 200 bis 300 reichsten Familien an, die einen unmäßig großen Teil des Gesamteigentums und der Staatsmacht usurpiert haben.

Die Freigabe der Preise und die Entwertung der Einkünfte und Ersparnisse der Bürger wurden, wie die Sonderkommission der Duma feststellte, durch den Präsidenten und die Regierung in vollem Bewusstsein der Folgen verwirklicht und durchgesetzt. All das geschah ebenfalls zum Nutzen jenes kleinen Clans, der sich seine Reichtümer auf Kosten der Mehrheit, der einfachen Bevölkerung, angeeignet hat. Über Nacht verloren die einfachen Russen alle ihre Ersparnisse im Umfang von fast 250 Milliarden Rubel (in alter Währung), d. h. ihre Existenzgrundlage oder den Familien-Sicherheitsfonds »für alle Fälle«. Dieser Notfall trat ein, und Millionen einfacher Menschen erlebten ihn mit leeren Händen.

Der Präsident und die exekutive Macht tragen für diese Ausraubung der Bevölkerung durch Organisatoren von »Finanzpyramiden« die direkte Verantwortung. Diese über keine tragende Rechtsgrundlage verfügende staatliche Macht erlaubte die Tätigkeit offensichtlich krimineller und halbkrimineller Organisationen, die damals den Russen fast alles abnahmen, was ihnen nach ihrer Ausplünderung durch den Staat noch geblieben war.

Jelzin und Gaidar gaben ab 2. Januar 1992 die Preise willkürlich frei und versprachen, dass diese »nur« auf das Dreifache steigen würden, danach sollten sie sich stabilisieren und anschließend wieder sinken. Was daraus wurde, ist bekannt: Die Menschen spürten diese Jelzin-Gaidarschen Märchen und die Illusionen der »500 Tage« am eigenen Leibe.

Schlagartig sank die Kaufkraft der Bevölkerung. Die Hebel ihrer fatalen makro-ökonomischen Politik nutzend, zielten der Präsident und die Regierung unter dem Vorwand des Kampfes gegen die Inflation bewusst auf eine Verminderung des Geldumlaufs in der Produktionssphäre. Das hatte sofort eine Zahlungskrise zur Folge: die Blockierung der Produktion, Kriminalisierung der Wirtschaft, schlagartige Lohnkürzungen, eine riesige innere und äußere Staatsverschuldung, welche die Regierung – wiederum auf Kosten der einfachen Sparer und durch Lohneinbehaltung – abzubauen versuchte. Auf vollen Touren lief die Druckmaschine für Obligationen und andere Wertpapier-Surrogate, die den Russen anstelle von realem Geld aufgedrängt wurden. Ein weiterer heftiger Schlag traf die Bevölkerung durch die systematische Kürzung der Sozialausgaben, in erster Linie der Ausgaben für Bildung, Gesundheitswesen, Pensionen und Sozialhilfe.

Bekanntlich ist der Arbeitslohn für die Mehrheit der Bevölkerung Hauptquelle des Lebensunterhaltes. Ungeachtet dessen nahm der Präsident im Interesse der weiteren Bereicherung des kleinen Clans der frischgebackenen Bourgeoisie und der ihr dienenden korrupten Beamtenschaft bewusst andauernde Ausfälle von Löhnen, Gehältern und Unterstützungen in Kauf. Faktisch war das Folter durch Hungerleiden für hunderttausende, ja Millionen Mitbürger. Werktätige verschiedenster Kategorien erhielten über mehrere Monate oder gar Jahre keinen Lohn. Vor Unterernährung und Hunger fielen die Menschen in Ohnmacht, auch Kinder in den Schulen.

In seinem Bestreben, die sozioökonomischen Verhältnisse in Russland prinzipiell zu ändern und eine neue Klasse der Privateigentümer zu bilden, nahm Jelzin ganz bewusst die Verschlechterung der Lebensbedingungen von Millionen russischer Bürger in Kauf, was unvermeidlich auch große demografische Verluste nach sich zog, sowohl durch höhere Sterblichkeit als auch durch eine sinkende Geburtenrate. Das Ergebnis war eine starke Abnahme der Bevölkerungszahl in Russland.

Trotz dieser Situation wurden Vorschläge zur Änderung des von Jelzin verfolgten sozioökonomischen Kurses immer wieder abgelehnt.

Diese Feststellungen der Sonderkommission riefen den Widerspruch zweier Abgeordneter der Duma hervor, die nicht mit allen Punkten der Anschuldigungen einverstanden waren. Ihre Einwände waren banal und demagogisch, aber zu dem letzten Punkt äußerten sie einen durchaus originellen Gedanken: Sie erkannten an, dass die Bevölkerungszahl Russlands beträchtlich abgenommen hatte, meinten aber, dass der Grund dafür nicht in einer Verschlechterung der Lebensbedingungen der russischen Bürger zu suchen ist, nicht in der Massenarbeitslosigkeit, nicht in den miserablen Gehältern und Pensionen und in deren regelmäßigem Ausbleiben, auch nicht darin, dass einem großen Bevölkerungsteil der Zugang zu medizinischer Versorgung versagt blieb.

Ihrer Behauptung nach war der Grund für die sinkende Bevölkerungszahl in den letzten Jahren, dass unser Volk schon so lange unter Bedingungen der Selbstisolation (»Eiserner Vorhang«) lebt, was »die russische Population der Immunitätsmechanismen beraubte, der Fähigkeit, in einem fremden, aggressiven Milieu« zu überleben.

Die Autoren dieser »Erkenntnis« haben damit selbst bestätigt, dass durch die »ökonomischen Reformen« in der Russischen Föderation unser Volk sich nicht nur in einem ihm fremden, sondern auch in einem feindlichen Milieu wiederfand! Es wäre interessant zu wissen, ob sich Jelzin bei seinen Helfern für diesen Bärendienst bedankt hat.

Auf den Sitzungen der Sonderkommission wurde auch festgestellt, dass der slawische Bevölkerungsteil Russlands besonders schnell abnimmt. Der Abgeordnete Viktor Iljuchin erklärte, dass die vom Präsidenten durchgeführte Bevölkerungspolitik mit der »Technologie« der Entvölkerung der Slawen verwandt ist, wie sie von den deutschen Nazis vorbereitet wurde – mit dem Ziel der Säuberung des Wirtschaftsraumes UdSSR für die arischen »Herrenmenschen«.

Namentlich die Belowescher Vereinbarung zerriss den ganzheitlichen politischen, wirtschaftlichen und kulturell-sprachlichen Lebensraum unseres Volkes, zerstörte jahrhundertelange Traditionen, die Lebensweise und Reproduktion der Bevölkerung als einige Sozialgemeinschaft, genau wie in jeder einzelnen Nation innerhalb der jeweiligen Territorien. Es ist also kein Wunder, dass Russland zu Beginn der 90er Jahre erstmals spürbar mit Erscheinungen der Entvölkerung und der Entartung der Nation konfrontiert war. Welcher lebende Organismus würde in fremder und aggressiver Umgebung nicht verkümmern und die Vermehrung einstellen? In den letzten Jahren fiel bei uns die mittlere Lebenserwartung der Männer auf 57 Jahre, die der Frauen auf unter 70 Jahre*.

Die Sterblichkeit nahm also zu, wobei ein Drittel der Verstorbenen noch im arbeitsfähigen Alter waren. Die Sterblichkeit der Männer in dieser Bevölkerungskategorie war vier Mal so hoch wie die der Frauen. Vor allem hing das mit Unfällen, Gewalttätigkeit, Mord und Selbstmord, Alkoholismus, Rauschgift und Ähnlichem zusammen. Es sterben aber auch mehr Ältere, was eine tiefe Kluft zwischen die Generationen reißt. Kontinuität in der Generationenfolge ist aber Grundlage des Wohlbefindens einer Gesellschaft, der Weitergabe von Weisheit, Wissen und akkumulierter Lebenserfahrung.

Gegenwärtig übersteigt die Zahl der Verstorbenen die Zahl der Geburten um das 1,5- bis 1,7-Fache. In den Jahren der radikalen »Reformen« von Jelzin und Gaidar nahm die Zahl der Eheschließungen um 30 Prozent ab, die Zahl der Geburten um 37 Prozent. Die russische Geburtenrate ist eine der niedrigsten in Europa, sie liegt fast 40 Prozent unter dem Minimum für eine stabile Population. Vor allem ist das eine unmittelbare Folge der schwierigen wirtschaftlichen Bedingungen, hängt aber auch damit zusammen, dass bei uns auf 1000 Geburten 200 bis 215 Abtreibungen kommen. Das ist kein Wunder: Wie und wo soll man Kinder aufziehen, wenn das Wohnungsproblem Millionen und Abermillionen Familien die sprichwörtliche Luft zum Atmen nimmt. Ist doch beim Bau von staatlich finanziertem Wohnraum in den Jahren der Jelzin-Herrschaft eine außerordentlich schwierige (und für viele unerträgliche) Lage entstanden. Mit der Annahme einer Reihe von Gesetzen zum Wohnraum im Jahr

---

* Nach Material, das der Sonderkommission der Duma vom korrespondierenden Mitglied der Akademie der medizinischen Wissenschaften Dimitri Wenediktow übergeben wurde. – *Anm. d. Autors.*

2005 gab es praktisch keine neuen Sozialwohnungen mehr. Das allgemeine Tempo des Wohnungsbaus ging um das 2,4-Fache zurück. Neubauwohnungen wurden teuer und für die meisten Menschen unerschwinglich.

Die allgemeinen demografischen Verluste Russlands überstiegen acht Millionen Menschen. In den sieben Jahren Jelzin-Herrschaft* wuchs der jährliche Bevölkerungsverlust auf fast eine Million Menschen. Und dabei wurden diese schrecklichen Verluste teilweise geschönt durch die Migration aus den ehemaligen Sowjetrepubliken. Spricht das alles nicht dafür, dass in unserer Zeit ein Krieg der Macht gegen das eigene Volk auch ohne traditionelle Waffen, allein mit ökonomischen Mitteln »erfolgreich« geführt werden kann?

Eine negative Dynamik beim Gesundheitszustand der Bevölkerung war in allen Alters- und sozialen Gruppen und praktisch bezüglich aller Krankheiten zu beobachten. Besonders stark nahm die Verbreitung von Herz-Gefäß-, onkologischen, endokrinischen und Stoffwechsel-Krankheiten zu. Alarmierend ist die Situation bei den Infektionskrankheiten, besonders bei Tuberkulose, Hepatitis, Darm-, Parasiten- und Geschlechtskrankheiten sowie Aids. Höchst alarmierend ist zum Beispiel der Anstieg der Verbreitung von Syphilis auf das 64-Fache. Dass Geschlechtskrankheiten jetzt auch bei Kindern und Jugendlichen auftreten, ist einfach eine soziale und menschliche Tragödie.

Der bildhafte Ausspruch von Thomas Mann: »Krankheit – das ist das Los der armen Leute« gewinnt heute mehr und mehr konkrete, ja dramatische Bedeutung für unsere Bürger, die keine Möglichkeit haben, Medikamente zu kaufen – weil diese nicht täglich, sondern stündlich teurer werden –, und die für

---

* Zur Zeit der Sitzung der Sonderkommission der Duma 1998. – Anm. d. Autors.

Konsultationen beim Spezialisten oder für eine Operation einfach nicht zahlen können. Für den einfachen Bürger ist ein Sanatoriumsaufenthalt praktisch nicht mehr möglich, sein Lohn oder die Pension reichen nicht einmal für die Hinfahrt.

70 Prozent unserer Bevölkerung lebt im Zustand permanenten Stresses, ständiger nervlicher, emotionaler Überlastung, hervorgerufen durch wirtschaftliche, soziale, ökologische und andere Ursachen. Deshalb wächst die Zahl der psychischen Funktionsstörungen. Immer mehr Menschen wenden sich Drogen und dem Alkohol zu. Unverkennbar wird hier die Gruppe der sogenannten sozialen Erkrankungen sichtbar, die in Gesellschaften im Zustand des Niedergangs aufblühen, wo Menschen in Armut fallen, keine würdige Arbeit für sich finden, wo sich ihre Existenzbedingungen extrem verschlechtern und kein Ausweg aus der Misere erkennbar ist.

Angesichts dieses Sachverhaltes verwundert es nicht, dass sich jährlich mehr als 20 000 verzweifelte Russen das Leben nehmen, dass 65 000 Menschen durch Mord und 42–47 000 Menschen durch Alkohol- und Drogenmissbrauch umkommen, die meisten in der Blüte ihres Lebens.

Diese soziale Lage muss sich auf die kommende Generation auswirken. Am 1. Juni 2005, dem Internationalen Tag des Kindes, erklärte der Innenminister der Russischen Föderation Raschid Gumarowitsch Nurgalijew, dass in Russland zwei Millionen Kinder ohne Eltern sind, sechs Millionen unter sozial ungünstigen Bedingungen leben, vier Millionen Drogen zu sich nehmen. Im Lande gibt es 870 000 obdachlose Kinder. Und das sind nur die offiziellen Zahlen, die nach Meinung von Spezialisten sehr untertrieben sind. Nicht untertrieben ist dagegen: Die Unterstützung für ein Kind beträgt gerade mal 70 Rubel im Monat! Und das zu einer Zeit, wo es im Land Geld im Überfluss gibt! Bei uns blüht, praktisch unverhüllt, der Sklavenhandel mit Kindern. Die Onkel und Tanten in weißen Kitteln sortieren normal entwickelte Kinder zu den geistig behinderten, um sie profitabel verkaufen zu können, besonders nach Übersee.

Ja, vielleicht müsste Felix Edmundowitsch Dserschinski* wiederauferstehen, um das Problem der obdachlosen Kinder in unserem Lande zu lösen. Ist man doch sowohl nach dem Bürgerkrieg als auch nach dem Großen Vaterländischen Krieg mit diesem sozialen Übel fertiggeworden!

In groben Zügen ist das das unerfreuliche Bild des desaströsen Lebensniveaus unseres Volkes, und auch unseres sterbenden, jetzt kommerzialisierten Gesundheitswesens, das zu Sowjetzeiten weltweit als eines der besten galt. Noch 1998 legte es eindrucksvoll Zeugnis vom vollständigen Zerfall der gesamten Sozialsphäre im Lande ab. Hierfür hatten Jelzin & Co. am 8. Dezember 1991 im Belowescher Wald den Grundstein gelegt, faktisch für feindliche Beziehungen zwischen ihrem Regime und der Mehrheit der russischen Bevölkerung.

Mehr noch, nach Studium aller relevanten Materialien hielt es die Sonderkommission der Duma für gerechtfertigt und notwendig, Jelzin auch mit einer Anklage wegen Genozid am russischen Volk zu konfrontieren.

Der Begriff »Genozid« wurde erstmals durch die »Konvention über die Verhütung und Bestrafung des Völkermordes« von der Generalversammlung der UNO am 9. Dezember 1948 in das Völkerrecht eingeführt. Die Sowjetunion schloss sich dieser Konvention

---

* Gründer und erster Leiter der Tscheka. In dieser Funktion kümmerte er sich persönlich, unter Nutzung der materiellen Möglichkeiten seiner Behörde, um Unterbringung, Erziehung und Schulbildung vieler im Bürgerkrieg obdachlos gewordener Kinder (Besprisorniki).

1954 an, so dass sie auch für die Russische Föderation als Rechtsnachfolgerin der UdSSR gilt. Der Artikel 2 dieser Konvention definiert den Genozid als eine Handlung in der Absicht, eine nationale, rassische, religiöse oder durch ihr Volkstum bestimmte (ethnische) Gruppe als solche ganz oder teilweise zu vernichten. Als des Genozids schuldig gilt, wer vorsätzlich: 1. Mitglieder einer Gruppe tötet; 2. Mitgliedern einer Gruppe schwere körperliche und seelische Schäden zufügt; 3. eine Gruppe unter Lebensbedingungen stellt, die geeignet sind, deren körperliche Vernichtung ganz oder teilweise herbeizuführen; 4. Maßregeln verhängt, die Geburten innerhalb einer Gruppe verhindern sollen; 5. Kinder einer Gruppe in eine andere Gruppe gewaltsam entführt. Einige dieser Merkmale treffen zweifellos auch auf Jelzins Handlungen zu.

Einen besonders schweren Schlag gegen das Sozialgefüge Russlands führten Jelzins Anhänger Michail Surabow, Alexei Kudrin & Co. Das von ihnen durchgepeitschte menschenverachtende Gesetz Nr. 122 machte endgültig mit allen noch verbliebenen sozialen Vergünstigungen Schluss. Die Duma nahm dieses Gesetz begeistert an, der Föderationsrat stimmte ihm zu, und der Präsident unterzeichnete. Das vollbrachten Abgeordnete, deren Vorgänger erst sieben Jahre zuvor Jelzin des Genozids an seinem Volk angeklagt hatten!

Wenn ich von der Lage der Kinder in Russland spreche, kann ich ein Problem nicht ausblenden: den Zustand des Schulessens. Wie jeder weiß, wirkt sich unzureichende Ernährung im Kindes- und Jugendalter auf die körperliche Entwicklung, auf die Gesundheit, auf die Leistungsfähigkeit aus und fördert das Auftreten von Stoffwechselstörungen und chronischen Krankheitsbildern.

Den größten Teil ihrer Zeit verbringen unsere Schüler – wir haben heute mehr als 16 Millionen – in allgemeinbildenden Einrichtungen, in denen die Gesundheitsregeln für alle Schüler ein warmes Frühstück vorsehen, für die Kinder aus den Gruppen mit verlängertem Unterricht Frühstück und Mittagessen, und bei noch längerem Aufenthalt zusätzlich ein Vesperbrot. Nach Angaben des Ministeriums für Gesundheit und Soziales schwankt der Preis für das Schulessen in den verschiedenen Objekten der Russischen Föderation zwischen 0 und 15 Rubel pro Tag.

Im landesweiten Mittel nimmt der Prozentsatz der mit warmem Essen versorgten Schüler mit dem Übergang von der Grundschule zur Mittelschule und dann zur Oberstufe ab, von 82 Prozent über 64 Prozent bis 51 Prozent und weniger. Was die Qualität des Schulessens anbelangt, so erhalten die Kinder nach den Angaben des Instituts für Ernährung der Russischen Akademie der Medizinischen Wissenschaften (RAMN) in der Schule bestenfalls 30 bis 40 Prozent ihres Tagesbedarfs.

Besonders kompliziert ist die Lage in den Dorfschulen. Es genügt, darauf hinzuweisen, dass bis zu 65 Prozent dieser Schulen keine reguläre Trinkwasserversorgung haben.

Die Probleme der Kinder in der Schule sind gravierend, sie beginnen aber noch viel früher. 70 Prozent der Frauen haben gesundheitliche Probleme. Die Geburten verlaufen nur bei 40 Prozent der Schwangeren normal. Mehr als die Hälfte der Erstgebärenden sind nicht gesund. Bei 15 bis 20 Prozent der Kinder im Vorschulalter zeigen sich chronische Erkrankungen. Gesund bis zum Ende der Schulzeit bleiben nur 10 Prozent. Immer mehr Kinder bleiben in ihrer körperlichen und psychischen Entwicklung zurück, anstelle der normalen Akzeleration (Wachstumsbeschleunigung) wie in der Sowjetzeit findet heute im Gegenteil eine Retardation (Wachstumsverzögerung) statt. Im

Ergebnis ist eine immer größere Zahl junger Männer aus gesundheitlichen Gründen für den Wehrdienst und ein produktives Arbeitsleben untauglich.

Zum Beispiel hatten nach Auskunft des Vize-Premiers der Russischen Regierung, Verteidigungsminister Sergei Iwanow, in der Regierungsstunde der Duma etwa 10 Prozent der Einberufenen im Herbst 2005 Untergewicht in einem Maße, dass diese Jungen in den Armeeeinheiten anstelle der militärischen Grundausbildung erst einmal zum »Auffüttern« geschickt werden mussten. Und das, nachdem die Wehrkommandos schon vorher fast 90 000 Siebzehnjährige wegen Untergewicht vom Wehrdienst befreien mussten.

Kehren wir zurück zu den von der Sonderkommission der Duma vorgebrachten Anschuldigungen gegen den Präsidenten, von denen eine, wie bereits festgestellt wurde, das Begehen von Handlungen war, die zur Schwächung der Verteidigungsfähigkeit und Sicherheit der Russischen Föderation führten. Ausgangspunkt dafür war die Belowescher Vereinbarung.

Die Kommission kam zu dem Schluss, dass Jelzins ordnungswidrige Nutzung seiner Machtbefugnisse dazu geführt hat, dass sich die Streitkräfte der Russischen Föderation und des militärisch-industriellen Komplexes faktisch im Zustand des vollständigen Verfalls befanden.

Doch Jelzin hatte die vielen Appelle der Duma, die eindringlich Maßnahmen zur Stärkung der Streitkräfte und der Rüstungsindustrie forderte (wie übrigens auch zu vielen anderen »heißen« Themen, darunter die erwähnten Probleme des Gesundheitswesens), einfach ignoriert.

Durch Zeugenaussagen vor der Kommission von kompetenten Vertretern der Streitkräfte und des militärisch-industriellen Komplexes, darunter der ehemalige

Verteidigungsminister Igor Nikolajewitsch Rodionow, wurde offensichtlich, dass der Präsident in einer ganzen Reihe von Fällen absichtlich der Erfüllung seiner Pflichten zur Sicherung der Verteidigungsfähigkeit des Staates ausgewichen war. Ich bringe hier einige Fragmente aus der Aussage des Verteidigungsministers:

»Nachdem man mich zum Minister für Verteidigung ernannt hatte, versuchte ich mich darin zurechtzufinden, wie es im Sommer 1996 um unsere Verteidigung bestellt war, in welchem Zustand sich die Streitkräfte befanden und was sie in Zukunft erwartete. [...]

Zusammen mit dem Generalstab wuchs ich in die Aufgaben hinein. Bereits zwei bis drei Monate war kein Gehalt ausgezahlt worden, und es gab Verstöße bei den übrigen Positionen des bestätigten Budgets. Wir forderten die Zuteilung der Mittel entsprechend dem bestätigten Budget, und keine Kopeke mehr. Arbeiten mussten wir mit Viktor Tschernomyrdin als dem Vorsitzenden der Regierung.

Im Herbst 1996, nach dem Wechsel des Chefs des Generalstabes, kamen wir gemeinsam mit dem Generalstab zu der Schlussfolgerung, dass die Lage in der Armee, d. h. in den Landstreitkräften, der Flotte, in den Luftstreitkräften und im Luftschutz, ausgenommen nur die strategischen Raketentruppen (RWSN), nicht zufriedenstellend ist. Und die Lage wurde immer prekärer, die Unruhe nahm zu.

Als der Präsident nach einer Operation wieder an die Erfüllung seiner Pflichten ging, riss der Kontakt mit mir und dem Verteidigungsministerium ganz ab. Meine wiederholten Versuche, den Präsidenten in die Probleme mit der Armee, der Rüstung und den Reformplänen der Streitkräfte einzubeziehen, trafen auf dessen Widerwillen. Er wollte sich mit diesen Fragen einfach nicht beschäftigen.

Im Dezember 1996 wurde die Bildung eines Verteidigungsrates beschlossen, der Leiter des Generalstabes und ich waren mit der Vorbereitung zweier Vorträge beauftragt. Mein Vortrag sollte die Gesamtkonzeption einer Militärreform behandeln, der Vortrag des Leiters des Generalstabes die konkreten Reformen der Streitkräfte. Mir schien, dass zur ersten Frage entweder der Präsident oder der Regierungsvorsitzende hätte vortragen müssen. Dass dies nicht geschah, zeigt ein weiteres Mal, dass man in der höchsten politischen Führung den Unterschied zwischen einer Militärreform des ganzen staatlichen Systems und einer Reform nur der Streitkräfte mehr schlecht als recht versteht. Bis auf den heutigen Tag versucht man, das Reformieren komplett auf das Verteidigungsministerium abzuwälzen.

Trotz des gefassten Beschlusses zogen sich die Ratssitzungen zu diesen zwei Problemen über ein halbes Jahr hin, bis zum Mai 1997. Bis dahin waren alle unsere Versuche – meine und die des Leiters des Generalstabes –, das Verantwortungsgefühl des Präsidenten, des Vorsitzenden der Regierung und der Minister, die unmittelbar mit diesen Problemen zu tun hatten, zu schärfen, nicht von Erfolg gekrönt. Wir kochten im eigenen Saft, ohne jegliche Unterstützung oder Hilfe.

Folgendes passierte dann vor der Mai-Sitzung des Verteidigungsrates im Jahr 1997. Endlich entschied der Präsident: Die Ratssitzung wird durchgeführt. Wie aber kann man sich mit der Reformierung befassen, wenn weder eine Konzeption für die Militärreform des Staates noch eine Konzeption für die Reformierung der Streitkräfte vorliegt, d. h. ohne Programm und ohne Planung für ein Jahr oder für die nähere Zukunft? Über die ganze Machtfülle verfügte doch nur der Präsident. Wir und der Generalstab hatten bestimmte Ideen und Vorstellungen über konkrete Maßnahmen, aber ohne Bestätigung durch den Präsidenten konnten wir nichts machen. Mir war sogar kategorisch verboten worden, mich mit Kaderfragen zu befassen.

Am 23. Februar, dem Tag der Verteidiger des Vaterlandes, nutzte ich ein Treffen mit Veteranen, um mich mit der Frage nach dem Stand der Dinge in den Streitkräften an die Öffentlichkeit zu wenden (das war im Zentralen Haus der Russischen Armee). Vom Präsidenten wurde das beleidigt aufgenommen, da er wünschte, dass auch die Leitung des Verteidigungsministeriums in das Loblied auf die erfolgreiche Umsetzung nicht vorhandener Reformen einstimmte. Die Lage der Dinge wurde nicht besser, sondern mit jedem Monat prekärer.

Wir, d. h. der Leiter des Generalstabes und ich, bereiteten uns sorgfältig auf den Verteidigungsrat vor. Ich rief den Präsidenten an und bat ihn, die Ratssitzung im Generalstab durchzuführen, damit wir Karten, Übersichten, Tabellen aufhängen konnten, um Informationsverluste möglichst zu vermeiden. Ich muss noch sagen, dass unsere Vorträge drei Monate vorher von der Kanzlei Tschernomyrdins und von der Kanzlei des Präsidenten angefordert worden waren. Als wir sie später zurückholen wollten, konnten wir einen Vortrag bei Tschernomyrdin nicht mehr finden, obwohl dieser einer besonderen Vertraulichkeitsstufe unterlag, weil er Zustandsbewertungen aller Waffengattungen enthielt: der Raketentruppen und unserer strategischen Trias (Landstreitkräfte, Kriegsmarine, Luftstreitkräfte). Mir scheint, dass diese Vorträge sorgfältig studiert wurden, nicht nur innerhalb der Kremlmauern und unseres Weißen Hauses.

Am Montag rief mich Präsident Jelzin noch vor dem Verteidigungsrat an und sagte väterlich: ›Igor Nikolajewitsch, wir müssen den Verteidigungsrat doch durchführen. Man versucht mich schon wieder zu überzeugen, ihn zu verschieben oder aber ihn im Kreml abzuhalten. Ich sagte denen: Nein, wir führen ihn im Verteidigungsministerium durch, wie wir es mit dem Minister vereinbart hatten. Ich denke, dass Sie gut vorbereitet sind. Es reicht jetzt, schon ein halbes Jahr verschieben wir, die Reform tritt auf der Stelle, weil wir kein Dokument haben. Wir haben genug Wünsche, realistische Ideen, Vorschläge für konkrete Maßnahmen, aber wir haben kein Dokument, nach dem wir vorgehen können, wie auch in den anderen Ministerien, die mit der Verteidigung zusammenhängen. Also halten wir die Sitzung bei Ihnen ab. Bereiten Sie sich vor, setzen wir einen Punkt und kommen endlich zur konkreten Arbeit.‹ Ich sagte zu ihm: ›Boris Nikolajewitsch, danke für die Hilfe.‹

Am nächsten Tag rief Valentin Jumaschew an: ›Igor Nikolajewitsch, ich komme vom Präsidenten. Wir haben noch einmal die Redezeiten durchgesehen, Ihnen stehen 30 Minuten für Ihren Vortrag zur Verfügung, dem Chef des Generalstabs 30 Minuten und dem Präsidenten anderthalb bis zwei Stunden für die Diskussion und alles Übrige.‹ – ›Gut.‹

Am Donnerstag fährt der Präsident beim Generalstab vor. Ich sehe auf den ersten Blick, dass er ein völlig anderer ist als am Montag. Wir gehen zunächst in mein Arbeitszimmer, das Dienstzimmer des Ministers für Verteidigung. Er fragt: ›Wo sind hier die Telefone?‹ Ich frage ihn: ›Boris Nikolajewitsch, bleiben die Redezeiten unverändert?‹ Er antwortete kalt: ›Ja. Gehen Sie, ich komme gleich.‹ Dann begann sein Auftritt (Sie alle haben das gesehen, die Medien waren eingeladen), seine einführenden Worte mit Schuldzuweisungen an das Verteidigungsministerium, wir hätten nicht mehr getan, als eine Plejade fetter Generäle großzuziehen, die sich mit Datschen umgeben, und so weiter. Dann wies er die Medienvertreter aus dem Saal und sagte:

›Da die Zeit, die ich für mich eingeplant habe, schon zu Ende ist, habe ich keine 30 Minuten mehr für den Vortrag des Verteidigungsministers, ich gebe Ihnen 15 Minuten.‹

Bei mir war jedes Wort abgewogen, jedes Satzzeichen, weil das Thema außergewöhnlich umfassend und verantwortungsvoll ist. Es ging mir nicht um die strukturellen Veränderungen in den Streitkräften, wie sie heute erfolgen, sondern Thema war in erster Linie das Mobilisierungsproblem. Entscheidend war für mich nicht, was für eine ständige Armee wir künftig haben werden – vielleicht wird es nur eine Paradekompanie sein, auch gut. Aber wenn unser potenzieller Gegner weiß, dass es bei uns einen hohen Grad an Bereitschaft zur Mobilmachung gibt, dass wir über Reserven an Menschen, Bewaffnung, Technik, Verpflegung, Uniformen, Medikamenten verfügen, dann reicht das schon aus. Auf die Bereitschaft zu dieser Mobilmachung in den Jahren der Perestroika und bis zum heutigen Tag zielte der Vortrag ab. Es gab sie nicht.

Die Fragen zur Wirtschaft, zum militärisch-industriellen Komplex, zu den unmittelbaren Problemen der Streitkräfte – alles das steckte in meinem Vortrag. Daran sollte der Chef des Generalstabes mit einem Vorschlag anschließen, welche Waffengattungen in welcher Stärke wir künftig haben müssen, er sollte über das Problem der Kürzungen sprechen und so weiter. Ich sagte: ›Boris Nikolajewitsch, erstens, so wie der Verteidigungsrat begonnen hat, wird er sein Ziel nicht erreichen. Am Montag hatten wir beide uns anders verständigt.‹ – ›Sie reden zu viel, Sie haben schon fünf Minuten geredet, es bleiben Ihnen noch zehn.‹ Darauf ich: ›Ich lehne es ab, so weiterzumachen. In zehn Minuten kann man nichts Vernünftiges sagen, und lächerlich machen möchte ich mich auch nicht.‹ – ›Gehen Sie auf Ihren Platz. Mein Vorschlag lautet: Ablösen, Versetzen in den Ruhestand. Wer ist dagegen?‹ Alle Mitglieder des Rates senkten den Blick.

Am Vorabend hatte ich einige Kollegen angerufen, da ich befürchtete, dass eine Torpedierung meines Vortrages stattfinden könnte. Ich bat um Unterstützung: Wie die Entscheidung auch ausfallen möge, die Vorträge sollten gehalten werden. Sie waren ja nicht für den Präsidenten gedacht, sondern für den Verteidigungsrat. Offenbar war es jemandem sehr wichtig, dass der Verteidigungsrat verschoben wird bzw. dass ihm diese Vorträge nicht zu Gehör kommen. Und wenn sich das nicht verhindern ließ, der Vortragende schon auf der Tribüne stand, dann sollten die Vorträge so gehalten werden, wie es der Präsident vorschlug: 10 Minuten statt 30. So also werden bei uns staatspolitische Fragen entschieden und nebenbei noch das Verteidigungsministerium und der Minister lächerlich gemacht.

Mit mir hatte man abgeschlossen. Der Chef des Generalstabes (General Viktor Samsonow) steht auf und sagt: ›Boris Nikolajewitsch, mein Vortrag ist die logische Fortsetzung des Vortrages von Rodionow, des Verteidigungsministers. Ohne Vorlauf ist mein Vortrag sinnlos.‹ – ›Was, Sie weigern sich auch?‹ – ›Ja.‹ – ›Ablösen. Wer ist dafür, wer dagegen?‹ Alle schwiegen. ›Einstimmig!‹ Und auf der Stelle wurde ein neuer Verteidigungsminister ernannt, General Igor Sergejew.

Am Ende möchte ich Bilanz ziehen. In der langen Zeit meines Dienstes in den Streitkräften kam ich zu dem Schluss, dass in unserem staatlichen System – sowohl im ehemaligen wie auch im neuen – bei weitem nicht alle Partei- und Staatsfunktionäre zur Armee so standen, wie es zumindest auf dem Posten des Generalsekretärs der Partei oder des Staatsoberhauptes erforderlich gewesen wäre. Und Jelzin ist ein Mensch, der viele Fragen des Aufbaus der Landesverteidigung nicht versteht und, wovon ich mich überzeugen konnte, auch nicht verstehen will. Als Oberster Befehlshaber befasst er sich überhaupt nicht mit diesen Problemen. Beweise oder weitere Beispiele erübrigen sich. Wenn mein Vorgänger Pawel Gratschow und mein Nachfolger Sergejew aufrichtig sind, dann werden sie das bestätigen. Ich aber kam zu dem Schluss, dass der Hauptgrund für den Zerfall der Streitkräfte und der Verteidigungsbereitschaft des Landes im Unwillen des Präsidenten liegt, sich mit diesen Problemen zu beschäftigen, und in seiner bewussten Zurückhaltung bei ihrer Lösung. Er ereifert sich über vieles, will aber für nichts Verantwortung übernehmen.«

Ich denke, nach diesem Bericht ist es nicht mehr notwendig, die Rolle Jelzins bei der »Festigung« der Verteidigungsfähigkeit unseres Landes zusätzlich zu kommentieren. Die Geschichte wird ihr Urteil fällen, ob dieses Verhalten Unvermögen der höchsten Amtsperson war, sich der Lösung der hochwichtigen Frage der nationalen Sicherheit anzunehmen, oder eine zum Nutzen unserer strategischen »Freunde« absichtlich eingenommene Haltung.

Die Sonderkommission der Duma jedenfalls kam zu dem eindeutigen Schluss: Die Verantwortung für die sogenannten Reformen in unserem Lande und ihre destruktiven Folgen trägt hauptsächlich Präsident Jelzin, der nach der Verfassung der Russischen Föderation Staatsoberhaupt ist, die Regierung aufstellt, deren Tätigkeit leitet, die Hauptrichtungen der Innen- und Außenpolitik des Staates bestimmt. In einigen Fällen nutzte er seine Machtbefugnisse, in anderen Fällen tat er das gerade nicht, jeweils entgegen den Interessen des Staates und des russischen Volkes. Faktisch hielt er die Duma von der Lösung einer Reihe wichtiger sozioökonomischer Aufgaben ab. Ihr gegenüber handelte er oft genauso wie seinerzeit gegenüber dem Obersten Sowjet der Russischen Föderation.

Nach mehreren Monaten angespannter, gewissenhafter Arbeit der Sonderkommission fand zu allen Punkten der Anklage eine Plenarsitzung der Duma über die Absetzung des Präsidenten Jelzin statt. Angesichts der historischen Bedeutung des Vorgefallenen und auch der demonstrativ voreingenommenen Behandlung dieses Problems durch die damaligen Medien möchte ich dem Leser mein (etwas gekürztes) Referat auf der Plenarsitzung der Duma am 15. Mai 1999 vorstellen:

»Erstmals in der Geschichte unseres Landes klagen wir, in strenger Übereinstimmung mit der Verfassung, einen Menschen an, dem durch diese Verfassung gewaltige, unbegrenzte Rechte gegeben sind.

Erstmals in unserer Geschichte bringen wir die Anklage nicht erst vor, nachdem der betreffende Mensch die politische Arena verlassen hat, wenn er schon von niemandem mehr gebraucht wird – nein, wir tun das zu einer Zeit, wo er noch tätig und noch an der Macht ist. Ich denke, das ist das Wichtigste bei unserem Eintreten für seine Absetzung.

Wir wollen nicht abrechnen. Wir wollen uns an diesem Menschen nicht rächen. Wir ziehen heute einen Strich unter die Sache und bewerten, was dieser Mensch in den Jahren seiner Regierung getan hat. Wir sind verpflichtet, diese Frage heute offen zu diskutieren und daraus unsere Entscheidung abzuleiten. Wir können es nicht unseren Nachkommen überlassen, dass sie die historische Bewertung dieser Zeit übernehmen, dass sie erst nachträglich herausfinden, was in diesen extrem komplizierten Jahren im Leben unseres Staates vor sich gegangen ist. Wir sind verpflichtet, das selbst zu tun.

Ja, man kann uns fragen: ›Warum habt ihr euch jahrelang damit zufrieden gegeben, was im Lande vor sich ging? Warum habt ihr nicht eher etwas unternommen? Was war das, Feigheit oder etwas anderes?‹ Ich denke, dass in unserer Duma leider auch Feigheit anzutreffen ist, und auch Eigennutz, was die Lösung dieser Frage behinderte. Aber es kam die Zeit, wo das wieder erwachte Volk ausrief: Wie lange werdet ihr euch noch mit dieser Lage abfinden?

Ich meine, dass wir das volle juristische und moralische Recht haben, dem Präsidenten Jelzin die in den fünf Punkten zusammengefassten Anschuldigungen vorzuhalten.

Vor mir sind hier Leiter von Deputiertenvereinigungen aufgetreten, die Gründe dafür nannten, warum man eine solche Anklage nicht erheben dürfe. Sie geben die Schuld der Sowjetunion, der Sowjetmacht, der Kommunistischen Partei der Sowjetunion, aber keineswegs dem Menschen, der seit über acht Jahren die Zügel der Regierungsgewalt in seinen Händen hält. Was ist das, politische Unüberlegtheit? Oder politische Kurzsichtigkeit? Oder will man uns absichtlich von einer Bewertung der Lage abbringen?

Ich meine, das Wichtigste, dessen wir heute den gegenwärtigen Präsidenten beschuldigen, ist, dass ein großer Staat zerstört wurde, ein Staat, der in Jahrhunderten entstanden war. Er wurde vernichtet, und Russland hat sich in ein drittklassiges Entwicklungsland verwandelt. Eine Stadt wie Smolensk wurde zur Grenzstadt. Wir haben das Schwarze Meer verloren. Konnte man das zulassen? Ich bin überzeugt, dass die Hauptschuld Jelzins eben diese Zerstörung der Sowjetunion ist. Das unersättliche Streben nach persönlicher Macht brachte ihn dazu, zum Hauptakteur im Belowescher Komplott zu werden.

Das im Dezember 1991 Angerichtete kann nur

als ein Staatsstreich angesehen werden. Jede andere Formulierung wäre unzureichend. Wie konnte dieser Mensch, wohl wissend, dass ein Staat existiert und eine Verfassung vorliegt, umgeben von einem Haufen Lumpen ein solches verfassungsfeindliches Dokument unterschreiben? Und wir versuchen heute, ihn zu rechtfertigen, indem wir behaupten, dass er absolut unschuldig sei. Gibt es etwa keine Verantwortlichkeit für Verletzung der Verfassung? Ist die Verfassung etwa nicht das Grundgesetz unseres Staates? Ich meine, dass es hier eine andere Wertung nicht geben kann.

Zur selben Zeit schrieb der Präsident der Sowjetunion Gorbatschow seine Abdankungsrede, anstatt sofort Maßnahmen zu ergreifen.

In unserem Land hatten wir starke und schwache Zaren und Führer. Es gab schon alles in unserer Geschichte, aber keine Verräter, niemanden, der die Zerstörung des Landes angestrebt hätte. Ungeachtet all ihrer Unzulänglichkeiten haben sie das Land stärker gemacht. Aber diese Leute hier taten genau das Gegenteil.

Ich will nicht darauf eingehen, wozu der Zerfall der Sowjetunion im Bereich der Wirtschaft geführt hat, bei der nationalen Sicherheit, im humanitären Bereich, in den internationalen Beziehungen, bei der Bildung und so weiter. Das alles ist Ihnen bekannt.

Viele versuchen jetzt zu beweisen, dass der Untergang der Sowjetunion unvermeidlich war, dass dies das Schicksal aller Imperien ist. Ich erkläre hier: Das ist eine unverschämte Lüge! Wir waren eine Großmacht mit eigenem Gesellschaftssystem, mit eigenen Traditionen und Besonderheiten, und wir waren dem Westen sehr unliebsam. Wir verhinderten, dass sie in der Welt randalieren, wie sie es heute im Irak oder in Jugoslawien tun. In den Jahrzehnten nach dem Krieg herrschte politisches Gleichgewicht nur dank der Existenz der Sowjetunion und ihrer internationalen Autorität.

Ja, für jeden Staat kommt, wie auch für jeden anderen Organismus, einmal der Moment, wo etwas auszubessern ist. Das war auch bei uns der Fall. Aber das heißt doch nicht, dass die Sowjetunion zerstört werden musste. Veränderungen waren notwendig, und man musste sie durchsetzen. Aber im Lande fand sich eine fünfte Kolonne mit Gorbatschow und Jelzin an der Spitze. Und eben diese begann mit der Zerstörung.

Der Beauftragte des Präsidenten versuchte auf dieser Tribüne, plump und wenig überzeugend nachzuweisen, dass Jelzin in Belowesch nur den bereits erfolgten Zusammenbruch des Staates fixiert hat. Ich behaupte das Gegenteil: Die Zerschlagung des Landes durch bestimmte Leute erfolgte bewusst und planmäßig, und Zufall war dabei nicht im Spiel. Nicht das GKTschP zerstörte die Sowjetunion. War die Interregionale Deputiertengruppe etwa mit Wohltätigkeit beschäftigt? Sehen sie sich die Dokumente jener Jahre an, womit sich diese Leute beschäftigten, was sie in dieser Zeit taten, wozu sie aufriefen? Uns würde es nicht nur an Dreistigkeit, sondern auch an Fantasie fehlen, um das zu tun, womit diese Menschen unser Land verwüsteten. Und gab die Wahl Jelzins zum Vorsitzenden des Obersten Sowjets der Russischen Föderation etwa nicht den Anstoß für alle nachfolgenden Prozesse?

Ich spreche hier nur vom Hörensagen. Zu jener Zeit erarbeiteten wir Ideen, wie sich das Land weiterentwickeln sollte. Das wurde verworfen, weil wir in unseren Dokumenten und Vorschlägen klar gesagt haben, dass wir für einen sozialistischen Weg eintreten und in keinem Falle unseren Staat zerstören dürfen. Daher wurde das Programm der ›500 Tage‹ von Jawlinski und Schatalin gezielt in Stellung gebracht, das ökonomisch abenteuerlich war und den Begriff ›Sowjetunion‹ nicht mehr enthielt. Stattdessen war dort von einer ›Ökonomischen Union‹ die Rede! War das etwa nicht der Beginn der Zerstörung? Wurde der Beschluss über die Souveränität Russlands, der dann schließlich auch die Ukraine und Weißrussland anspornte, etwa nicht bewusst herbeigeführt? Haben wir wirklich vergessen, wie Jelzin und seine Umgebung das Baltikum ganz bewusst ermunterten, aus der Sowjetunion auszutreten? Haben wir wirklich nicht verstanden, dass der Vorrang der Republikgesetze vor den föderalen Gesetzen die Zerstörung der Föderation bedeutete? Das versteht ein Kind im Vorschulalter, und wir haben es bis heute verdrängt!

Ich will gar nicht eingehen auf die bewusste Zerstörung des nationalen Finanz- und Steuersystems, der Wirtschaft, der ökonomischen Beziehungen der Republiken und Gebiete oder auf die Schaffung eines künstlichen Konsumbedarfs. Das waren zielgerichtete Aktionen zur Lancierung von Chaos und Durcheinander im Lande. All das führte nach Belowesch – es zerfiel nicht alles an einem Tag. Was ich hier anführe, ist keine vollständige Aufzählung. Und daher sage ich: Das war kein spontaner Vorgang, sondern planmäßig, und deshalb trägt der Initiator und Betreiber die ganze Verantwortung für das Angerichtete.

Verehrte Abgeordnete! Der Beauftragte des Präsidenten behauptet unentwegt, dass an dem, was im Staat vorging, wir alle schuld seien. Das ist wenig originell – er wiederholt die Behauptung des Präsidenten. Ich hoffe, viele Abgeordnete erinnern sich an die Schlussfolgerung, die der Präsident in seiner letzten Botschaft zog, die wir im Kreml anhörten. Ich zitiere: ›Das Absinken des Produktionsvolumens, welches das Land in den 90er Jahren befallen hat, war nicht durch die ökonomischen Reformen der Liberalisierung, Privatisierung und des freien Handels bedingt, sondern war vor allem ein Erbe, das uns die Planwirtschaft hinterlassen hat.‹

Jetzt gibt es schon zehn Jahre keine Planwirtschaft mehr, und er jammert immer noch über das übernommene schlechte Erbe. Die meisten der hier Anwesenden arbeiteten in dieser Planwirtschaft. Warum nur, verehrte Abgeordnete, haben Sie unserem Gewährsmann solch ein Erbe hinterlassen – er arbeitet schon zehn Jahre an seiner Zerstörung, hat es aber bis heute nicht geschafft! (Beifall.)

Ich meine, dass im September/Oktober 1993 ein zweiter Staatsstreich stattfand. Ich will hier nicht über die Einzelheiten reden, darüber, was vorgefallen ist, über die Menschenopfer und den moralischen Terror, der danach einsetzte. Darüber berichteten Swetlana Petrowna Gorjatschewa und andere Kollegen von uns sehr aufschlussreich. Ich will nur Bilanz ziehen: Was vor sich ging, war ein Staatsstreich. Erstens: Nach zwei Jahren wurde die Verfassung durch eine Einzelperson erneut verletzt. Zweitens: Das Gesellschaftssystem wurde verändert – anstelle des Sozialismus erhielt das Land einen wilden Kapitalismus. Drittens: Verletzt wurden auch die Leitungsprinzipien – die Sowjets wurden aufgelöst, das heißt die Volksherrschaft wurde beseitigt. Ebendiese Fakten geben uns Grund festzustellen, dass 1993 tatsächlich ein zweiter Staatsstreich stattgefunden hat.

Noch ein Wort über den militärisch-industriellen Komplex. Mir ist dieses Thema sehr nah – mich beunruhigt, dass wir, die wir früher eine auf ihre Streitkräfte stolze Macht waren, wo der Soldat, der Mann im grauen Uniformmantel, ein geachteter Mensch war (das war so bei den Zaren und das war auch so bei den Kommunisten), uns heute in solch einer Lage befinden. Ich denke, dass wir unseren militärisch-industriellen Komplex neu bewerten müssen. Ich könnte viele

Beispiele dafür bringen, dass wir heute tatsächlich nicht in der Lage sind, unsere nationalen Interessen zu verteidigen. Somit, verehrte Abgeordnete, lassen sich alle späteren Ereignisse in unserem Land in der Sache aus dem ableiten, was in den Jahren 1991 bis 1993 geschah.

Die Deputiertengruppe ›Volksherrschaft‹ hat ihr Verdikt gut durchdacht: schuldig in allen fünf Punkten – und wird dementsprechend abstimmen.«

So zog im Mai 1999 die Duma in zweiter Sitzung Bilanz über die siebenjährige Regentschaft des ersten russischen Präsidenten.

Die geheime Abstimmung über den Antrag zur Amtsenthebung ergab nicht die für eine solche Prozedur in der Verfassung festgelegte Mehrheit von 300 Stimmen. In jedem der fünf Anklagepunkte stimmten für die Amtsenthebung zwischen 237 und 241 Abgeordnete. Der vorbereitete Beschluss ging nicht durch, und zwar wegen der Haltung dreier Fraktionen: des damals regierungsfreundlichen »Unser Haus Russland« (NDR), der Liberal-Demokratischen Partei Russlands (LDPR) und der Partei »Jabloko«.

Und doch waren Arbeit und Schlussfolgerungen der Sonderkommission wie auch die Diskussionen nicht umsonst – ein halbes Jahr später ging Jelzin in den Ruhestand. Leider sind die Materialien der Sonderkommission mit all den dramatischen Verschlingungen bei der Diskussion der Anschuldigungen gegen den amtierenden Staatspräsidenten als zeitgeschichtliche Dokumente bis jetzt nur Historikern und anderen Forschern zugänglich.

In den Jahren der Jelzinschen Regierung hüllte undurchsichtige Dämmerung unser Land ein. Natürlich stellt sich die Frage: Wie konnte das Staatsoberhaupt so etwas zulassen? Ja, er war – und zwar für jeden offensichtlich – inkompetent, aber er stützte sich auf eine Vielzahl von Spezialisten, Gelehrten, erstklassigen Industriepraktikern. Jedoch versuchte er nicht einmal, deren Potenzial optimal zu nutzen. Ich kenne seinen Charakter und kann nur vermuten, dass er gleichsam Rache an seinem Volk nahm. Aber wofür? Das bleibt unklar. Für diesen Menschen war das russische Volk, das im Jahr 1991 begeistert für ihn gestimmt hatte, einfach nur Staub. Was er brauchte, war Macht und nochmals Macht, in deren Namen er am 4. Oktober 1993 auf den Obersten Sowjet der RSFSR schießen ließ und die Räte der Volksdeputierten abschaffte. Er berauschte sich an der Macht. In ihr sah er offenkundig den Sinn seines Lebens.

Zweifellos war Jelzin durch bestimmte Verpflichtungen mit den westlichen »Freunden« verbunden – wie soll man sonst die Tatsache erklären, dass er sich, trotz der Proteste unserer akademischen Wissenschaft gegen den verderblichen Kurs der ökonomischen Reformen, jeder Kurskorrektur widersetzte? Mit einem ähnlich argurmentierenden Brief wandte sich eine Gruppe ausländischer Ökonomen – darunter Nobelpreisträger – an ihn und wies auf das Verhängnisvolle seiner Reformen für Russland hin. Das Ergebnis war das gleiche.

Die Jelzinschen Reformen in Russland sind auch eine Etappe bei der Realisierung der strategischen Ziele der US-Außenpolitik, die auf eine weitere Schwächung Russlands, als Rechtsnachfolger der UdSSR, und auf die Festigung der neuen Weltordnung unter der Ägide der Weltmacht USA gerichtet sind. So erklärte Bill Clinton auf einer geschlossenen Sitzung des Vereinigten Komitees der NATO-Stabschefs am 25. Oktober 1995:

»In den letzten zehn Jahren hat die Politik gegenüber der UdSSR und ihren Verbündeten überzeugend die Richtigkeit des von uns eingeschlagenen Kurses zur Beseitigung einer der stärksten Weltmächte und eines sehr starken Militärblocks bewiesen. Durch Ausnutzung von Fehlern der sowjetischen Diplomatie, der außerordentlichen Selbstgefälligkeit von Gorbatschow und seiner Umgebung, darunter auch jene, die offen eine pro-amerikanische Position eingenommen haben, haben wir erreicht, was Präsident Harry S. Truman mit der Sowjetunion mittels der Atombombe vorhatte.«

Unsere heutige Führung erbte das zerschlagene Russland mit all seinem Elend. Es gibt positive Entwicklungen, aber es ist noch unwahrscheinlich viel zu tun, damit sich hinter der Dämmerung unseres gegenwärtigen Lebens wieder das Morgenrot zeigt, nach dem für unser erschöpftes Volk der lang ersehnte helle Tag anbricht. Diese Hoffnung werden wir nicht aufgeben.

Nachwort

An meinem Buch »Tragödie eines großen Landes«[*] arbeitete ich mehr als zehn Jahre. Am Anfang notierte ich nur einzelne bedeutsame Vorkommnisse, die sich in den Jahren der Perestroika ereigneten und starken Einfluss auf die Zerstörung der Sowjetunion hatten, als Gedächtnisstützen. Mit zunehmendem zeitlichen Abstand entstand bei mir, wie bei vielen Zeitgenossen, die sich damals inmitten der Ereignisse der schwersten Etappe unserer Geschichte befanden, das Bedürfnis, Ursachen und Folgen besser zu verstehen. Ich hoffe, es ist mir gelungen, mit meinem Buch auf diesen Ruf zu antworten. Jetzt, wo ich die Arbeit beende, möchte ich in aller Kürze noch einmal einige meiner Positionen zusammenfassen.

Ich stellte mir nicht die Aufgabe, alle Ursachen und Faktoren der Zerstörung unseres Staates zu untersuchen, denn dafür sind enorme Forschungsleistungen von Experten und wissenschaftlichen Organisationen notwendig. Ich habe mich auf einige wenige Sachverhalte konzentriert, die zu der großen historischen Tragödie geführt haben.

Präsident Putin nannte in seinen Reden das, was vor fünfzehn Jahren in unserem Lande stattgefunden

---

* »Tragedija welikoi strany«, Moskau 2007. Es handelt sich um die Langfassung des vorliegenden Buches, in zehn weiteren Kapiteln sind die mit dem Untergang der UdSSR verbundenen ethnischen Probleme ausführlich behandelt. Diesem Buch ist das Nachwort entnommen.

hat, eine nationale Jahrhunderttragödie. Das ist historisch richtig. Die tiefgehenden Folgen gehen aber weit über diesen zeitlichen und territorialen Rahmen hinaus. Dieses Ereignis ist global und wird sich über Jahrhunderte auf die Entwicklung der ganzen Menschheit auswirken.

Die politische Weltkarte hat in bestimmten historischen Etappen entsprechend den neuen Beziehungen der geopolitischen Kräfte immer wieder Veränderungen erfahren. So war es auch nach dem Zweiten Weltkrieg. Die auf der Krim- und der Potsdamer Konferenz der drei Siegermächte und 1975 in Helsinki fixierten Ergebnisse hatten ihren Ausgangspunkt in dem neuen weltweiten politischen Gleichgewicht. Diese Balance wie auch die Existenz der Atomwaffe erlaubten es uns, mehr als ein halbes Jahrhundert ohne große globale Konflikte, vor allem ohne einen neuen Weltkrieg zu leben – zwischen Erstem und Zweitem Weltkrieg vergingen dagegen nur zwanzig Jahre. Seit 1991, nach Zerstörung der UdSSR, sind 24 neue Staaten in Europa entstanden, einschließlich der 15 Staaten der ehemaligen Sowjetunion. Dieser Prozess wird sicher seine Fortsetzung finden.

Infolge des gestörten internationalen Kräftegleichgewichts ertönt bereits jetzt das Donnergrollen schwerer regionaler Erschütterungen in der ganzen Welt: die Vernichtung Jugoslawiens und die Kriege in Afghanistan und im Irak. Ein Damoklesschwert schwebt über Nordkorea und dem Iran. Hinzu kommen die langjährigen blutigen Konflikte im Nahen Osten, wo die Interessen vieler anderer Länder aufeinandertreffen.

Über das Verschwinden des mächtigen Staates Sowjetunion, über die Ursachen dieser historischen Tragödie wird sehr viel geschrieben, von wissenschaftlichen Untersuchungen über Belletristik bis zu Memoiren. Alle diese Arbeiten berühren aber nur bestimmte

Aspekte des Vorgefallenen. Offenbar ist die Zeit noch nicht reif für eine allumfassende, sachliche Analyse und den endgültigen Schuldspruch der Geschichte.

Ich nehme an, dass sich schließlich Menschen finden werden und bei den Führern des Landes der politische Wille vorhanden sein wird, sich der Aufgabe einer objektiven Bewertung des gesamten Ursachenkomplexes zu stellen. Und dass auch die Kräfte zur Realisierung dieser Aufgabe vorhanden sein werden. Dabei muss allerdings verhindert werden, dass aufgrund des Zeitgeists oder persönlicher Motive der von der Sowjetunion und ihrem Volk von 1917 bis 1991 beschrittene Weg erneut mit Schmutz übergossen wird, was die zeitgenössischen »Demokraten« so gern tun. Für die Zukunft unseres Landes und unseres Volkes ist eine seriöse Analyse notwendig.

Die Gründe, die zu den Ereignissen von 1991 geführt haben, sind zahlreich. Hier kamen innere und äußere Faktoren zusammen. Über die inneren Faktoren habe ich mich hier ausführlich geäußert.

Viele Handlungen des Westens, besonders der USA, zur Beseitigung der Sowjetunion, die auf verschiedenen Wegen »Freunde« bei unserer Intelligenz fanden, beruhen auf diesen Prämissen. Diese Leute bezeichnete der KGB-Vorsitzende Juri Andropow seinerzeit als »Einflussagenten«. Man kann wohl sagen, dass sie ihre Aufgabe geflissentlich erfüllt haben.

Der Kalte Krieg wurde nicht zufällig entfesselt. Über Jahrzehnte zermürbte er die UdSSR, weil staatliche Ressourcen, die für die Lösung sozialer Probleme gebraucht worden wären, für das Wettrüsten herhalten mussten. Das musste sich auf den Lebensstandard der Sowjetbürger auswirken. Die Sowjetunion mit ihren Verbündeten aus der sozialistischen Gemeinschaft war ökonomisch schwächer als die USA mit ihren europäischen Satelliten. Daher wirkten sich die Rüstungsausgaben bei uns spürbarer aus als im Westen. Außerdem gingen nicht wenige Ressourcen als Hilfslieferungen an unsere Verbündeten, von denen sich jetzt fast alle unter den Schutzschirm des Westens begeben haben.

Die Hauptgründe für den Zerfall der UdSSR waren aber zweifellos innerer Art, und zwar ökonomisch, sozial, parteipolitisch-staatlich usw. Einen dieser Gründe, ein immer noch ungelöstes Problem, habe ich in meinem Buch »Tragödie eines großen Landes« ausführlich behandelt. Ich meine das Aufflammen und die rasante Entwicklung des Nationalismus in der zweiten Hälfte der Perestroikajahre in verschiedenen Teilen unseres Landes. Eben das sollte zu einem mächtigen Zündsatz für die zerstörerischen Prozesse im Innern des Sowjetstaates werden.

Das Problem der interethnischen Beziehungen war für das Russische Imperium und auch für die Sowjetunion immer aktuell. Nach dem Zerfall der Kiewer Rus erfolgte die Teilung der altrussischen Völkerschaft in drei Zweige slawischer Brudervölker: Russen, Ukrainer und Weißrussen. Aufgrund ihrer ethnischen Wurzeln kann man davon ausgehen, dass der russische Staat bis zur Mitte des 15. Jahrhunderts praktisch monoethnisch war. Aber mit der Unterwerfung des Kasaner und danach auch des Astrachaner Khanats durch Iwan den Schrecklichen, den ersten russischen Zaren, und nach dem Anschluss Sibiriens und der Völker im Nordkaukasus und in Mittelasien wurde Russland zu einer riesigen Vielvölkermacht.

Die Eigenheiten der verschiedenen Nationalitäten, ihre Traditionen und Kulturen brachten sehr unterschiedliche Methoden und Systeme der Verwaltung mit sich. Das Zentrum Russlands hatte seine regionale Verwaltungsstruktur, Polen, Finnland, die mittelasiatischen Regionen hingegen hatten jeweils eigene Verwaltungen, auch eigene Gesetzgebungen. Trotz dieser

Vielfalt im Aufbau des Staatsmechanismus verhinderte dessen Flexibilität spürbare Komplikationen in den interethnischen Beziehungen.

Bei Gründung der UdSSR im Jahr 1922 wurde die Frage des Aufbaus eines neuen, einigen Vielvölkerstaates hochaktuell. Die Positionen Lenins zu diesem Problem sind ebenso bekannt wie die heftigen Auseinandersetzungen mit seinen Mitkämpfern. Bekanntlich siegte Lenins Konzeption: Bildung einer Sowjetunion aus Unionsrepubliken mit definierten Rechten, bis hin zum Recht des Austritts aus dem Bestand des gemeinsamen Staates. Es ist davon auszugehen, dass Lenin zu dieser Zeit keine andere Wahl hatte. Eine sofortige Vereinigung in einem Einheitsstaat hätte die Staatenbildung unmöglich gemacht.

Zu den nationalen Fragen existierte in der Sowjetunion ein dauerhaftes Ausgleichsprogramm. Die Wirtschaftshilfe für die schwach entwickelten Republiken Mittelasiens und anderer »Randrepubliken« wurde zur Staatspolitik erhoben. Praktisch alle Republiken, außer Weißrussland, erhielten Subventionen, hauptsächlich aus der RSFSR. Im Ergebnis blieb die Russische Föderative Republik in Lebensstandard und anderen sozialen Parametern hinter anderen Republiken zurück. Das geschah im Namen der Festigung und Entwicklung der Völkerfreundschaft ganz bewusst.

Auch die Aktivitäten der KPdSU in diesem Bereich wirkten sich positiv auf die Nationalitätenfrage aus. Während dieser Jahre wurde viel für die sozioökonomische und kulturelle Entwicklung der Unionsrepubliken und einzelner Völker in der Russischen Föderation geleistet. Ein effektives System der Teilnahme aller Republiken an der Leitung des Staates im Parlament, am wissenschaftlichen und kulturellen Leben wurde geschaffen.

Durch den Großen Vaterländischen Krieg wurde

die Festigkeit unserer interethnischen Beziehungen auf die Probe gestellt. Die Lebenskraft und Stärke der Sowjetgemeinschaft war eine der wichtigsten Quellen für den Sieg. Zweifellos wurde die Geschlossenheit der Vielvölkergemeinschaft in dieser schweren Zeit maßgeblich durch den Umstand beeinflusst, dass das Land von einem bösartigen Feind, dem faschistischen Deutschland mit seiner menschenfeindlichen Ideologie, hätte versklavt werden können.

Die Sowjetgemeinschaft war also kein Mythos, auch wenn bei der Durchführung der staatlichen Nationalitätenpolitik ernsthafte Fehler und Irrtümer vorkamen.

Zu Beginn der Perestroika betonte die Führung der UdSSR bewusst die Mängel und negativen Erscheinungen im Leben der Völker, um Kräfte für grundsätzliche Umwälzungen zu mobilisieren. Aber in dem Maße, wie die KPdSU und ihr Einfluss auf die sowjetische Gesellschaft schwächer wurden, benutzte man in den verschiedenen neuen Bewegungen und »Fronten« in einigen Republiken die nationale Karte für den Kampf gegen die Zentralmacht.

Die Anführer dieser nationalistischen Bewegungen nutzten jedes Mittel, um zu beweisen, dass ihr Volk außerhalb der Union mit eigener staatlicher Souveränität besser dran wäre. Die Lage wurde bewusst falsch dargestellt. Verschwiegen wurde, dass diese Regionen oft auf Kosten der Umverteilung von Unionsmitteln zu ihren Gunsten lebten. Die Menschen wurden in die Irre geführt, wahre Absichten mit Hilfe von Losungen gegen die Zentralmacht verdeckt. Mit der Zeit warfen diese Bewegungen und Parteien ihre Masken ab, und es wurde offensichtlich, dass ihre Aktivitäten zum Aufblühen eines fanatischen Nationalismus führten. Unglücklicherweise erkannten ihn viele schon nicht mehr als moralisch und politisch verderblich.

Eine sehr große Rolle beim Untergang der UdSSR spielten Personalfragen, besonders deutlich erkennbar in den beiden Führungsfiguren dieser Zeit – Michail Gorbatschow und Boris Jelzin. Ersterer führte mit seiner stümperhaften Politik das Land unvermeidlich in den Abgrund. Der Zeitpunkt, den Staat durch eine grundlegende Erneuerung zu retten, wurde verpasst. In unserem Land vollzog sich ein radikaler Umbruch, bei dem viele Errungenschaften seiner tausendjährigen Geschichte verloren gingen. Heute ist Gorbatschow praktisch von der politischen Bühne verschwunden, ohne selbst zu begreifen, welche ungeheure Schuld er, absichtlich oder nicht, gegenüber unserem Vaterland auf sich geladen hat.

Jelzin machte in seinem Streben nach der höchsten Macht im Staat vor nichts halt. Durch sein Handeln heizte er die nationalistischen Ausschreitungen im Baltikum, in der Ukraine und in anderen Republiken an und nutzte diese als politischen Hebel in seinem Kampf gegen die Zentralmacht des Landes. Als dann der Zeitpunkt für die wichtigste Entscheidung gekommen war, ging er im Belowescher Wald, ohne nachzudenken, den Weg der Zerstörung.

Der damals amtierende Präsident der Sowjetunion Gorbatschow wich seiner Pflicht – Verteidigung der Verfassung der UdSSR – feige aus. Und die Organisationen der Weltgemeinschaft, darunter die UNO, begrüßten, ohne zu zögern, die Schaffung der fünfzehn Staaten anstelle des einen, wobei sie die Ergebnisse der Krim- und der Potsdamer Konferenz und der Vereinbarungen von Helsinki einfach vergaßen.

Das staatsmännische »Talent« Jelzins zeigte sich, als er die höchste Macht in Russland in Händen hatte. Er hörte nicht auf die Warnungen, dass bei seiner Politik mit der RSFSR dasselbe passieren könnte wie mit der Sowjetunion. In seiner Jagd nach Wählerstimmen und um politische Unterstützung durch die autonomen Republiken, Regionen und Gebiete Russlands erklärte er populistisch, dass sich diese so viel Souveränität nehmen sollen, »wie sie verschlingen können«.

Diese und ähnliche Handlungen der Staatsoberhäupter mussten sich auf die allgemeine politische und wirtschaftliche Lage im Land auswirken. Hinzukommt, dass Jelzins Benehmen alles andere als gesellschaftsfähig war. Im Ergebnis wurde Russland unregierbar, und die Leute in Jelzins näherer Umgebung waren, milde gesagt, weit von dem entfernt, was man als »staatsmännisch« zu bezeichnen pflegt. Sie kreisten um den »Monarchen« wie Fliegen über dem Dunghaufen, und jeder verfolgte seine persönlichen Ziele.

Als die Regionen die Hilflosigkeit der föderalen Macht sahen, begannen sie mit der Suche nach Überlebensstrategien. Sie änderten schnell ihre Verfassung oder ihr Statut. Dabei gerieten die neuen Dokumente in Widerspruch zur Verfassung der Russischen Föderation. Einige Regionen gingen noch weiter: Sie brachten Vorschläge zur Schaffung neuer Sonderrepubliken vor, zum Beispiel einer Uralrepublik.

Als Ausweg aus der katastrophalen Lage in der staatlichen Leitung schlug Jelzins Umfeld vor: Abschluss von Vereinbarungen zwischen der föderativen Macht und den Subjekten der Föderation. Das alles zog sich über längere Zeit hin – im Verlauf mehrerer Jahre trafen sie etwa fünfzig solcher Vereinbarungen. Und das erfolgte unter der damals im Lande gültigen Verfassung der UdSSR! Der neue Präsident Russlands, Wladimir Putin, benötigte später enorme Kraft und Finanzmittel, um diese Vereinbarungen zu annulieren. In den Staatshaushalten von zwei Republiken – Tatarstan und Baschkirien – sind bis heute erhebliche Mittel als Ausgleich für »eingebüßte Möglichkeiten« vorgesehen.

Der Jelzinsche Staat war zerrissen von Widersprüchen. Der Boden für Korruption und Schmiergelder war gut gedüngt, das Verbrechen blühte in prächtigen Farben, unsere nationale Kultur und unsere Traditionen wurden vernichtet. Nach acht Jahren ließ Jelzin das Land geschwächt, schlaff und kaum regierbar zurück. Es gab zwar die Bezeichnung Staat, ein Territorium und ein Volk – aber das war ein Pseudostaat. Der neue Präsident brauchte viel Zeit und Kraft, um aus den einzelnen Bestandteilen einen wirklichen Staat mit allen notwendigen Attributen zu formen.

Die letzten Jahre waren für Russland Jahre der »Sammlung«, in denen es sich dem Ziel eines wirklichen, nicht nur virtuellen Staates näherte. Alle dazu unternommenen Schritte: Stärkung der Machtvertikale und der Verteidigungsfähigkeit, klare Positionen in der Außenpolitik, verschiedene Beschlüsse zur Einführung elementarer Ordnung in bestimmten gesellschaftlichen Strukturen, riefen in Teilen der Gesellschaft Entrüstung hervor, besonders bei dem sogenannten liberalen Flügel. Der Name »Polizeistaat« für das heutige Russland ist noch die mildeste Bewertung seitens dieser westlichen Kriecher und Speichellecker.

Und welchen Sturm der Kritik riefen Äußerungen über die Idee der »souveränen Demokratie«* und ihre Auslegung in den Massenmedien hervor. Ein Schwall von Schmutz ergoss sich auch auf das Zehnte Weltkonzil des russischen Volkes, auf dem der Metropolit von Smolensk und Kaliningrad Kyrill I. als Hauptredner

---

* Den Begriff Souveräne Demokratie benutzte der stellvertretende Chef der Administration des Präsidenten in einem Interview mit einer ausländischen Zeitung. Gemeint ist, dass bei Anerkennung der allgemein gültigen Grundlagen der Demokratie jeder moralische, politische oder organisatorische Eingriff in unsere traditionelle staatliche Unabhängigkeit zurückgewiesen wird. – *Anm. d. Autors.*

sagte, dass es in der Welt natürlich gewisse universelle Verhaltensnormen gebe, was aber nicht bedeute, dass die westlichen Standards des Gesellschaftsaufbaus, der Demokratieprinzipien und zwischenmenschlichen Beziehungen gleichermaßen für alle Länder passen. Jede Zivilisation hat ihre eigenen Erfahrungen mit verschiedenen Gesellschaftsformen.

In unserer Geschichte gab es Zeiträume, in denen sich Russland in sehr schwieriger Lage befand, sogar am Rande des Zerfalls. Aber nach allen Prüfungen erhob es sich immer wieder und fand Kraft und Energie nicht nur zu seiner Wiedergeburt, sondern auch zu seiner Weiterentwicklung.

So war es nach der Zeit der Wirren im Jahr 1613. In den darauffolgenden hundert Jahren durchschritten russische Pioniere den Weg vom Ural bis zum Stillen Ozean und erschlossen sogar einen Teil des amerikanischen Kontinents. Mittelasien und der Nordkaukasus kamen zum Russischen Imperium. In dreihundert Jahren verwandelte sich Russland in einen mächtigen Vielvölkerstaat.

Es kam das Jahr 1917. Neue Erschütterungen, zwei Revolutionen, Zerrüttung, Bürgerkrieg, Verlust riesiger Territorien, Zerstörung des Wirtschaftspotenzials des Landes. Es schien, dass die Reste des russischen Imperiums niemals wieder zusammenkommen würden und es keine Großmacht mehr werden würde. Aber die politische Entscheidung über die Schaffung der UdSSR, zwei Jahrzehnte unglaublicher Anstrengungen um den Preis schwerer Belastungen und Entbehrungen für das Volk, die Industrialisierung und andere gigantische Umstellungen brachten unser Land in die Riege der hochindustrialisierten Staaten. Das so geschaffene Produktions- und wissenschaftlich-technische Potenzial, die Geschlossenheit des Volkes in den Jahren des Großen Vaterländischen Krieges angesichts der drohenden Versklavung führten zum Sieg über den stärksten Feind des 20. Jahrhunderts – das faschistische Deutschland und seine Satelliten.

Der Zweite Weltkrieg brachte unserem Volk unvergleichliches Unglück. Heute fällt es schwer, sich die ganze Tragik unserer Situation nach diesem schrecklichen Krieg auch nur vorzustellen. Die arbeitsfähige Bevölkerung war zum großen Teil umgekommen, zerstört war die Volkswirtschaft im europäischen Teil des Landes bis hin zur Wolga. Ausländische Fachleute gaben uns für den Wiederaufbau eine Frist von etwa hundert Jahren. Die Wirtschaft war aber in fünf bis sieben Jahren wiederhergestellt. Die vielen Millionen Menschenopfer dagegen spüren wir bis heute.

Nach dem Großen Vaterländischen Krieg wurde die UdSSR zur Supermacht. Sie hatte ihre nach 1917 verlorenen Territorien praktisch zurückgewonnen und wurde zu einer der entscheidenden Kräfte in der Weltpolitik.

Nach der Zerstückelung 1991 versuchen wir heute, den Status einer Großmacht zurückzugewinnen. Obwohl vieles zerstört, geplündert und zertreten wurde, kommt das Land allmählich wieder auf die Beine.

Ich glaube, dass Russland selbst nach diesen Erschütterungen wieder Mut fassen und einen würdigen Platz in der Welt einnehmen wird. Was notwendig ist, sind Entschlossenheit der Politiker und des Volkes sowie der allgemeine Wille zur Schaffung einer modernen Gesellschaft, die gleichwohl unseren historischen und geistigen Traditionen entspricht und diese weiterentwickelt.

Mit diesem Glauben an die Zukunft des Volkes und des Staates Russlands beende ich meinen Bericht und meine Betrachtungen über die schweren Jahre des Vaterlandes und über sein weiteres Schicksal.

Über den Autor

28. 9. 1929 Nikolai Iwanowitsch Ryschkow wird im Dorf Dele-
jewka (heute die Stadt Dserschinsk), Oblast Donezk in einer
Bergarbeiterfamilie geboren. Im Donbass verbringt er Kind-
heit und Jugend.

1950 Beendigung eines Maschinenbautechnikums mit Ausbil-
dung zum Technischen Mechaniker. Danach Arbeit im Werk
für Schwermaschinenbau »Uralmaschsawod« in Swerdlowsk:
Schichtmeister, Hallenleiter, Zechenleiter.

1956 Eintritt in die Kommunistische Partei.

1959 Hochschulabschluss am Uraler Polytechnischen Institut
S. M. Kirow in der Fachrichtung Maschinenbau. Danach
Schweißingenieur im »Uralmaschsawod« und Stellvertreter
des Werksdirektors.

1965–1970 Hauptingenieur des »Uralmaschsawod«, ab 1970
Werksdirektor.

1971–1975 Generaldirektor des Kombinates »Uralmasch«.
Ryschkow initiiert die Rekonstruktion und Weiterentwicklung
des »Uralmaschsawods« und den Aufbau weiterer Filialen des
Kombinates. Seine Hauptaufmerksamkeit gilt der Produktion
moderner Ausrüstungen für die metallurgische Industrie
und den Erzbergbau, der Bohrtechnik zur Förderung von
Erdöl und Gas, den Aufträgen der Rüstungsindustrie.

1974–1989 Abgeordneter des Obersten Sowjets der UdSSR, des
Obersten Sowjets der RSFSR (1986–1990), Volksdeputierter
der UdSSR (1989–1991).

1975–1979 Erster Stellvertreter des Ministers für Schwer- und
Transportmaschinenbau der UdSSR. Zu seinen wichtigsten
Aufgaben gehört die Produktion moderner Technik für die
Ausstattung der metallurgischen und der Bergbauindustrie,
der Produktion von Rüstungsgütern und von Technik für die
Raumfahrt sowie für den Eisenbahnverkehr.

1979–1982 Erster Stellvertreter des Vorsitzenden von Gosplan
(Staatliche Plankommission) der UdSSR im Range eines
Ministers. In seinen Verantwortungsbereich fällt die Ausar-

beitung der sozioökonomischen Politik des Landes, der Jahres- und Fünfjahrpläne, die Umsetzung der Investitions- und wissenschaftlich-technischen Programme, der Finanz- und Regionalpolitik.

1981–1991 Mitglied im ZK der KPdSU.

1982–1985 ZK-Sekretär und Leiter der Wirtschaftsabteilung des ZK der KPdSU. Mitglied des Politbüros (1985–1990).

Im Auftrag des Generalsekretärs des ZK der KPdSU Andropow erarbeitet Ryschkow zusammen mit anderen ZK-Sekretären eine Analyse der bisherigen sozioökonomischen Politik des Staates. Unter Hinzuziehung führender Wissenschaftler und Spezialisten schafft er die Konzeption einer neuen ökonomischen Politik.

1985–1990 Vorsitzender des Ministerrates der UdSSR. Ab März 1990 gleichzeitig Mitglied des Präsidialrates der UdSSR (von Amts wegen). Ab Januar 1991 vorläufig im Ruhestand.

Ende April 1986 führt er den Stab zur Liquidierung der Havariefolgen am Atomkraftwerk Tschernobyl.

Im Dezember 1988 Leitung der Rettungsarbeiten nach dem Erdbeben in Armenien. Als Anerkennung seiner Verdienste für das armenische Volk wird in der Stadt Spitak eine Büste von Ryschkow aufgestellt und er selbst mit dem höchsten armenischen Orden geehrt.

1989 Koordinierung der Aktivitäten zur Beilegung des zwischennationalen Konfliktes in Fergana (Usbekistan).

Nov. 1992 Gründung und Leitung des »Moskowski intellektualnyo-delowoi klub« (wörtlich etwa »Moskauer Intelligenzclub«, eine Vereinigung führender Köpfe des öffentlichen Lebens in beratender Tätigkeit).

Seit 1993 Vorsitzender des Kuratoriumsrates »Prochorowskoje pole«. Er ist einer der Organisatoren des Gedenkkomplexes am Ort der großen Panzerschlacht – des dritten Kampffeldes Russlands im Zweiten Weltkrieg.

Seit 1994 Präsident der internationalen gesellschaftlichen Vereinigung »EurAsien«.

1995–1999 Duma-Abgeordneter der Russischen Föderation. Leiter der Deputiertengruppe »Volksherrschaft«; Mitglied des Rates der Duma.

Im Februar 1998 leitet er den Koordinierungsrat für die Zusammenarbeit heimischer Warenproduzenten – heute Russische Vereinigung der Warenproduzenten – mit der Internationalen Union der Warenproduzenten.

1999–2003 Duma-Abgeordneter der Russischen Föderation. Vorsitzender der Kommission zur Unterstützung der Unionsrepublik Jugoslawien bei der Überwindung der Folgen der NATO-Aggression. Koordinator der Deputiertengruppe für die Verbindungen der Föderalen Versammlung Russlands mit der Nationalen Versammlung der Republik Armenien.

Seit September 2003 Mitglied des Föderationsrates der Russischen Föderation der Belgoroder Gebietsverwaltung. Mitglied des Komitees für Fragen der örtlichen Selbstverwaltung.

Ryschkow ist Träger des Leninordens (zweimal). Er wurde ausgezeichnet mit den Orden der Oktoberrevolution und des Roten Arbeitsbanners (zweimal); dem Verdienstorden für das Vaterland IV. Stufe (2004) und mit vielen in- und ausländischen Medaillen. Er ist zweifacher Träger des Staatspreises der UdSSR (1969, 1979).

Seine Verdienste bei der patriotischen und geistigen Erziehung seiner Landsleute wurden durch Orden der Russisch-Orthodoxen Kirche gewürdigt.

Für seinen großen Beitrag zur Entwicklung brüderlicher Beziehungen zwischen den Völkern erhielt Ryschkow ausländische Auszeichnungen: den Mesrop Maschdoz Orden (Armenien), den Orden »Danaker« (Kirgisien), den Orden der Freundschaft (Kasachstan), den Orden »Fürst Jaroslaw Mudry« (Ukraine), den Orden »Völkerfreundschaft« (Weißrussland).

Für besondere Verdienste wurden Ryschkow die Titel eines Ehrenbürgers des Belgoroder Gebietes, der Städte Spitak und Gjumri (Armenien), Kramatorsk und Dserschinsk (Donbass, Ukraine) verliehen.

Ryschkow ist ordentliches Mitglied mehrerer russischer und internationaler Akademien.

Er ist Verfasser der Bücher »Perestroika: Geschichte eines Verrates« (1992), »Ich komme aus der Partei mit dem Namen Russland« (1995), »Zehn Jahre großer Erschütterungen« (1996), »Rückkehr in die Politik« (1998), »Jugoslawisches Golgatha« (2000), »Gekreuzigtes Jugoslawien« (2003), »Es sprechen die Zeugen der Verteidigung (Gericht über Slobodan Milošević)« (2005) und seines Hauptwerks »Tragödie eines großen Landes« (2007) – als Vorläufer zu diesem Buch.

Ryschkow ist verheiratet, hat eine Tochter und zwei Enkel.

Glossar

GKTschP Staatliches Komitee für den Ausnahmezustand

Gosplan Staatliches Plankomitee beim Ministerrat der UdSSR

GUS Gemeinschaft Unabhängiger Staaten

KGB Komitee für Staatssicherheit (beim Ministerrat der UdSSR)

Komsomol Kommunistischer Jugendverband

KPdSU Kommunistische Partei der Sowjetunion

KPRF Kommunistische Partei der Russischen Föderation

LDPR Liberal-Demokratische Partei Russlands

MDG Interregionale Deputiertengruppe

MEK Interrepublikanisches Ökonomisches Komitee

Mossowjet Moskauer Stadtsowjet

RAN Russische Akademie der Wissenschaften

RSFSR Russische Föderative Sowjetrepublik (1917–91), danach Umwandlung in die Russische Föderation

Tscheka Außerordentliche Kommission zur Bekämpfung von Konterrevolution, Spekulation und Sabotage (1917–1922), danach: GPU (1922–34), NKWD (1934–54), KGB (1954–91) und MSB (1991–92). Heute in Russland: FSB

UdSSR Union der Sozialistischen Sowjetrepubliken

USS Union Souveräner Staaten

Personenregister

Abalkin, Leonid Iwanowitsch (1930–2011), führender Ökonom der Perestroika, 1989–91 Stellv. Vorsitzender des Ministerrates der UdSSR und Vorsitzender der staatl. Kommission zur Wirtschaftsreform *134–136, 139*

Afanasjew, Juri Nikolajewitsch (geb. 1934), Historiker, 1989–91 Volksdeputierter, Mitvorsitzender der Interregionalen Deputiertengruppe, Mitbegründer der Bewegung »Demokratisches Russland« *110–114, 119*

Aitmatow, Tschingis Torekulowitsch (1928–2008), kirgisischer Volksschriftsteller, 1990–94 Botschafter der UdSSR bzw. der RSFSR *106*

Alexius II. (bürg. Alexei Michailowitsch Ridiger; 1929–2008), von 1990 bis zu seinem Tod Oberhaupt der Russisch-Orthodoxen Kirche *170*

Andropow, Juri Wladimirowitsch (1914–84), 1967–82 Leiter des KGB, anschließend Generalsekretär des ZK der KPdSU und Präsidiumsvorsitzender des Obersten Sowjets der UdSSR *15, 104, 265*

Bakatin, Wadim Viktorowitsch (geb. 1937), 1988–90 russ. Innenminister, 1991 Mitglied des Sicherheitsrats des Präsidenten und letzter Leiter des KGB *163*

Below, S., Führer der Pro-Regierungsfraktion »Unser Haus Russland« *212*

Below, Wassili Iwanowitsch (geb. 1932), Schriftsteller, 1989–91 Abgeordneter / Mitglied des Obersten Sowjets der UdSSR *8*

Berdjajew, Nikolai Alexandrowitsch (1874–1948), marx. Religionsphilosoph, 1922 aus der UdSSR ausgewiesen *45, 49*

Bondarew, Juri Wassiljewitsch (geb. 1924), Schriftsteller, 1984–89 Mitglied des Obersten Sowjets der UdSSR, in den 90er Jahren kommunistische Opposition gegen Jelzin *89*

Botscharow, Michail Alexandrowitsch (geb. 1941), 1990/91 Vorsitzender des Obersten Wirtschaftsrats beim Präsidenten des Obersten Sowjets der RSFSR, seitdem Direktor mehrerer Konzerne *134 f.*

Kusnezow, Wjatscheslaw Nikolajewitsch (geb. 1954), Soziologe, Chefredakteur der Zeitschrift *Besopasnost Jewrasii* **226**

Kyrill I. (bürg. Wladimir Michailowitsch Gundjajew, geb. 1946), seit 2009 Vorsteher der Russisch-Orthodoxen Kirche **271**

Legostajew, Valeri Michailowitsch (gest. 2004), enger Mitarbeiter Ligatschows im ZK der KPdSU **23**

Lenin, Wladimir Iljitsch (1870–1924), Begründer der Sowjetunion *20, 48 f., 82, 87, 92 f., 198, 267*

Ligatschow, Jegor Kusmitsch (geb. 1920), 1985–90 Mitglied des Politbüros des ZK der KPdSU, ab 1999 Duma-Abgeordneter *10 f., 37 f., 70, 72 f., 76, 82, 127*

Lukjanow, Anatoli Iwanowitsch (geb. 1930), ab 1983 im ZK-Apparat tätig, 1990/91 Präsidiumsvorsitzender des Obersten Sowjets der UdSSR, Mitinitiator des Augustputsches 1991 *94, 103, 126, 150, 195, 218*

Luschkow, Juri Michailowitsch (geb. 1936), 1992–2000 Bürgermeister Moskaus *164, 188*

Makaschow, Albert Michailowitsch (geb. 1937), Generaloberst und Oppositionspolitiker *163*

Massol, Witali Andrejewitsch (geb. 1928), 1994/95 ukr. Ministerpräsident *147*

Medwedew, Wadim Andrejewitsch (geb. 1929), Ökonom, 1986–90 ZK-Sekretär, 1988–90 Politbüromitglied, enger Berater von Gorbatschow *102*

Michailow, Alexei Jurjewitsch, Ökonom, Mitautor des ursprünglichen »400 Tage«-Programms *134*

Muraschow, Arkadi Nikolajewitsch (geb. 1957), 1989 Volksdeputierter, 1993–95 Duma-Abgeordneter *124*

Mussolini, Benito (1883–1945), ital. Diktator *57*

Mutalibow, Ajas Nijasi Ogly (geb. 1938), 1989/90 Vorsitzender des Ministerrats der Aserbaidschanischen SSR, 1990/91 Erster Sekretär des aserb. ZK, 1990–92 aserb. Präsident *189*

Nasarbajew, Nursultan Abischewitsch (geb. 1940), 1984–89 Vorsitzender des Ministerrates von Kasachstan, 1990/91 Vorsitzender kasach. Obersten Sowjets, seit 1991 Präsident der Republik Kasachstan *165, 198*

Neiswestny, Ernst Iossifowitsch (geb. 1925), Bildhauer, emigrierte 1976 *54*

Newslin, Leonid Borissowitsch (geb. 1959), Oligarch, Unterstützer Jelzins, im Zuge der Zerschlagung des Ölkonzerns YUKOS 2008 in Russland in Abwesenheit zu lebenslanger Haft verurteilt *114*

Nijasow, Saparmurad Atajewitsch (geb. 1940), 1985–91 Erster Sekretär des ZK der KP Turkmenistan, seit 1990 Präsident *221*

Vorsitzender des Obersten Sowjets Weißrusslands, Initiator und Teilnehmer am Treffen im Belowescher Wald *190*, *193*, *198*, *202 f.*, *209*, *218*

An den Schaltstellen
der Perestroika –
ein Insider berichtet

Jegor Ligatschow
Wer verriet die Sowjetunion?
320 S., brosch.
16,95 €
ISBN 978-3-360-02153-3

Jegor Ligatschow wurde 1983 ZK-Mitglied, Gorbatschow holte ihn ins Politbüro. Anfänglich ein überzeugter Verfechter der Reform, ging Ligatschow dann aber zunehmend auf Distanz. Er analysiert differenziert, welche Ziele die einzelnen Akteure verfolgten und warum die Perestroika nach 1988 kollabierte.

www.eulenspiegel-verlagsgruppe.de

ISBN 978-3-360-02168-7

© 2013 Verlag Das Neue Berlin, Berlin
Titel der russischen Originalausgabe: Главный свидетель. Дело
о развале СССР, Moskau: Algoritm 2012
Umschlaggestaltung: Buchgut, Berlin,
unter Verwendung eines Motivs von ullsteinbild – Nowosti
Druck und Bindung: Grafica Veneta, Italien

Ein Verlagsverzeichnis schicken wir Ihnen gern:
Das Neue Berlin Verlagsgesellschaft mbH
Neue Grünstraße 18, 10179 Berlin
Tel. 01805/309999 (0,14 €/Min., Mobil max. 0,42 €/Min.)

Die Bücher des Verlags Das Neue Berlin
erscheinen in der Eulenspiegel Verlagsgruppe.

www.eulenspiegel-verlagsgruppe.de